# 著作权法理论新探索

（上册）

杨源哲　杨振洪　著

NEW EXPLORATION OF COPYRIGHT LAW THEORY

(Volume I)

法律出版社
LAW PRESS · CHINA
北京

**图书在版编目(CIP)数据**

著作权法理论新探索. 上册 / 杨源哲, 杨振洪著. -- 北京 : 法律出版社, 2022
ISBN 978-7-5197-7279-6

Ⅰ. ①著… Ⅱ. ①杨… ②杨… Ⅲ. ①著作权法－研究－中国 Ⅳ. ①D923.414

中国版本图书馆 CIP 数据核字(2022)第 206959 号

| 著作权法理论新探索(上册)<br>ZHUZUOQUANFA LILUN XINTANSUO (SHANGCE) | 杨源哲　杨振洪　著 | 责任编辑 朱轶佳<br>装帧设计 李　瞻 |
|---|---|---|

| | |
|---|---|
| 出版发行 法律出版社 | 开本 710 毫米×1000 毫米　1/16 |
| 编辑统筹 司法实务出版分社 | 印张 19.75　　字数 212 千 |
| 责任校对 裴　黎 | 版本 2022 年 11 月第 1 版 |
| 责任印制 胡晓雅 | 印次 2022 年 11 月第 1 次印刷 |
| 经　　销 新华书店 | 印刷 河北虎彩印刷有限公司 |

地址:北京市丰台区莲花池西里 7 号(100073)
网址:www.lawpress.com.cn　　销售电话:010-83938349
投稿邮箱:info@lawpress.com.cn　　客服电话:010-83938350
举报盗版邮箱:jbwq@lawpress.com.cn　　咨询电话:010-63939796


书号:ISBN 978-7-5197-7279-6　　定价:68.00 元
凡购买本社图书,如有印装错误,我社负责退换。电话:010-83938349

## 献　给

古往今来

为人类文明进步

撰修不朽之作的鸿儒们

和智慧之光的薪火相传者

# 序

华南师范大学法学院著名学者杨振洪教授和广东技术师范大学法学与知识产权学院青年才俊杨源哲博士要我为他们联袂的鸿篇巨制作序。盛情之下,欣然接受。老杨是我多年前在湘潭大学工作时就认识的老友。当时他在湖南师范大学出版社任总编室主任,后来我北上,他南下。他先后担任过华南师范大学政法系副主任,广东省社会科学院法学研究所所长,华南师范大学知识产权发展研究中心负责人、法学院知识产权法硕士点负责人,身兼过多种社会职务,如广东省法学会社会法学研究会会长,担任过广州市人大常委会立法顾问,参与起草和讨论多部地方性法规。老杨从1991年聆听国家版权局沈仁干先生的著作权法讲座开始(是年,沈仁干先生到长沙给湖南省新闻出版局开办的编辑培训班讲授著作权法),就一直长期关注著作权法理论,因具有5年出版社版权管理工作经历,他对著作权法实践中遇到的理论问题具有浓厚兴趣和独到见解,研究内容深邃、极富个人创新见解。其著作权法理论的文章曾在知识产权研究会全国代表大会上获奖。自从华南师范大学法学院设立知识产权法硕士点以后,其学术兴趣集中于知识产权法学。第一作者杨源哲是我在中国政法大学指导的一位优秀的知识产权法学专业博士生。他在2015年博士毕业后到华南理工大学法学院做博士后研究,出站后在那里从事知识产权法和劳动法的教学研究。2021年,他调入广东技术师范大学,担任该校法学与知识产权学院教师以及该校广州知识产权与服务中心研究员。

本人非常荣幸,在《著作权法理论新探索》上、下册付梓前通读全书,深感全书体系完美、观点独到、内容丰富、兼具理论与实践品格以及学术前瞻性。概言之,这套著作具有以下三个特点:

首先,理论体系的完整性与理论创新相结合,以点带面,突出理论观点的创新。全书大致以现行《著作权法》的内容为依托进行章节安排,但不面面俱到,对已达成共识的地方点到为止,重点关注存在理论争执的问题域,适合多个层次的读者阅读。两册书对许多人们耳熟能详的传统观点进行了新的分析,提出了自己独到的见解和质疑。具体而言,主要体现为以下内容:

第一,从智力劳动说论证作品本质、特征和价值,从作品这一著作权法理论的基石范畴开始,逐步展开对著作权法理论的阐释与探究,这种研究方法具有新颖性。

第二,首次提出了“独创性个人知识与公共知识二分法”说,论证了“思想表达二分法”的逻辑错误,建议抛弃“思想表达二分法”。

第三,提出“版权制度演进四历史时期说”,对版权制度存在的历史条件、历史分期及其特点做了独特的研究,提出了作品作为私有而不是国君所有的(无形)财产进入流通领域后,在前著作权法时代就产生了原始版权制度(那时的著作权还不是法定权利)。在著作权法时代,著作权制度中仍然存在著作权政策、企业著作权管理制度等值得研究的内容。

第四,提出修正的“版权作品四要件说”,新提出人工性(作品是体现自然人思想情感的智力成果)、知识性(作品是包含作者独创性个人知识和公共知识的智力成果)，另加传统观点中的可感知性(作品具有能够被感知的外在表达形式)和独创性，提出剔除“领域性”的六点理由。

第五，提出“发表权新特点说”，对发表权特点的主流观点进行了论证，认同作品一旦发表发表权就穷竭的观点，但对发表权只能行使一次的观点提出了疑问，认为发表权基本特点在于发表权内容的特殊性——“三权性”、发表权保护期限的特殊性——非永久性、发表权行使主体的特殊性——间接性，以及发表权行使方式的特殊性——交织性。

第六，关注了著作财产权的“三化”(扩张化、碎片化与交叉化)，分析了著作财产权类型化的要求，分析了所有的演绎权能否并入复制权，主张将著作财产权由12项减少到9项。

第七，提出“邻接权范围调整说”，认为应将“表演”认定为作品，在邻接权中删除表演者邻接权，增加数据库制作者邻接权，认为“汇编作品”应称为“汇编数据库”，汇编作品著作权降为数据库制作者邻接权。

第八，提出“邻接权特征五性说”，认为邻接权具有出自作品著作权的派生性、内容的类版性、主体的双重身份性、权利客体的大众传播媒介独创性和权利客体载体与著作权客体载体的同一性，对著作邻接权的性质、邻接权的客体是不是作品是否具有独创性进行了分析，对防止邻接权成为囊括智力成果权口袋表达了一家之言。

第九，提出了“丰富出版者邻接权内容说”，结合自身在出版社工作5年的经历，对出版者邻接权做了比较全面的分析，提出出版者邻接权不能局限于版式设计权，应该考虑编辑在选题策划、组稿、审稿、编辑加工、宣传推介的过程中,以及整个单位为图书出版、文章发表所投入的智力劳动,丰富出版者邻接权的内容。

第十,系统诠释了"认定构成剽窃的四要件说"——认定时间上的先后性、空间上的接触性、形式上的雷同性、内容上的实质相似性,对剽窃和盗版问题做了系统而深入的探讨,探析了学术论文和毕业论文剽窃问题、大学教材中的抄袭现象;剖析了目前我国盗版现象存在的原因、盗版的本质和行为方式。

书末对我国著作权法理论研究值得关注的新课题做了展望。另外,还提出了作品量的规定性和产生标志问题;提出著作权保护期是否会中止、延长的问题;对增加数据库制作者邻接权及其主要内容做了系统论述;对著作权行政保护的争议也做了分析;对教材剽窃的原因进行了分析;等等。

其次,研究的多维性与逻辑的一贯性相结合。爱因斯坦说过,重大问题的解决方案永远不可能在产生这个问题的维度上出现。"不识庐山真面目,只缘身在此山中。"著作权法的有些理论问题,须从法哲学、经济学和其他学科与法学结合的维度来探赜索隐,才能拨云见日。作者对"思想表达二分法"逻辑错误的分析颇有道理,老杨读本科时形式逻辑课是免修的,毕业时一度想考逻辑学研究生。由于作者逻辑学功底深厚,全书逻辑严谨,概念清晰,立论有据,论证有力。

最后,立足中国智慧与分析国外做法相结合。老杨经常讲"天空黑透了才看得见星星",学术研究忌讳一知半解,本书作者直面国外引进的"舶来品",立足中国著作权法实务对理论的呼唤,对著作权各种制度的正当性、必要性和缺陷进行了比较深入的研究,既有对国外立法及其背后理论的分析、比较,又不拾人牙慧,而是立足我国实际，力求发出属于中国学者的声音。我认为，国内学者只有同舟共济，真正构建体现中国学者智慧的著作权法理论体系，而不是仰人鼻息，亦步亦趋，才能完成知识产权法学者们肩负的历史使命，给著作权立法和司法提供充分、坚实的理论支撑。

学术研究贵在理论创新。本书个别地方值得进一步推敲，有些观点还可进一步深入探讨。无论如何，作为我国对著作权法理论辛勤耕耘和艰苦探索的一部力作，本书体现了作者深厚的学术功底、锲而不舍的学术勇气和厚积薄发的学术智慧，难能可贵。

我国著作权法理论研究在前会长郑成思教授、吴汉东教授和现任会长刘春田教授等老一辈学者的引领下，在全体同人的共同努力下，经过30多年的发展过程，已经取得了长足的进步。寄希望于年轻学者接过学术接力棒，继往开来，砥砺前行。

是为序。

冯晓青

2022年7月21日

于北京

# 简　目

# 详　目

# 第一章 著作权法学研究导论

铁肩担道义，妙手著文章。

——李大钊

## 第一节 研究目的、对象及其范围考察

### 一、著作权法学研究目的探究

“为什么要研究著作权法理论”是我们首先要直面的问题。自从人类进入知识经济时代，作品作为知识产权的重要客体在社会生产和生活中的作用彰明较著。包括著作权法学在内的整个知识产权法学已经成了显学。研究著作权法学的目的和意义不言而喻。加强著作权法理论的研究，构建先进的著作权法学理论体系，繁荣我国社会主义文化事业，维护和发展作者、作品传播者和广大读者的相关权益，利在当代，功在千秋，泽被天下。

#### （一）著作权法立法和司法理论支撑的需要

理论是行动的指南，科学的理论可以指导实践、引领实践。黑格尔提出，从自然界到人类社会的万事万物，都是一定思想、观念、理念的派生物或表现形态，这就是“思想支配世界”原则。笔者虽

不赞同这种客观唯心主义的本体论,但必须承认,意识确实对物质有反作用。我国包括著作权法在内的知识产权法的立法用了约30年的时间走完了西方国家花了300多年走过的路程,实现这种了不起的成就除了社会发展的客观需要外,著作权法理论工作者的付出也功不可没。研究著作权法学理论,旨在夯实著作权立法的理论基础,回应司法实践和版权实务对理论支撑的呼唤。著作权法理论研究,有助于发现著作权法中的法律漏洞,及时消除著作权法规范中自相矛盾的规定。革故鼎新,理论先行。

### (二)发挥著作权法守护神和平衡器功效的需要

大众往往误认为著作权法只是保护作者,最多另加保护作品传播者利益的法律,其实著作权法既是作者和作品传播者权益的守护神,又是作者、作品传播者与社会大众之间相关利益的平衡器,它涉及千家万户、芸芸众生。要充分发挥这种守护神和平衡器的作用,就需要研究著作权法理论是否适应社会生活实际需要,探寻提高全民著作权法律意识的路径,发掘著作权法理论在梳理复杂的著作权法律关系和厘清作者著作权与作品传播者邻接权之间错综复杂关系过程中的价值。

### (三)构筑著作权法学科学理论殿堂的需要

著作权法理论体系需要加强自身的理论建设。中国知识产权法研究会现任会长刘春田教授认为:“我国在科学领域的通病,重制度、重技术,长于应用、善于借鉴,而对事物的基础、本源问题,欠缺深究的兴趣,无论自然科学,还是人文社会科学领域,都是如此。"[①]著作权法理论研究，不能沿袭律学之传统，不能仅停留在对著作权法的解释上，还应研究规则背后的立法理由、正当性以及判断正当性的标准。笔者相信，经过一代代知识产权法学者筚路蓝缕，潜心研究，不断为这座理论殿堂添砖加瓦，我们的著作权法理论必将日渐完善和成熟，在全球著作权法理论大殿中必将听到中国声音。

## 二、著作权法学研究对象及其范围剖释

### （一）著作权法理论研究对象是"著作权法问题"

著作权法理论应该研究什么？我们可以从宪法学的研究对象得到启示。[②] 法学是权利义务之学，著作权法理论关注的对象是客观存在的著作权法律关系中各种法律主体的权利义务问题。"著作权法问题"包括著作权立法和司法中的务实性法律问题，以及这些法律问题涉及的务虚性理论问题。

### （二）按照研究目的确定研究范围

著作权法研究的具体对象大家耳熟能详，大致包括作品的本质和特点分类问题，版权作品的构成条件是什么，独创性怎么理解，作品为什么会成为著作权对象；著作权的性质、本质、特点和结构；著作权法的部门法属性，著作权法与民法的关系；著作权法的基本原则是什么，核心的基本原则是什么；著作权法的起源与产生

① 刘春田：《第三次著作权法修改送审稿的进步和我们的期待》，载知产力网2020年5月12日，https://baijiahao.baidu.com/s? id=1666470153783241619&wfr=spider&for=pc。

② 过去，宪法学高度关注宪法规范所调整的社会关系的特征，忽视了宪法规范本身的特征，宪法学成了"历史唯物主义"的"扩大解释"，其研究对象与政治学高度重合。另辟蹊径，以宪法问题为宪法学的研究对象——这样既明确了宪法的法律学科性质，也确立了宪法问题意识和解决问题的学术思路，回应了社会大众对宪法问题的关切，避免了传统宪法学空洞枯燥的说教意味。"宪法问题"，包括宪法理论问题和宪法实践问题。

条件,前著作权法时代有没有版权制度,版权制度的历史沿革;著作人身权有哪些权项,著作财产权的类型化体系化问题;著作权的取得、归属、行使、转让、限制、管理和保护制度;邻接权的种类、权项及其与著作权的关系,著作邻接权的本质及其立法理由;等等。我们可以根据自己的研究目的具体圈定研究对象,不必面面俱到。

## 第二节　研究秉持的基本理念

### 一、坚定文化自信,弘扬中华优秀传统版权文化

文化自信是对中国特色社会主义文化先进性的自信。笔者认为,我国包括《著作权法》在内的知识产权法的立法用了约 30 年的时间走完了西方国家花了 300 多年走过的路程,而且就版权文化而言,中国古代的版权观念和文化也是可圈可点的。古代四大文明古国,唯独中国文明没有断过。五千年的中华文明令我们中华儿女倍感自豪。个别学者言必称希腊,却忽视了我国优秀传统文化。其实,在版权文化中,中国古代原始版权制度的一些方面是优先于西方的,有的方面与同时期西方相比则毫不逊色。

笔者认为,中国古代虽没有现代意义上的著作权法或著作权法制度,但存在现代版权制度的萌芽、雏形,这种制度由有关版权的意识、作为自然权利或道德权利的版权、道德规范、习俗、书坊的一些管理制度、行政官员个别性的保护令(禁令)等构成。自宋代开始,我国已经在作品的生产与传播中产生了比较显著的版权观

念,对于私人出版物,采取"附牌记,发榜文,立公据"的措施,[①]以官府的行政命令和国家最高版权管理机关(国子监)的行政管理制度对作者权利进行保护,使该权利的性质开始发生部分质变,即不再是纯自然权利。

### (一)中国古代保护署名权、修改权和作品完整权的情形

公元前549年,叔孙豹提出"立言"可以不朽,第一次将著述与个人名声联系起来。这对萌生署名权意识和促使作者在自己作品上署名有深远意义。

孔子与战国诸子,各自招收学徒,开私学,写私著,形成不同的学派。他们的言论,或由自己,或由门生弟子,或由师徒合作,最后形成诸子书籍,推出各自学派的非官方著作,为著作权的萌芽提供了土壤。

战国末年,屈原的《离骚》是楚辞体诗歌的代表作,也是古代诗歌史上第一首实名制的个人作品,开创了诗歌个人独立创作的新纪元。吕不韦以"著书布天下"为目的,招集门客,主持撰写《吕氏春秋》。《吕氏春秋》是我国历史上第一部明确署有主编名字的著作。吕不韦署上自己的名字说明其有版权意识。

冯晓青教授认为,"从留存的一些作品来看,至少现代版权制度中作者署名权、修改权和保护作品完整权都受到了重视……我国古代社会的文告保护或者作者、出版者在图书上的铭记禁止翻

① "附牌记",是在书籍的扉页、序文目录后等边处刊印上版权保护的告示,相当于现代出版物的版权记载页,主要起着显示版权的作用。"发榜文",是指向官府申报出版事宜然后将批文张榜公布;程序是先以牒文的形式向官府申请,官府批准后颁布榜文,张贴公布作为版权归属的证明。"立公据",是指国子监审批印刻者向官府发出申请后,为其颁发准许保护其版权的"公据",以证明书籍翻印的合法性,也是向地方官府告发并追究盗版者责任的依据。

刻,旨在防止作品被随意篡改,在一定程度上体现了现代版权制度中对保护作品完整权的保护”①。中国古代官府对刻印图书的禁令保护,侧重于维护刻印图书的原貌,与今天著作权法制度中的保护作品完整权有异曲同工之妙。

(二)宋代以后版权行政保护颇有特色

宋代以后,出现了通过行政命令禁止他人翻印印刷物的记载。北宋对国子监《九经》“出版权”的保护,就是以禁令形式保护刻印出版者。《书林清话》中写到“翻板有禁例始于宋人”。例如,南宋孝宗时期,王称写了一本《东都事略》,书坊将其出版之后就添加了具有版权申明意义的牌记,牌记里明言“眉山程舍人宅刊行,已申上司不许覆版”。这句话翻译成白话文,类似今日的“版权所有,翻版必究”。北宋神宗继位(1068 年)前,朝廷曾下令未经国子监许可,“禁擅镌”《九经》。南宋嘉熙二年(1238 年),祝穆刊印《方舆胜览》,向当时两浙转运司申请文告保护,并获得批准。这种保护形式一直持续到了明清时代。如明崇祯时期,曹士珩《道元一气》明示“倘有无知利徒,影射翻刻,誓必闻之道借彼公案,了我因缘”。

当时,这种通过行政命令禁止他人翻印印刷物的做法,体现了封建统治者实施文化控制的意志,但这些官员的禁令本质上是我国古代版权保护的形式,性质上类似于今天著作权法中对版权的行政保护措施。

(三)中国古代存在官方和民间反剽窃、反盗版的做法

我国古代《礼记·曲记》曾有“毋剿说,毋雷同”之说。名人的著作被盗版,名人利用与官府门生故吏的特殊关系,动用公权力保

---

① 冯晓青:《中国古代版权保护是啥样》,载《人民论坛》2021 年第 15 期。

护自己私人作品,这对版权观念的形成起了推动作用。

据文献记载,唐文宗时曾任东川节度使的冯宿给皇帝上表请奏:“准敕禁断印历日版。剑南两川及淮南道,皆以版印历日鬻于市。每岁司天台未奏颁下新历,其印历已满天下,有乖敬授之道。”①大意是说,剑南两川和淮南几个地方,居然有人擅自印历书的盗版,必须得下令禁止才行。到了宋代,盗版更加猖獗,不仅盗印名人著作,连传统官员用书都敢盗版,曾有一个当地官员把宋代的刑法全书《宋刑统》偷偷改了个名,叫作《金科正义》,然后偷偷刻版印制售卖。宋代对盗版的打击还是比较严厉的。罗璧《识遗》一书记载:“宋兴,治平以前,犹禁擅镌。”刻印经书得提请国子监审查,刻印别的书,也得先刻一本出来,给有关部门审核,以防是抄袭别人的。②

以牌记、铭记、印记等形式体现的自力救济,是我国古代社会作者和刻印出版者保护自己权益的惯常形式,这些措施表明有关主体的维权意识的觉醒。这些当事人自力救济的措施,对于现在的版权保护制度仍具有启发意义。

### (四)对出版者邻接权的保护不逊色于西方③

西汉出现了专门传播作品的私营商业机构——书坊。书坊印刷并出售书籍,兼有今天出版社和书店的功能。

到了宋朝,作为出版者,书坊已经有了某种“邻接权”意识,他们在出版图书的时候,会顺便添加一个“牌记”,在类似今日版权页上加一句“国子监申报,不得翻版”,以此谋求自身的“邻接权”保

① 《全唐文》卷六百二十四。

② 参见马伯庸:《盗版书最早始于何时》,载大众网,http://www.dzwww.com/shandong/sdnews/201511/t20151111_13313685.htm。

③ 参见冯晓青:《中国古代版权保护是啥样》,载《人民论坛》2021年第15期。

护。北宋对国子监《九经》“出版权”的保护,是以禁令形式保护刻印出版者,类似于今天对作品传播者邻接权之一的出版者邻接权的保护。

抚今追昔,我国现代的著作权立法成就更大。《著作权法》颁布30多年来,我国版权面貌发生了根本性转变,版权制度逐步完善;版权产业从小到大,成为国民经济支柱;版权贸易从弱变强,实现较快发展。《著作权法》在保护著作权人合法权益、推动文化繁荣发展、创造社会财富、提升国家核心竞争力等方面取得了重要成果。

在著作权制度建设方面,我国构建了一套较为完备的版权法律体系,为版权事业发展奠定了坚实的法律基础。我国在第三次《著作权法》修订以前,在版权保护领域形成了集“一法六条例”以及地方性法规、部门规章、司法解释等于一体的,既符合中国国情又与国际规则相衔接的法律体系,为保护中外著作权人的合法权益提供了法律依据。2020年,我国《著作权法》经过第三次修订,以新的面貌呈现于世。为了与国际衔接,我国先后加入了6部国际著作权条约,包括《保护文学和艺术作品伯尔尼公约》(以下简称《伯尔尼公约》)、《世界版权公约》、《保护录音制品制作者防止未经许可复制其录音制品公约》(以下简称《日内瓦公约》)、世界贸易组织《与贸易有关的知识产权协定》、《世界知识产权组织版权条约》、《世界知识产权组织表演和录音制品条约》。2020年4月28日,《视听表演北京条约》正式生效。《视听表演北京条约》作为中华人民共和国成立以后,首个在中国签署,并且以我国城市命名的国际条约,不仅首次明确了对影视演员、音乐人等视听表演者的保护,同时打破了由美国、欧盟等发达国家和地区制定国际规则的惯例。

可以自豪地说，在包括著作权法在内的整个知识产权法领域，中国用短短30年，完成了发达国家数百年走过的制度变迁之路。中国在国际舞台上由跟跑者变成了某些方面的领跑者。研究我国的著作权法理论，必须对研究对象怀有制度自信。

## 二、为国为民著书立说的“立言”精神

### （一）士者“立言”人生价值观的由来

古人提出了“三不朽”的观点，即立德、立功、立言。“三立”可理解为人生追求的三个最高价值目标，即修养完美的道德品行，建立伟大的功勋业绩，确立独到的理论学说。后者即“立言”，孔颖达解释，“立言，谓言得其要，理足可传，其身既没，其言尚存。”陈静教授认为，所谓“立言”，“字面意思，是通过语言或文字明确表达自己的思想观点，就其功能而言相当于著述”。①

在先秦，“立言”成为当政者所倡导、“士”习以为常的生活方式和精神价值，成为一种集体意识。延至后世，“立言”意味着在文化建设事业中提出独到学术见解，理论有所建树。

据《左传》记载，二十四年春，穆叔如晋。范宣子逆之，问焉，曰：“古人有言曰，‘死而不朽’，何谓也？”穆叔未对。宣子曰：“昔匄之祖，自虞以上，为陶唐氏，在夏为御龙氏，在商为豕韦氏，在周为唐杜氏，晋主夏盟为范氏，其是之谓乎？”穆叔曰：“以豹所闻，此之谓世禄，非不朽也。鲁有先大夫曰臧文仲，既没，其言立。其是之谓乎！豹闻之，大上有立德，其次有立功，其次有立言，虽久不废，此之谓不朽。若夫保姓受氏，以守宗祊，世不绝祀，无国无之，禄之

① 陈静：《先秦至魏晋文人著述观念的变化》，载《首都师范大学学报（社会科学版）》2005年第2期。

大者,不可谓不朽。"[①]公元前549年,鲁国的叔孙豹出使晋国,与范宣子讨论何谓不朽。叔孙豹认为,只有立德、立功、立言才可能达到不朽,并以鲁国的臧文仲为例,说他死后,言论传到了后世。这番宏论,乃我国历史上第一次有关著述地位的明确表达。

叔孙豹"立德、立功、立言"之说,以后逐渐成为中国士大夫人生价值观的基本内容,这方面的最早代表人物就是孔子(叔孙豹说这句话时孔子才3岁)。孔子一生周游列国,仕途上无法实现自己的人生政治抱负,退而求其次,晚年作《春秋》,旨在传道于后世,以求士者"立言"之不朽。

到了西汉,司马迁的父亲司马谈在临终遗言中对司马迁说:"予死,尔必为太史;为太史,毋忘吾所欲论著矣。且夫孝,始于事亲,中于事君,终于立身;扬名于后世,以显父母,此孝之大也。"司马迁后来遵从了父亲的临终遗言,写下了鸿篇巨制《史记》。《史记》真正成了千古不朽的"史家之绝唱,无韵之离骚"。

西汉末年的扬雄,早年得志,在官场混得风生水起,但后来甘于寂寞,潜心做学问,以"文章成名于后世"作为自己人生追求的目标。司马迁、扬雄都故意回避事功第一的传统观念,单独追求"立言"的不朽。王充在《论衡》中特别推重"精思著文,连篇结章"的"鸿儒"(著作家)。与先秦士大夫的人生理念不同,汉代以降的部分知识分子力图使著述像事功一样独立体现人生价值,他们代表的是一种新的人生价值观。

"铁肩担道义,妙手著文章"。这种士者立言精神是中国古代知识分子的人生价值追求目标。这种敢于担当、钟情翰墨、力图有所理论建树的精神是一种优秀的传统文化,值得我们发扬光大。

---

① 《左传·襄公二十四年》。

(二)在理论研究中将个人智慧汇集于中国智慧

我们行进在中华民族伟大复兴的征途之上,立足各自的学科研究领域,肩负着祖国和民族繁荣法学理论的殷切期望。作为法学理论工作者,应该响应和落实人民的召唤,在各自的专业研究领域,研究中国问题,提供中国智慧,发出中国声音,构建好具有中国特色的著作权法理论体系。

## 三、勇于进取的理论创新精神

(一)学贵质疑

学术研究从发现问题开始。尽信书不如无书。“学起于思,思源于疑。”“为何研究生提不出问题?”2020 年 8 月 18 日,《中国科学报》以此为题刊发学者文章,在高校引起热烈讨论。有些事物表面风平浪静,内部暗潮涌动。从司空见惯的现象中慧眼识珠,在学术上保持问题意识,养成爱提问题的思维习惯,是学者成功的必由之路。

西方文明发源地古希腊的智者学派,主张“对任何事物都提出质询,就是在宗教或者政治禁忌面前也无所畏惧,勇敢地将所有的信仰和制度统统传唤到审判席前,接受理性的审判”①。“理性的审判”其实就是要经得起逻辑的推敲,人类的理性认识阶段就是思维。逻辑学研究思维形式,它是思维的语法,能够为人们进行正确思维,获取新知识,以及进行思想的表达提供必要的逻辑手段和方法。例如,一些学者心目中的著作权法核心原理——思想表达二分法,历来备受诟病,只有在弄清有关的逻辑问题之后才能从这个

① [美]威尔·杜兰特:《哲学的故事》,梁春译,中国档案出版社 2001 年版,第 9 页、第 10 页。

"魔咒"怪圈中梳理出解决问题的头绪。

(二)学贵创新

2022年"五四"青年节前夕,习近平总书记考察中国人民大学时要求,社会科学研究应"以中国为观照、以时代为观照,立足中国实际,解决中国问题,不断推动中华优秀传统文化创造性转化、创新性发展,不断推进知识创新、理论创新、方法创新,使中国特色哲学社会科学真正屹立于世界学术之林"①。著作权法理论研究,不能人云亦云,拾人牙慧。版权作品的必备条件之一就是具有独创性,这正说明了理论创新的重要性。

一般来说,理论创新是对原有理论体系或思想观念的新突破,是对原有理论和方法的新修正和新发展。著作权法的理论研究,应该对版权文化和版权产业中出现的新著作权法问题作出新的理论分析和理论解答,对大数据时代著作权的本质、权项内容、限制和著作权法的变化趋势做新的揭示和预见,对国际版权公约是否保留某些条款等进行必要的、新的科学评估和理论论证。

学术研究是理论创新的过程,不是拾人牙慧搞重复性劳动,学术研究的生命力即在于理论创新。服从命令是军人的天职,推陈出新是学者的天性。学者要有独立的人格,求新的思维。著作权法之所以要制止剽窃,主要目的并不在于禁止剽窃者剽窃他人的作品形式,而在于禁止将他人新的思想观点据为己有,社会文明进步需要学者贡献具有个人独特见解的新知识。从1901年诺贝尔奖首次颁奖至今,一百多年来获奖者首次发表获奖论文的年龄均在35~40岁,这一年龄阶段的人思想保守的较少,大多勇于创新。创

① 王子晖:《建设中国特色、世界一流大学,习近平指出这样一条路》,载中国法院网2022年4月27日,https://www.chinacourt.org/article/detail/2022/04/id/6658593.html。

新意味着挑战权威,伟大的创新甚至是颠覆权威的过程。理论创新需要对“优势互补”进行换位思考。学术创新还需冲破习惯思维的樊篱,克服墨守成规的思维定式,敢于打破常规,另辟蹊径,独立思考,运用丰富的知识和经验,充分展开想象,这样才能迸射出创造性的思维火花,为人类知识宝库添砖加瓦。

## 第三节 研究方法的路径选择

### 一、研究路径的意义、选择前的背景、确定原则

#### (一)工欲善其事,必先利其器

有学者认为,“方法是解决思想、行动中所遇到的各种问题的途径、程序、手段与技巧的总称,在西方也指认识的理论或学说”①。

有的人撰写论文是轻车熟路,事半功倍;有的人仰天长叹,自认不是做学问的料,其实后者往往是因为没有掌握做学问的方法。古往今来,凡是大学问家均有一套自己娴熟的学术方法,特别是从事理论研究的学者,无不是逻辑方法的行家里手。目前理论界的一些问题本质上是逻辑问题,一些学者自说自话,不在同一个问题域里讨论问题,使用相同的术语但内涵却天差地别。

笔者认为,目前我国高层次人才的培养尚存在短板,如法学教育普遍没有开设高等数学课程,在大数据时代,能运用高等数学工具的法学研究人员屈指可数。

① 陈洪澜:《知识分类与知识资源认识论》,人民出版社2008年版,第3页。

(二)厚积薄发

巧妇难为无米之炊。做学问不能凭借一知半解、道听途说,而应注意资料的积累和知识的沉淀,详尽地掌握大量的事实、材料及相关知识,运用智慧杂交优势,发挥思维统摄作用,深入分析,把握特点,找出规律。一位知名学者曾说过,“文革”中别人在无聊中打发日子,他却在煤油灯下将本学科前沿理论都做了卡片进行学习,“文革”结束后他很快脱颖而出,金榜题名。

(三)研究路径选择前的背景

寻找研究路径,要先明确研究对象的特点和目前研究的不利因素,才能有的放矢,具体如下。

第一,研究对象本身深奥晦涩。包括著作权法学在内的知识产权学在西方又被戏称为“鬼学”,皆因著作权法学的起始范畴作品具有无形性,没有较高的抽象思维能力难以理解。在我国,从启开创夏朝进入国家可以立法的时代开始,直到 1910 年《大清著作权律》问世,著作权法怀胎数千年。中华人民共和国第一部《著作权法》也历经 30 年才于 1990 年问世。立法太难、司法颇难、理解最难。在这种研究对象面前,我们宜“坐冷板凳”,力戒浮躁,潜心探讨。

第二,著作权的概念、现行版权制度和理论体系是舶来品,移植引进后会出现水土不服问题。我国关于著作权的立法,特别是前两次修法,受有关国际条约影响较大。国际条约以及各国著作权法理论分歧本来就多,如果不认真加以辨别,引进互相矛盾的不同国家的制度和原理,会产生扯不清的问题。如我国《著作权法》对法人作品与特殊职务作品的立法和理论基础是有瑕疵的。只有英美版权法和日本的著作权法才可能视法人为作者,大陆法系国家特别是德国至今只有"职务作品",不会将法人视为作者(法国已有改变)。在美国版权法中"职务作品"与"法人作品"实际是一回事。我国著作权法将两种不相容的机制同时引进,导致无法在二者之间作出区分。不必忌讳的是,《世界版权公约》是各国国家意志妥协的产物,西方发达国家的著作权法反映了版权产业资本势力集团的利益和意志。我国的著作权法理论研究,虽应吸收全人类一切先进的文明成果,但也必须保持清醒的认识,对外国的著作权法和理论研究成果,应有分析比较,合理借鉴,不能盲从。

第三,著作权法理论研究面临语言词义和逻辑问题。著作权法理论中的许多概念外延模糊,指代不明,歧义丛生,人们从不同角度来各取所需,往往不在同一个问题域进行讨论,没有遵守形式逻辑的同一律,自说自话。少数学者没有经过严格的逻辑学熏陶,字里行间逻辑错误在所难免,甚至出现一些悖论。王力教授在《谈谈写论文》一文中认为,撰写论文,第一也是最重要的一点,就是要运用逻辑思维。没有深厚的逻辑学功底,学术研究就不会立于不败之地。

(四)研究路径的确定原则

著作权法理论如何研究?这是导论重点讨论的问题。笔者认为,应该根据客观性原则和目的性原则来确定研究路径。

客观性原则,要求研究者在研究过程中尊重事实,以事物的本来面目为依据,反对主观臆测,妄自论断。研究著作权法应该从实际出发,而不是从理论出发,研究版权实践中客观存在的问题,揭示事物的本来面目,摒弃伪命题。

目的性原则,要求我们从著作权法的宗旨或目的出发,探讨著作权法问题。忽视或偏离著作权法的立法宗旨,研究就会南辕北辙,误入歧途。

## 二、值得倡导的著作权法理论研究方法

### (一)多学科研究方法的综合运用与交叉运用

按照黑格尔的观点,一种理论同时是一种方法。每门成熟的学科都有自己独特的研究方法。

"不识庐山真面目,只缘身在此山中。"曾有一段时期,不同学科之间画地为牢,以邻为壑。学科的跨界与交叉已经引起学术界的普遍重视。科学史表明,交叉学科和边缘学科的研究领域是容易出重大理论成果的领域。我们可以从多维度、多视角来重新审视著作权法理论,著作权法理论的研究方法可以与法哲学①、心理学、文学艺术、经济学和社会学等多学科研究方法有机结合。综合运用和交叉运用多学科的研究方法,可以实现优势互补。现代复杂的学科体系下,知识系统的扩张既有通过裂变产生的树形结构学科,也有通过不同学科间交叉演化形成的学科。"所有学科的界限,必须是天然地折衷的。正如我们以前说过的,知识是统一的整体,它的分划成各个学科是对人类软弱的一种让步。"②自 2021 年起,我国学科目录中增设了"交叉学科"门类。著作权法理论的研究,涉及技术、法律、哲学、经济、文学艺术等多个学科领域,必须运

① 2003 年 3 月,冯晓青教授在中国人民公安大学出版社出版了国内第一本《知识产权法哲学》,从知识产权法律制度的哲学层面,深入而系统地论述了知识产权法律制度的合理性,从法哲学角度比较全面地透视了知识产权制度的基本内涵和原理。

② [英]哈·麦金德:《历史的地理枢纽》,林尔蔚、陈江译,商务印书馆 1985 年版,第 36 页。

用多学科的知识和研究方法,进行跨学科研究,特别是不宜固守法学樊篱,以法论法。

知识产权法学认为著作权属于知识产权。而"知识产权"这个术语实际上是从英文"Intellectual Proper"(IP)一词翻译过来的。"I"就是知识,特指由人类智慧所创造的那部分知识;"P"即 property,英文含义主要为实体含义的财产,兼有财产权的意思。在中文里,"财产"与"财产权",一个是物(实体)的抽象,另一个是法律的抽象权利,很多情况下都是无法互换的。知识能否成为财产,涉及哲学本体论与认识论问题。现在,一些学者提出正本清源,将 IP 从知识产权变换为知识财产,这样可以突出智力成果的本体意义,让全社会更多地关注智力成果的创造过程、确权过程、使用过程,以及价值实现过程。①

重新解读、吸收著作权法理论成果的精神内核,编织出全新的思维之网,构建起独树一帜的著作权法理论体系,需要我们善于运用普通逻辑和辩证逻辑的思维工具。有的学者认为,立法不宜追求法律体系的完美性,有时难以顾及逻辑的严格要求,但如果法学研究不遵守逻辑规则,理论成果不追求逻辑严谨性,则这种理论成果就不会立于不败之地。哲学是知识之母。"人类社会的发展进程中,智力作品的保护的发展要晚得多,诸如此类的'知识产权'的保护引起了错综复杂的哲学问题。"②我们可借鉴、使用黑格尔《小

---

① 参见王岩:《知产学科的名与实》,载《版权理论与实务》2022 年第 4 期。

② [美]罗伯特·P. 墨杰斯、彼特·S. 迈乃尔、马宽·A. 莱姆利、托马斯·M. 乔德:《新技术时代的知识产权法》,齐筠、张清、彭霞、尹雪梅译,中国政法大学出版社 2003 年版,第 1 页。

逻辑》那样的认识论工具,并用之反思著作权法理论[①]。传统的法学研究主要针对法律主体及其法律行为,忽略了法律权利的客体或对象。著作权法学应该追根溯源,从源头弄清作品的本质,从哲学本体论上揭示著作权对象或客体的真实面貌及其特征,从认识论和心理学上揭示作品可感知性,运用科学思维分析版权制度的发展轨迹,结合经济学原理阐明智力劳动与作品本质的关系、作品著作权存在的正当性,推进著作财产权类型化,以及著作权许可使用、转让、版权贸易的研究。如果能从本体论和多学科视角深入研究著作权法原理,著作权法学研究中长期争论的一些问题,或许可以拨云见日、豁然开朗。

### (二)正确运用比较法

著作权法理论研究虽主要研究本国现行著作权法,但也涉及古今中外的版权制度。比较方法,可以开拓我们的理论视野,有比较才能有鉴别,有鉴别才能有学术进步。这里讲的正确运用比较法,主要是指正确地对古今版权制度的形态、构成内容和特点进行比较,对中外著作权法和著作权法理论进行比较,特别是对不同权威学者对相同著作权法问题发表的学术观点进行比较。

比较研究不能停留在简单找出二者之间的相同或相似之处,罗列研究对象的不同之处,而是要尽可能地揭示研究对象的同中

---

① 有的学者认为,西方哲学源于规定性,从一切规定性都是否定性的推理入手,发现了辩证法的精髓(规定性就是界限,立刻会产生界内与界外的对立和矛盾,逻辑推理就获得了抓手)。从规定性出发,西方哲学经历了2000多年,无数杰出大脑的集体智慧,由黑格尔经过了彻底地刀削斧正、梳理重整,创造出一整套前无古人和雄伟恢宏的哲学思想大厦,成为西方文明在抽象思辨领域所达到的巅峰水平,而《小逻辑》正是其巅峰之上的明珠,堪称是西方文明所锻造出的最锋利的思想武器。参见宋鸿兵:《黑格尔〈小逻辑〉读后感》,载网易号"宋鸿兵"2021年12月29日,https://www.163.com/dy/article/GSD6A0OS0519JP01.html。

之异,异中之同,并分析这些现象背后的原因。20 世纪 90 年代,一位日本学者就对世界上部分国家的著作权法做过比较研究。[①]

### (三)重视实证研究方法

著作权法理论的研究还应重视实证研究,不能从概念到概念,不能只是就法论法,以免脱离实际和出现循环论证之嫌。著作权法理论须能指导和引领版权实务和有关的司法实践。从著作权法理论和制度创建的发展史来看,诸如思想表达二分法理论及其原则、合理使用原则、剽窃认定中的角色勾勒标准等,都是发达国家的法官们在司法实践中提炼出来的。一些典型的个案中隐藏着复杂的著作权法原理,应当找出隐藏在某一规定之后的法理或一般原则,以适用于法律没有清楚规定的事项。我国每年仅法院系统就可以产出 3000 万个案例,且新型、疑难问题比比皆是,这在世界上是绝无仅有的!所以,我们的法学研究如要立于世界学术之林,有所建树,就需要从对中国本土实际案例的研究开始。[②] 著作权法学的研究也应直面典型个案,将司法经验上升到法学理论的高度。例如,在 2020 年度,《中国版权》杂志策划刊发《2020 中国著作权典型判例司法评析专辑》,内容涵盖了 22 家法院(法庭)撰写的 96 件典型案例;《中国新闻出版广电报》介绍了当年全国 6 大典型个案:国内首例 MOBA 类游戏短视频侵权案、中国体育赛事画面著作权第一案、全国首例认定人工智能生成的文章构成作品案、《率土之滨》游戏模拟器侵权之争、首例侵犯游戏推广视频著作权行政处罚案、全国首例盲盒包装被盗版侵权案。这些都是著作权法理论研

① 参见[日]阿部浩二:《各国著作权法的异同及其原因》,朱根全译,载《环球法律评论》1992 年第 1 期。

② 参见于同志:《一名法官眼里的"案例研究"》,载光明网 2020 年 12 月 23 日,https://m.gmw.cn/2020-12/23/Content_1301967440.htm? source=sohu。

究的“富矿”。[①] 现在有关司法机关和新闻媒体每年都发布当年著作权典型判例并进行司法评析和解读,这些都是进行著作权法理论研究不可多得的研究素材。

① 佚名:《2020 年那些具有开创性的案件》,载中国新闻出版广电网 2020 年 12 月 31 日,http://data.chinaxwcb.com/epaper2020/epaper/d7392/d7b/202012/112727.html。

# 第二章　著作权法理论三大范畴论

一个民族要想站在科学的最高峰,就一刻也不能没有理论思维。

——恩格斯

## 第一节　起始范畴——作品

### 一、作品悖论与作品梯次的认知

(一)涉及作品的悖论及其意义

按照目前的著作权法理论,一方面,依据"自动保护主义",作品一旦完成,作为私权的著作权就自动产生;另一方面,依据知识产权法定原则,似可认为在1910年《大清著作权律》颁布以前,中国没有现代意义的版权和版权制度。那么中国从春秋诸子创立私学撰写私人著作至1910年《大清著作权律》颁布前的几千年时间里,许多私人作品完成后,作者对作品到底是否享有著作权?按"自动保护主义",作者在作品创作完成后享有著作权,而根据知识产权法定原则,没有《著作权法》就根本没有著作权,从著作权法理论得出的这两个结论是自相矛盾的。这是目前的著作权法理论无法自圆其说的一个悖论。

按照目前流行的“思想表达二分法”,作品的思想观点不受著作权保护,受保护的是思想的表达。按此原则和理论,将原来的小说进行演绎,如改编为视听作品,或将外文小说翻译为中文小说,原作与演绎作品的表达或表达形式是完全不同的,二者不会有什么瓜葛。但《著作权法》又规定,演绎者必须征得原作者的同意并支付报酬,演绎不得歪曲原作的思想观点,如果不注明是根据原作进行的改编或翻译,就涉嫌剽窃原作的思想内容,不向原作者支付报酬就涉嫌侵犯原作者的著作财产权。这是否意味着保护原作的思想观点?

对前述这两个悖论,目前知识产权法学界实际上不能自圆其说,陷入窘境后许多人索性避而不谈。难道真如西方学者将知识产权学说称为“鬼学”那样,[①]无法对这种现象进行科学阐释吗?

悖论看起来是非难辨。凡是存在悖论之处,说明理论体系有重大缺陷。悖论是科学问题的生长点,对丰富和完善科学理论具有重大意义。消除悖论的过程常常是完善、发展原有理论的过程。[②] 找出著作权法理论中这些悖论的产生原因,提出消除这些悖论的方法,有可能使著作权法和著作权法理论的个别方面发生颠覆性的改变。

悖论,在希腊语中的意思是“多想一想”。我们对这些著作权法理论中的悖论也该多想一想了。它们提醒我们必须反思著作权法理论体系的合理性。刘春田教授认为,我国多年来的著作权研究和教学,总体而言,重技能,轻理论,对什么是创作,以及作品的

---

① 因为包括作品在内的智力成果的自然属性与物质产品的自然属性截然不同,智力成果具有虚无缥缈的无形性和魔鬼般的分身术,所以研究这些对象的知识产权学在西方被人称为“鬼学”。

② 乔治·贝克莱发现微积分包含有所谓的无穷小悖论,激发了人们的研究热情,促进了微积分理论的进一步发展。双生子悖论曾对爱因斯坦的狭义相对论形成有力的挑战,但被解决后却丰富和发展了相对论。

本质问题，则较少下功夫，产出的成果也不多。①

深入研究作品的本质必须正本清源，从作品产生的源头进行探究，通过作品产生和传播的过程，阐明其与物质产品的区别，揭示作品产生的条件、本质、特点、价值以及传播的意义。

毋庸置疑，马克思高度关注资本主义社会的物质生产，但对精神生产鲜少做深入分析。② 一方面，当时文化享受只是极个别或极少数人的特权，文化生产只在狭窄的范围和有限的规模上发生着；另一方面，马克思所处的时代虽然已经有了著作权法，但他本人没有系统研究过著作权法，亦没有提到过"著作权"或"版权"概念。至今理论界也没有创建"作品经济学"，无人全面系统地研究精神产品的生产、流通过程和生产、分配、交换和消费环节。法学虽然不需要将这些作为自己的直接研究对象，但作品是著作权法学的起始范畴，不把这些前提和基础性的理论弄清楚，著作权法学的理论大厦就如同空中楼阁。

### (二)逻辑与历史相统一

思维的逻辑应当概括地反映历史发展过程的内在必然性。著作权法学的研究对象是著作权法，③著作权法的调整对象是著作权法律关系，著作权法律关系的客体又是作品，作品是著作权法学的起始范畴和基石范畴，著作权法中的其他一切概念和制度都直接或间接地建立在作品概念之上。厘清著作权制度的逻辑起点，从

① 参见刘春田：《民法理念与著作权法修改》，载《版权理论与实务》2021 年第 1 期。

② 精神生产理论是马克思主义社会生产理论的一个重要方面。在《神圣家族》中马克思第一次使用了"精神生产"这一概念，"精神生产"与"精神劳动"、"精神创造"在马克思理论中是同一概念。

③ 著作权法学不是著作权法，一些著作权法教科书直接统称"著作权法"，这在逻辑上是不严谨的，著作权法属于上层建筑的制度范畴，著作权法学属于意识形态范畴。

哲学、经济学、法学等领域系统诠释著作权制度的概念体系和原理框架,需要依此逐一对作品、著作权、著作权法探赜索隐。

概念是反映事物及其本质属性的思维形式,是思维的工具。列宁指出:“在人面前是自然现象之网。本能的人,即野蛮人没有把自己同自然界区分开来。自觉的人则区分开来了,范畴是区分过程中的梯级,即认识世界的过程中的梯级,是帮助我们认识和掌握自然现象之网的网上纽结。”①人类的“思维之网”是由许多概念、范畴之类的“纽结”联结和编织起来的思维体系,其中的范畴在思维之网中起着举足轻重的作用。

作品是著作权的源头。有作品,才有著作权。不能以现代著作权的性质和内容为标准去裁剪历史,去衡量古代有无版权制度。历史上凡因创作出作品和传播作品而产生或享有的智力成果权,都应视为著作权,无论法律有无确认。法无规定时,其以自然权利或应然权利形态存在,著作权法颁行后,其以法定权利形态存在(这一点在本书第三章开头部分还会详细论述)。如果只承认后者,那前著作权法时代作者对作品的权利以及传播这些作品的权利叫什么权利?权利的本质是利益,古代作家有的也获得过稿酬,获得稿酬属于什么权利?戏院里和大街上的演出者演出后可得到报酬,又属于什么权利?古代画家对其画作所享有的经济权利是客观存在的,它是物权吗?物权以物为标的,美术作品虽然有物质载体,但画家们卖画不会只根据美术作品的物质载体——纸张或皮革和布料等来定价。所以这种权利不是物权。除了原始社会以外,我们只能说古代没有著作权法制度,但不能说古代没有著作权

① 列宁:《哲学笔记》,中共中央马克思恩格斯列宁斯大林著作编译局译,人民出版社1974年版,第90页。

制度(版权制度)。

有人说,版权制度必须有技术基础,其技术基础就是印刷术,在印刷术发明以前不可能有版权制度。笔者认为,这在逻辑上是循环论证。[①] 并且,印刷术的发明只对文字作品的著作权产生重大影响,对于音乐作品、美术作品之类作品的著作权客体没有多大意义。即使对于图书这种文字作品的复制品而言,印刷术的发明只是制约着作者稿酬和出版商出版利润的"多和少",并不决定其"有和无"。在印刷术发明以前,有的作者也曾获得过稿酬,手抄本也可以卖钱。售卖价格中不只包含载体如竹简、木简、纸张的价值,高出载体价值的部分即作品给作者带来的物质利益。

### (三)存在、本质、概念、现象、现实的作品梯次认知

按照黑格尔《小逻辑》的认识论方法,任何一个存在的事物都可以从存在、本质、概念、现象、现实这五个梯次分别认知,我们对著作权法理论的起始范畴——作品的研究就可以从这五个梯次层面逐一展开,环环相扣,直达真理。

存在,只是潜在的概念(黑格尔语)。人最先认识的是眼前的物。外界事物作为本体论的存在,在时间上先于自然人的大脑,在空间上存在于自然人的大脑之外,它们可以成为未来的作品的对象,具有成为作品对象的潜在可能性。当混沌初开,存在层开始出现有与无的变易,相应地,"独创性作品"中的"创"只能从"有"和"无"来辨别。唯物主义哲学观认为,世界是物质的,物质是第一性的,物质呈现的形式、运动的轨迹等则是第二性的。科学的使命就在于发现物质的存在及其运动规律。

---

① 一些学者是这样论证古代为什么没有版权和版权制度的:著作权是法律规定的作者权,古代没有著作权法,所以没有著作权;没有著作权,因此也就没有著作权制度。

本质,就进入认识世界了。古往今来,人类的哲学思考,就是关注世界的本质存在。灵光一闪,自然人大脑对存在有了反映,把"存在"的关键要素提取抽象出来,产生了创作的构思(作品的本质)。这种存在于大脑中的构思属于"隐性知识"(没有外在表现形式的知识)。这时外部的存在开始转化为自我的内在智慧。隐性知识包括经验、观念、价值观、情感、信仰信念、洞察力、理解力、判断能力、创造能力,等等。作品的本质是从存在里提取出来的一部分认识,本质层接着出现同一和差别的分化。创作的构思与专利技术、商标设计的构思具有同一性和差别性,它们都会凝结为智力成果,但形态不同。

概念,即对创作的构思(本质)进行定义,它是人们对作品本质通过逻辑思维形成的理性认识的基本形式。概念是知识的凝结,它有内涵和外延。内涵是反映一个概念对象本质属性或特有属性的思想,反映和规定着概念质的方面,是属性、含义;而外延反映和规定着概念量的方面,是一个概念所反映的每一个对象。作品的概念亦包括作品的外延和内涵两个方面。作品的外延是其范围,作品的内涵是人类对作品本质特征的理性认识,是作者独创性个人知识和公共知识,以及他人的私有知识的集合体。作品的内涵,有的是对客观存在物本质的反映;有的是作者依据客观"存在"中的零碎成分进行整合而人为想象出来的,它们整体上不是自然界客观存在的,而是一个个被作者赋予一定意义且被人类所理解、认可的概念而已。如吴承恩笔下的孙悟空,就找不到原型。作家、艺术家的文艺创作活动是高层次的能动自觉活动,是以文学艺术掌握世界的一种特殊的具象审美方式,能动自觉地根据现实自然所提供的材料,创造出"第二自然"——虚构的人物形象和人为的艺术世界。

现象,是通过作品概念在认识中还原创作构思的结果(作品),即创作的构思(本质)通过其表达形式形成可以感知的对象。现象层表现为形式与内容开始转化。作品具有内容和形式两个方面。作品是无形的,自然人只能通过思维去理解它,但无法触摸它。

现实,就是作品物质载体与作品(包括作品形式和作品内容)的集合体,即人们在文化生活中具体了解到的作品形态,如曲波撰写的小说《林海雪原》,就是用纸张印刷的以小说体裁反映的人民解放军剿匪小分队在牡丹江一带与国民党土匪战斗的故事。

以上五个梯次的认知,有助人们深入地讨论"作品"这一概念。

## 二、作品产生的社会历史条件

### (一)人类脱离动物界且有了自我意识和思维能力

世界是物质的。地球在出现人类以前,地老天荒,所有的物质都是自然物,尽管大地鲜花盛开,蔚蓝的天空阳光灿烂,一望无际的大海碧波荡漾,但这些都只是客观"存在"而已。没有人类用语言文字去描绘,没有人欣赏,就只存在一个寂寞苍凉的世界。

人类原本和普通动物一样,都只是自然界的一部分。智人与其他类人猿的分水岭,在于其进化过程中的偶然突变,产生了用符号去抽象客体本质的能力。当人类利用这些符号反映大自然时,觉察到主体与客体的区别,主体观察外界事物可以形成意识,"自我"意识苏醒了。人类可以有意识地反映和改造自然,创造精神财富。恩格斯在《自然辩证法》中曾赞美道:"地球上最美的花朵——思维着的精神。"人类通过创造性思维活动,能够创造自然界原本没有的东西,从此与只会利用自然物品的动物分道扬镳。

### (二)可表达思想的文字产生

人类在进化过程中曾长期处于蒙昧时代,直到大约公元前3500年,人类最早的文明曙光才出现,人类社会结束了野蛮穴居时代,进入了文明社会。一般认为,金属工具的出现、文字的发明和国家的形成,是人类跨入文明社会的三大标志。

人类最早用来创作精神产品的对象是"符号"。符号从早期简单的声音、动作与涂画,到后来的文字、图画、音乐、数字、数学公式等,构成复杂的符号系统。古埃及的圣书字和两河流域的楔形文字早在公元前3000年左右就已经很发达了。我国殷墟甲骨文是较为成熟的汉字文字系统。[①] 我国古书上普遍记载有黄帝史官仓颉造字的传说,如果仓颉确有其人,应该是文字整理者或者是颁布者。总体来说,中国汉字的演变过程是:半坡陶文→东夷骨刻文→甲骨文→金文→小篆→隶书→楷书→行书[②]。

文字的出现,克服了语言不能"通之于万里,推之于百年"的局限,能保证作品在传播中不被篡改、扭曲、丢失。因此,文字的发明及其应用是人类传播史上的一次革命。它引导人类由"野蛮时代"进入"文明时代"。有了文字才有人类社会早期基本的作品种类——文字作品,结束了只有口耳相传的故事传说的历史。通过文字这种信息载体才能真正实现作品的传播。[③]

---

① 郑州大学的王蕴智教授认为,中国最早的刻画符号出现在河南舞阳贾湖遗址,距今已有8000多年的历史。

② 关于汉字的起源与演变过程,可参见王显春的《汉字的起源》一书,该书由中华学林出版社2002年出版。

③ 文字发明以前,人类可能已有口耳相传的历史传说。它们是否可以称为口头作品可以讨论。但这种精神产品在著作权法上没有意义,因为在私有制和文字出现以前,人们没有权利观念,不存在精神产品的归属问题。

(三)社会分层中出现了专门的脑力劳动者

人类社会没有剩余产品时,同一共同体内有劳动能力的人都要参加生产活动,从事繁重的体力劳动,社会分层中没有专门从事脑力劳动的人。当出现剩余产品时,社会出现了分层,一部分人,主要是知识分子,得以专门从事科学文化以及管理社会共同事务之类的脑力劳动,出现了"从事单纯体力劳动的群众同管理劳动、经营商业和掌管国事以及后来从事艺术和科学的少数特权分子之间的大分工"①。例如,世界上现存最完整的泥板文书——《伊塔那史诗》,②它不可能出自为生活而日夜操劳的体力劳动者之手,只可能是国王的大臣或御用文人的杰作。

当然,以上条件只是作品产生的一般社会历史条件,并不是充分条件。例如,我国春秋时期以前,虽然出现了专门的脑力劳动者阶层——专职的文化官员即巫史官员,负责撰写作品与篇籍,但他们与其说是在从事创作,倒不如说是在履行公务。在春秋以前,凡作者均是巫史官员,巫史官员以外没有作者;凡学校都是官学,没有"私立学校",学生皆为官宦子弟,老百姓家的孩子没有上学读书的机会;凡书籍都是官书,从事著述之人是巫史官员。史官撰史书,天官撰历书,太卜撰占卜之书等,凡此都是奉王命而作,著述写作是履行职务行为。"古未尝有著述之事也,官师守其典章,史臣

① 《马克思恩格斯全集》(第20卷),中共中央马克思恩格斯列宁斯大林著作编译局译,人民出版社1971年版,第197页。

② "伊塔那"是基什城邦的国王。《伊塔那史诗》用楔形文字写成,距今已有5000多年历史,出土自苏美尔文明的一处遗址中。现在一致认同的最早文明中心是美索不达米亚,即两河流域的苏美尔文明,它有6300多年的历史文字记载,创造了最早的文字——楔形文字。考古学家解读后发现,古籍中记述了一位神秘的苏美尔国王和家人一起度过了毁灭性的大洪水,并记载了其奉行的法律准则规范之事。

录其职载。”①

## 三、作品的理论分类

对于作品,可以从不同的角度,根据不同的标准进行分类。作品的法律分类将在本书第六章“著作权客体论”中探讨。这里仅分析作品的理论分类。

### (一)作品的理论分类概述

理论上,作品可以分为以下种类,具体如图 2-1 所示。

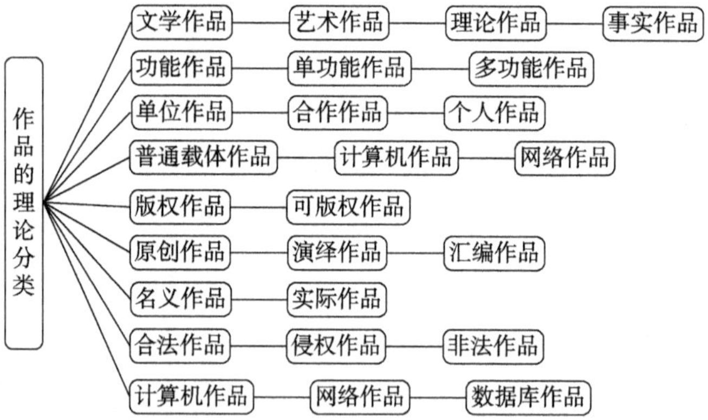


**图 2-1　作品的理论分类**

### (二)几种重要的作品

#### 1. 文学作品、艺术作品与理论作品

文学作品是以语言为工具,以各种文学形式,形象地反映生活,表达作者对人生、社会的认识和情感,以唤起人的美感,给人以艺术享受的著作。文学作品的基本特点是用形象反映社会生活。在文学作品的创作过程中,作家始终进行的是形象思维的活动(或

① 章学诚著,叶瑛校注:《文史通义校注》,中华书局 1985 年版,第 62 页。

方式)。文学作品具有三个特点:第一,作家运用各种艺术手段,把从生活中得到的大量感性材料熔铸成活生生的艺术形象;第二,始终离不开想象(幻想、联想)和虚构;第三,始终伴随强烈的感情活动。

艺术作品是以艺术语言塑造艺术形象反映生活所得出的形象思维产物,其作用在于给人以艺术享受和感染。在任何艺术作品中,内形式与外形式都是结合在一起的,只有通过一定的艺术形式,艺术作品的内容才能够得到表现。构成艺术形式的要素有:结构、体裁、艺术语言、表现手法等。艺术形式包括绘画、雕塑、建筑、舞蹈、音乐、戏剧、电影等。

理论作品,有的学者提出应为"科学作品",笔者认为,《著作权法》中提到的"科学领域"的作品不等于"科学作品",应理解为自然科学和社会科学中的"理论作品"。理论作品是以各种理论观点、论据形成的抽象思维、逻辑思维的产物,其作用在于给人以理性的启迪。

**2. 功能作品与事实作品**

功能性作品,是指以实现某种特定功能而非表达个人思想观点为创作目的的作品,《著作权法》第三次修正案草案曾规定建筑作品、实用艺术作品①、图形作品和立体作品四类功能作品。例如,瑜伽、武术、体操动作,能否构成受著作权保护的作品?由于这些动作主要是为了实现健身、防身等目的,具有实用性,因而不构成

① 《伯尔尼公约》明确要求成员国对实用艺术作品加以保护。我国1990年《著作权法》规定了美术作品,但并没有规定实用艺术作品。1992年10月15日加入上述公约,为与国际接轨,颁布了《实施国际著作权条约的规定》,专门增加了实用艺术作品保护的规定,但针对这类作品的著作权保护仅适用于外国人实用艺术作品,对本国人并不适用。在《著作权法》第三次修改过程中,立法者曾试图规定实用艺术作品,并将其作为与美术作品平行的一类独立的作品,但最终"实用艺术作品"没有入法。

可版权作品。2015年,美国联邦第九巡回上诉法院曾在一份判决中认为,瑜伽的核心在于其治疗性和功能性因素,瑜伽的动作顺序是为了科学地舒展肌腱和韧带,从而有利于身体健康。基于这种功能性,瑜伽的动作顺序不能被认定为汇编作品而享有版权。

值得注意的是,对于“功能性作品”很多人往往容易陷入一个误区,例如,单纯的菜谱(功能性作品)不受著作权法保护,等同于生动形象描述菜谱的图书被排除著作权法的保护范围。例如,湖南等地的老百姓喜欢吃“臭豆腐”,其烹制方法(菜谱)是不受著作权法保护的实用性方法和技巧,但是,如果他人将这种方法汇编入其菜谱,配以做法的说明、描述和高清照片,图文并茂,栩栩如生,那么整本菜谱就成为具有独创性的智力成果(是叫作汇编作品还是叫作数据库制作者邻接权客体,暂且不论),虽然同样有实用功能,但是整本菜谱的文字描述和照片的艺术体现仍然能够传递艺术美感。

事实作品,是通过一定的结构方式编排组合而成的,提供使用信息的作品,作品同事实存在密切联系,或者说事实性因素在这类作品中占据重要地位,一般没有可版权性,如通讯录、旅游指南。事实作品并非法定作品类型,各国立法均无明文规定,但在司法实践中,与事实作品相关的著作权纠纷却屡见不鲜。在事实作品类案件中,一方面,需要充分考虑信息或资源不能被某一个人所垄断;另一方面,也要充分考虑在形成事实作品的过程中,创造者需要付出巨大的辛劳、投资与时间。如何平衡两者之间的利益,是著作权法研究面临的一个难题。在事实性汇编的情况下,如果作者对事实的选择、协调或编排具备最低限度的创造性,至少可以给予数据库制作者邻接权保护;仅仅是对事实的调查本身不能够使该事实具有可版权性;事实之上如果添加了作者的评价因素,可能获得版权保护。国外多数法院认为,对未来事实的预测本身可以享有版权保护。事实是公共领域的一部分,其固有的,不宜由个人垄断的限制性特征,以及难以被实际占有的特点,决定了它没有版权性。

**3. 版权作品、可版权作品**

版权作品又称著作权作品,是指已经获得版权的作品。可版权作品,是指可以获得版权的作品。作品原则上是"可版权作品"。但只有符合著作权法规定条件的作品最终才成为版权作品。

**4. 计算机作品、网络作品与数据库作品**

网络环境下电脑已不仅具有纸和笔的作用,而且大有代替人脑的趋势。计算机作品是计算机自动生成的作品。英国 1988 年《版权、外观设计和专利法案》第 178 条规定的计算机生成作品,是指不存在人类作者时,由计算机创作出来的作品。有一些翻译软件,只要将被翻译的作品在该软件中运行一下,就会自动翻译成另一种文字,尽管目前这类软件还没有达到像人工翻译那样至善至美的水平,有时还需要人的再加工,但毕竟主要的翻译工作是由机器完成的。这类翻译作品的作者究竟是谁?是计算机,是操作计算机的人,还是计算机软件开发者?抑或他们共同完成的合作作品?这些问题尚存在争议。

网络作品,是指在计算机网络上出现的作品,如电子小说、电子漫画、自创音乐、自创视频等依附于网络平台的作品。当前网络上传输的主要是以文字为表现形式的作品,也有计算机程序,以及较为特殊的声、图、文等并茂的多媒体作品。

数据库作品,实际上就是指数据库本身,有几个数据库就有几件数据库作品。数据库有广义和狭义之分,这里是指狭义的数据库即电子数据库。数据库中的数据按照一定的数据模型组织、描述和储存,具有较小的冗余度、较高的数据独立性和易拓展性,并可为各类用户共享。数据库的相关内容将在《著作权理论新探索(下册)》第三章专章讨论,特别是其到底属于著作权保护的作品还是邻接权保护的客体(笔者认为,数据库只能作为邻接权客体)。

**5. 名义作品与实际作品**

这是本书作者根据现实中出现较多的现象提出的一对概念。名义作品,是指署名为某人但实质内容完全或部分为进入公有领域的"公共知识"或他人创造的"个人知识"的作品。名义作品又分为"纯名义作品"(不含任何署名作者个人独创的个人知识的作品)和"杂糅名义作品"(署名作者的个人知识与公共知识、他人的个人知识混杂在一起的作品)。对于纯名义作品,署名作者不享有任何著作权。对于杂糅名义作品,署名作者只对自己独创的"个人知识"的作品享有著作权。作者将公共知识标榜为自己的个人知识,需要承担欺世盗名的道义责任和法律责任;侵犯含有其他作者个人知识的作品的(不适当引用、剽窃),也要承担道义责任和法律责任。

实际作品,是指作品内容完全是署名作者独创的个人知识的作品。实际作品的内容中包含前人创造的已经进入公有领域的公共知识,但公共知识不构成作品的实质部分。

(三)味觉作品和触觉作品的争议

如同商标法中出现"味觉商标"一样,有的学者提出了"味觉作品""触觉作品"的概念。也有的学者对这种观点持否定态度。笔者认为,这是有待深入研究的问题。如"盲文作品"是否可以视为

“触觉作品”,值得探讨,而“味觉作品”在国外司法实践中已有涉及。荷兰最高法院曾认定兰蔻公司独创的香水气味具有独创性,带有制作者的个性烙印,应作为作品受保护。欧盟地区的法院的部分法官认为,应当对可构成作品的智力成果的范围作限制解释,作品仅指可以通过视觉或听觉感知的作品,如书籍和乐曲,不包括通过其他感官如味觉、嗅觉感知的智力成果。

## 四、智力劳动说视野下的作品本质及其特点

### (一)作品本质上是作者智力劳动的精神产品

探讨作品的本质需要厘清三种思路:

第一,透过作品现象看作品本质。现实生活中,我们可以发现存在各种各样的作品现象或千差万别的作品类型,令人眼花缭乱。其最大的公约数是什么?过滤掉各种作品的表面特征,最后剩下什么实质性内部构成要素?

第二,从特定作者作品的内容和表达形式与其以往已有作品的纵向比较中进行考察,以及将之与其他作者同时期创作的作品的内容和表达形式进行横向比较。通过比较,可以发现作者新作品比其已有作品多了作者新提出的独创性个人知识。事物的根本属性是由主要矛盾的主要方面决定的。作品中存在许多矛盾,如本作品作者与其他作者的利益冲突、作者防止读者免费使用作品与读者要求自由接触作品的利益冲突、合理使用的限制与保护作者著作权之间的矛盾,等等。其中主要的矛盾是特定作者独创的个人知识与既往作品中已有知识(包括公共知识和他人的私有知识)之间的矛盾。在主要矛盾中,特定作者独创的个人知识作为矛盾的主要方面,决定了作品的根本属性。

第三,内容照旧但形式不同的作品如演绎作品的本质是什么?探寻到此容易失去方向,著作权法理论在这里出现了悖论。这是一个特别值得关注的问题。作品的内容和作品的形式的统一构成作品。受思想表达二分法理论的影响,国内知识产权法学界一度流行“作品就是形式”的观点,这违背了任何事物都有内容和形式的常识。任何事物都有本质,作品也应有本质;但本质只能从内容方面去寻找,如果作品是形式,则作品没有本质。这就自相矛盾了,陷入了作品悖论的怪圈。走出这个悖论的迷宫,需要注意到作品的内容和作品的形式在一定条件下的辩证关系,某事物的形式在另一种情形下可以成为新事物的内容,例如,图书的封面无论多么美轮美奂,也是图书的形式,不是图书的内容;但如果该封面成了美术作品,封面上的图案就成了美术作品的内容。我们关注的重点,仍然应该是这些作品是不是智力劳动的结晶,这些智力成果中存不存在“作者独创的个人知识”。无论是作品的内容还是作品的形式,只要某一方面存在“作者独创的个人知识”,就应认定这个事物具有成为作品的资格,即具有作品的本质。毋庸置疑,作者独创的新形式和将原作演绎(二次创作)成新作品,均是智力劳动的结晶,这些具有独创性新形式的作品或演绎作品中均内含着作者独创的个人知识。

人类要生存和发展下去,就必须进行生产劳动。生产劳动可以分为体力劳动和脑力劳动,脑力劳动即智力劳动。体力劳动,是指主要靠体力进行的生产劳动。智力劳动,是指以脑力消耗为主的劳动,一般是创造性劳动,即非重复性的复杂劳动,当然也有重复性的脑力劳动,如学校教师从事教学属于重复性的脑力劳动。智力劳动的特征在于劳动者在生产中运用的是智力、科学文化知识和生产技能。马克思在《资本论》中研究过的“艺术生产”实际上指的就是智力劳动。当代西方自治主义流派认为,非物质产品不可能通过机器生产出来,只有依靠主体自身的生命才能完成。因此,他们认为,非物质劳动在本质上是一种生产和再生产的主体以及主体间社会关系的生命政治劳动。[①]

人类具有了思维后从动物界脱颖而出,大千世界的万事万物从此一分为二,一部分是纯自然的存在,另一部分是人类的劳动产品。劳动产品又分为物质产品和精神产品。精神产品是人们为满足精神文化生活的需要而进行的精神生产或智力劳动的产物。作品是作者从事创作产生的精神产品。

首先,作品是作为自然人的作者创作的精神产品,不同于纯粹的自然事物,纯自然现象不构成作品。离开了人脑加工就没有作品可言。

其次,作品是离开人脑的一种客观的社会存在,不同于驻守在人脑中的思想观念,作品附在物质载体上后可以被人们通过视觉、听觉、触觉等感知。作品通过物质载体可以以一定形式复制。

### (二)作品是作者在前人知识的基础上创造的新知识

作品内容是知识,作品主要以无形的知识形态呈现。知识属于认识的范畴,知识都源于我们对客观世界的认识。在希腊语中,“επιστημη”一词的意思为对世界的“认识”或“了解”,含有“to know”“knowledge(of science)”之意,也就是(科学的)认知行为和认知结果,对应的英文为“episteme”,中文通译为“知识”。它也是

① 参见孙乐强:《一般智力与解放的乌托邦:当代西方左翼主体理论的再反思》,载《华中科技大学学报(社会科学版)》2020年第3期。

“科学”(science)一词的拉丁文“scientia”的源头。①

**1. 作品是知识**

知识是作品发生的前提和基础。知识是哲学认识论领域最为重要的一个概念,在心理学上知识被认为是个体通过与环境相互作用后获得的信息。苏格拉底认为,对事物普遍性和确定性的认识就是知识。1998 年 3 月,原国家科技教育领导小组办公室在《关于知识经济与国家基础设施的研究报告》中,对知识下的定义为:经过人的思维整理过的信息、数据、形象、意向、价值标准以及社会的其他符号化产物,不仅包括科学技术知识——知识中重要的组成部分,还包括人文社会科学的知识,商业活动、日常生活和工作中的经验和知识,人们获取、运用和创造知识的知识,以及面临问题时作出判断和提出解决方法的知识。目前,对于知识的定义仍然难以达成共识。

笔者认为,知识是人的认识,但人的认识多种多样,不是所有的认识都是知识。知识是人类主观上对自然界、人类社会和人类思维各种现象及其运动规律的经过思维提升与凝练的认识。学术界一般认为知识具有系统性。笔者认为,知识的整体具有系统性,但某个作品中的知识不一定具有系统性,因为作品构成的实质性要件是独创性,独创性就是原创性。作品的原创性,是指作品具有最低限度的创造性,这说明作品中的知识可以是零散的,不一定是系统化的知识。一篇理论文章和一本著作作为一件作品,包含的知识是系统化的知识,但短小精悍的作品,如一幅简单的美术作品,所包含的知识就可能是不成体系的零散知识。

① 参见王岩:《知产学科的名与实》,载《版权理论与实务》2022 年第 4 期。

学术界一般认为知识具备四种自然属性。[①]实际上还有一种自然属性，即局限性。从空间来说，人类对外部真实世界的观察受制于自身的感官，人类所能观察到的范围总是有限的。从时间来说，任何自然人都是历史上的匆匆过客，任何人的知识都有时代的局限性。知识有局限性，因此作品中的思想内容也会有局限性，甚至出现错误，需要赋予作者对作品的修改权。

知识除具有以上自然属性以外，还被人类赋予了一些社会属性，例如，知识具有财产属性、知识可以成为无形资产、知识可以变现。这就决定了在作品上可以产生著作财产权，作品按每一种使用方式使用都可以使作者获得报酬。

**2. 作品是作者智力劳动创造的知识**

"智力成果"与精神产品相似，知识是它们的实质。[②] 纯自然现象不构成作品。有时，大自然鬼斧神工，在人们眼前呈现美轮美奂

---

① (1)非物质性(无形性)。知识不具有实体性，它必须依赖于一定的载体。这一自然属性派生出作品的一些其他自然属性，例如，由于作品也是无形的，所以作品可以同时在多个场合使用，作品在使用、转移中不存在受损的问题。(2)传递性(时间上的永续性与空间上的延展增长属性)。永续性决定了著作人身权中的署名权等在时间上不受限制。知识在应用、交流和自身发展的过程中，不断积累、叠加更替和修正，不断丰富和拓展。因此，作品会演绎成新的作品，数据库作品会不断更新；著作权中的修改权、著作财产权保护期受限(旧的作品内容被更替后，其在保护期的著作权失去了正当性)，均可从这里找到原因。(3)再现性(可复制性和可转移性)。知识随知识载体可以被复制和转移，可重复利用。著作财产权中的复制权、著作权的许可使用、著作权的转让均与此属性有关。(4)交融性、公共性和共享性。每个人对知识的理解，都是从自己的利益和知识储备出发进行的个人独到的解释，融入自己的感情色彩和思想观点。这使具体的作品内容成为作者个人知识、公共知识和其他人的私有知识的杂糅。任何人都不能闭门造车，独自创造出新知识。知识一旦被生产出来并予以公开，客观上就为人们提供了共享该知识的可能。这导致作品具有准公共产品的属性，决定了著作权法需要确立利益平衡原则，决定了著作权法要为公众保留一块"公有领域"。

② 2016年3月10日起施行的《网络出版服务管理规定》第2条第3款规定："本规定所称网络出版物，是指通过信息网络向公众提供的，具有编辑、制作、加工等出版特征的数字化作品，范围主要包括：(一)文学、艺术、科学等领域内具有知识性、思想性的文字、图片、地图、游戏、动漫、音视频读物等原创数字化作品……"当代西方自治主义流派认为，非物质劳动生产的是知识、信息、情感、文字等。

的图像,但其中没有人的智力因素介入,这种自然图像不是作品。①

自然人主观上对外界客观事物有了反映,把“存在”的关键要素提取抽象出来,这时外部的存在开始转化为自我的内在智慧,产生了创作的构思(未来作品的本质)。这种存在于大脑中的构思属于“隐性知识”(没有外在表现形式的知识,包括经验、观念、价值观、情感、信仰信念、洞察力、理解力、判断能力、创造能力等)。这种构思或创意是从“存在”里提取出来并发展的一部分认识。这些认识(隐性知识)接着出现同一和差别的分化。创作的构思与专利技术、商标设计的构思具有同一性和差别性,它们都会凝结为智力成果,但形态不同,独创性个人知识与新颖性知识、识别性知识已经分道扬镳。

**3. 作品是作者在他人私有知识和公共知识基础上独创的个人知识**

所有的作品都不是作者独自闭门造车,冥思苦想弄出来的。如前所述,知识具有交融性,知识还在应用、交流和自身发展的过程中,不断积累、叠加更替和修正。从作品的实际创作过程来看,在他人私有知识和公共知识的基础上推陈出新,内嵌进作者独创的个人知识,就创造出了新作品。

从哲学本体论的高度来说,作品本质是作者通过智力活动在公共知识、他人私有知识基础上独创的个人知识。

### (三)人工智能生成内容是否可以构成作品的争议

机器人画的画或写的小说属不属于“作品”,是当前学术界和

---

① 1982 年,原商丘地区行政公署拨款重修“汉高祖断蛇之处”纪念碑。1984 年,经过过往车辆照射,在石碑上发现人像显影,人像似拔剑斩蛇,栩栩如生。后来,当初纪念碑的雕刻家的后人提起诉讼,要求确认著作权归属。法院判决认为,石碑显影人像是在人工物上出现的自然现象,并非人工智力成果,遂法院对该诉讼请求予以驳回。参见晏某与永城市文物旅游管理局、永城市芒砀山旅游开发有限公司著作权侵权纠纷案,河南省高级人民法院民事判决书,(2006)豫法民三终字第 7 号。

司法界关注的人工智能问题。人工智能依托互联网、大数据运算等技术手段,已经在机器翻译、智能控制、语言图像识别和理解、信息处理等领域得到了广泛的应用。在著作权法意义上,人工智能生成内容是否可以构成作品、如何认定作品的作者等问题引起了人们广泛而深入的讨论。2020 年 1 月,深圳市南山区人民法院在有着“人工智能写作第一案”之称的“腾讯诉盈讯案”中判定人工智能“Dreamwriter”生成的内容构成法人作品。

1956 年约翰·麦卡锡首次提出人工智能的概念。根据现有技术水平,人工智能带有强烈的开发者意志,它只能被视为人类本身活动所利用的一种辅助性工具,并且机器人也无法以自己的意思表示独立从事一定的法律行为,其并不具有自然人和法人特有的意思表示能力、行为能力和责任能力。1988 年英国《版权、外观设计和专利法案》认为,智能作品的作者是“为计算机生成的文学、戏剧、音乐、美术作品作出必要安排之人”。美国联邦第九巡回上诉法院在 1997 年的一个判决中也指出,只有“人”创作的作品才可以获得版权保护,由计算机生成的材料不属于版权法意义上的“作品”。

### (四)作品的创作与劳动价值论中的“劳动”不能混同

从“劳动二重性”方面看,创造行为与劳动价值论意义上的劳动不完全相同。创造行为是否兼具具体劳动和抽象劳动的特征、创造成果之间能否直接交换等问题都值得仔细研究。

马克思说:“一切劳动,从一方面看,是人类劳动力在生理学意义上的耗费;作为相同的或抽象的人类劳动,它形成商品价值。一切劳动,从另一方面看,是人类劳动力在特殊的有一定目的的形式上的耗费;作为具体的有用劳动,它生产使用价值。”[①]马克思认为,具体劳动创造使用价值,抽象劳动创造价值,具体劳动或使用价值之间是不同质的,不可交换的,抽象劳动或价值之间则是同质的,可交换的。“如果把生产活动的特定性质撇开,从而把劳动的有用性质撇开,生产活动就只剩下一点:它是人类劳动力的耗费。尽管缝和织是不同质的生产活动……二者都是人类劳动。”[②]商品与商品之间能被交换就在于“各种商品总是等量的价值”。

笔者认为,作品的创作行为不具有“劳动二重性”,它不是具体劳动和抽象劳动的统一。理由如下:

第一,创作行为不一定符合具体劳动的特点。具体劳动须有“目的性”或“有用性”。劳动价值论中的具体劳动有某种“目的性”,劳动过程受该目的的支配和制约,具体劳动产出的使用价值也具有某种“有用性”,它能满足主体的某种需求。迈克尔·哈特和安东尼奥·奈格里在《帝国》一书中提出,马克思在《资本论》中所阐述的生产劳动是一种在预先设定的劳动计划下,生产出凝聚具体劳动和抽象劳动的物质产品的过程。[③] 然而,创造不太符合具体劳动的这种“目的性”或“有用性”。首先,从事先的目的看,创造行为没有固定的流程和程序,可能仅仅是创作者的一种偶然的、不经意的自我表达,没有什么事先设定好的计划或目标。而且即使有计划或目标,创造的过程也不一定完全受它约束。这就像清朝书画家郑板桥所讲的“胸中之竹”的故事:“意在笔先者,定则也;趣

① 马克思:《资本论》(第1卷),中共中央马克思恩格斯列宁斯大林著作编译局译,人民出版社2004年版,第60页。

② 马克思:《资本论》(第1卷),中共中央马克思恩格斯列宁斯大林著作编译局译,人民出版社2004年版,第57页。

③ 参见何炼成、何林主编:《社会主义社会劳动和劳动价值论新探》,社会科学文献出版社2010年版,第321页、第322页。

在法外者,化机也。”简单来说,作画的过程不受某种事先目的约束。画家作画时的立意在落笔之前已经想好,这是作画不变的规律、定则,但是情趣却在规律、技法之外,这源于某种偶然的灵感。其次,从事后的结果看,人们难以预测创作行为最终能否形成成果及形成何种成果。最终的创作成果未必具有事先想要实现的“有用性”,未必能满足主体的需求。且更多的时候,创作者根本就得不出成果,创作行为能否产出成果或形成何种成果都是无法提前猜测出来的。

第二,创作行为不具有抽象劳动的同质性特点。不同的具体劳动或不同的产品原本是不同质的。不同质的事物如何能进行比较和交换?按劳动价值论的观点,这是由于不同的具体劳动或不同的产品之间具有某种同质性,它们背后有某种共同的东西,即无差别的人类抽象劳动。完全不同的劳动之所以能够相等,是因为它们的实际差别已被抽去,它们已被抽象或转化成“它们作为人类劳动力的耗费、作为抽象的人类劳动所具有的共同性质”,它们都成了无差别的人类抽象劳动。不同产品的交换也是它们所包含的抽象劳动的交换。然而,不同的创造行为或创造成果之间似乎不具有这种同质性。罗贯中创作的《三国演义》与吴承恩创作的《西游记》之间能够直接交换吗?两部作品能够量化成写作时间而互相比较吗?答案似乎是否定的。那种尝试将不同的创造或创造成果转化成同质的抽象劳动,进而以劳动量或劳动时间多寡来比较不同的创造或创造成果的价值或价格的做法,是不太可行的。对此问题,刘春田教授曾说:“创造成果是唯一的,创造是不可再现的,创造成果与创造成果之间,创作成果与劳动成果之间都是异质的,因而不具可比性。它们相互之间是无法直接交换的。”[1]实践中,虽然也时常发生转让作品的交易行为,但其实转让的不过是对作品的知识产权,即对这些知识进行支配、利用的权利。某个人“转让”了知识并不意味着他失去了知识,他失去的不过是对知识进行支配、利用的法定权利。总之,不同的创作行为之间、不同的创作成果之间都不具有抽象劳动那样的同质性,它们不能像普通商品那样直接比较或交换。[2]

(五)腹稿不具有感知性尚不是作品

人脑历来被认为是玄虚之门、秘密之宅和智慧的寓所。通常人们也把头脑称为“脑海”,古人用“心包万物”来形容人类大脑容量之大。

自然人大脑中成熟的构思不是作品。作品不是存在于作者大脑中的纯粹意识形态的东西。一些学者预见未来 15 年将进入脑联网时代,人类可以用脑电波控制物件、开车等,戴上特定的装置就可以知道对方在想什么[3]。笔者认为,作品必须是离开人的大脑的智力成果,怎么离开大脑在所不问,无论是作者自己表达出来的,还是通过人工智能技术将脑电波引导出来表达的。总之,无论将来人工智能技术怎么进步,人脑中构思的腹稿在没有离开大脑之前,都是“意象”的,属于主观的意识和外人无法感知的东西,不能

① 刘春田主编:《知识产权法》,中国人民大学出版社 2009 年版,第 6 页。

② 参见杨源哲:《知识产权的政治经济学分析》,华南理工大学出版社 2020 年版,第 13~18 页。

③ 脑电波是神经元细胞之间传递信息时产生的生物电信号。2020 年 3 月 30 日,美国加州大学旧金山分校的科研团队把人的脑电波转译成英文句子,4 名志愿者被要求大声重复朗读 30~50 句话。他们大脑外侧皮质上分布着大量微电极,这些脑电波数据输入人工智能系统后,先被编码成一串序列,然后解码成相应的英文句子。最低平均错误率只有 3%。参见刘园园:《美国科学家用 AI 解码脑电波,上演现实版“读脑术”》,载《科学与现代化》2020 年 3 月 31 日,总第 82 期。

成为作品。大脑中有了成熟的想法,构思好了故事人物、篇章结构、故事情节等,这种构思在没有离开大脑前不能视为作品,因为其处于不公开状态。科学进一步发展后,也许还会在大脑中发现脑电波以外的其他储存意识的物质形式,人类如果在这些物质上发现储存了腹稿,只要这些物质没有离开自然人的大脑,其储存的腹稿就不能叫作品。2021 年 11 月 29 日,脑机接口公司 Neuralink 发布了其研发的首款"脑后插管"新技术。通过一个神经手术机器人,利用高科技手段,实现在人脑中快速植入芯片,并通过诸如 USB-C 之类的外界接口,直接读取大脑信号,甚至还可以利用手机对其进行控制。[①] 也许,随着人工智能的进一步发展,人类可以凭借植入自然人大脑中的芯片直接读取大脑构思创作的信号。但即使科学发展到了那个阶段,这种信号在没有传导出大脑以前仍然停留在"思想意识"阶段,不能成为知识产权的客体。笔者认为,无论将来科学技术怎样发达,自然人大脑之外的精神产品要具有可感知性和独创性才能列入作品。

(六)作品价值及其来源

从认识论上来说,价值,是指客体能够满足主体需要的效益关系,是表示客体的属性和功能与主体需要间的一种效用、效益或效应。从经济学上讲,用来自娱自乐的作品不是没有,如小农经济条件下自给自足的劳动产品,但绝大多数作品是要通过传播流向社会的。

一些学者认为,价值问题是任何社会科学都无法回避的根本性问题。价值理论是整个社会科学的基础理论之一,而整个社会

① 参见佚名:《马斯克重大宣布,人类即将被彻底改造!》,载腾讯网 2021 年 11 月 23 日,https://new.qq.com/rain/a/20211123A03L9W00。

科学中存在争议最多的理论莫过于价值理论。

在著作权立法和司法实践中都会涉及作品价值问题。例如,著作权法的立法宗旨和利益平衡原则的确立,著作财产权种类的设置,著作权与邻接权关系的规制,合理使用和法定许可制度入法理由,著作权许可使用、转让、质押制度的设立,著作权保护制度的正当理由,特别是对剽窃和盗版等侵权行为处罚的理由,都需要从作品价值中找到正当依据。

**1. 作品价值是知识能量**

作品的价值按照不同的分类标准可以有不同的分类,例如,按照社会生活的领域来分,作品的价值可分为政治价值、经济价值、文化教育价值等①;按主体来分,作品价值可分为对作者本人的价值、对传播者的价值和对使用者的价值;按价值评判机制来分,作品价值可分为学术价值、艺术价值和市场价值②;按人的需求来分,作品价值可分为欣赏价值、情感价值、安全价值、增长知识价值等。

考察作品的使用价值属性,要看研究目的。作品是著作权的

---

① 一些学者认为,价值是经济价值的上位概念,经济价值包括使用价值和交换价值,使用价值作为价值的下位概念(经济价值)的下位概念,与价值相差两个逻辑层次。作品使用价值与普通商品的使用价值是不同的。普通商品的使用价值主要满足人们的生理需要,其源于物质与生俱来的自然属性。作品的使用价值不是由作品的自然属性决定的,它是由作者的智力劳动创造的。作品的使用价值,是指作品能满足人们某种需要的属性,即作品对人的思维情感、意志、心理以及求知欲等精神上的需要的满足。作品的使用价值不在于它的物质载体,而在于它的精神内容。作品的消费者通过阅读、欣赏或利用作品进行再创作而感受和享受作品的使用价值。作品的使用价值采取理解的方式获得,具体而言,作品能满足人的求知欲;能够娱乐人;能教育人,有潜移默化、春风化雨的作用;能鼓舞斗志,如战场上的士兵听到冲锋号(也是一种音乐作品)马上热血沸腾,鼓足勇气冲锋陷阵。作品的交换价值,表现为作品与货币的交换关系。

② 学术价值,是作者在学术领域的身份、声望和地位等赋予的作品影响力和创作理念传播力。艺术价值,是作品特别是书画作品的审美价值,具有独特艺术风格的书画作品,特别是那些在艺术史上开宗立派或有标志性的书画作品具有崇高的艺术价值。审美价值,主要体现在娴熟的技术(造型造意的能力)、对作品的想象力、对色彩的把握能力等方面。市场价值,是作品在市场流通中呈现的交换价值。

客体,法律是公平正义之术。从著作权法来考察作品的价值,首先就要研究作品是否具有公平价值、正义价值。法学是权利义务之学,著作权法从某种意义上说,是对作品上产生的各种利益,特别是经济利益进行合理分配的制度设计。研究作品价值,首先要关注作品在传播使用过程中产生的财富的分配是否具有正当性。作品中包含公共知识、他人私有知识和作者独创性个人知识,如果这些知识在使用中变现,财产利益如何配置才能实现分配正义,是著作权法理论研究的题中之义。①

在人类历史上出现过多种价值学说,如"关系说""意义说""需要说""属性说" "主体性说""态度说""效用说"等,哲学中的关系价值论、经济学中的劳动价值论,人们耳熟能详。② 随着社会的发展,一些学者发现社会发展的根本动力和本质联系是能量。价值学说中出现了能量价值论③。

能量价值论之后又产生了统一价值论,它是全方位研究事物之间价值关系的运动与变化规律的科学。统一价值论吸收了能量价值论关于价值的本质是能量的基本内核,借鉴了物理学关于"价

① 在现行的稿酬制度中,按基本稿酬加印数稿酬付稿费时,是以千字为单位计算基本稿酬,但没有区分公共知识、他人私有知识和作者独创性个人知识,将前两种知识所表述的文字字数的基本稿酬付给了署名作者。笔者认为,这是有违作品应有的公平正义价值的。

② 任何一种实践活动都能创造出包含多种价值的产品。各种价值现象和价值类型应该都能适用哲学上的价值概念进行解释。哲学上的关系价值论认为,价值是客体满足主体需要的效用或效益关系,价值是一个关系范畴,作品价值是作品所独具的,作为社会意识形式能够满足人类需要的效益关系。

③ 1983年,美国著名生态学家霍华德·托马斯·奥德姆提出了能值价值理论。能值,是指产品形成所需直接和间接投入应用的一种有效能总量,商品的价值决定于商品内包含的能值数量。(参见方华国:《能量价值论》,载《生态经济》1992年第4期。)后来一些学者进一步将之修改为"能量价值论"。如我国学者吴涌汶认为,商品具有价值,是因为在人的引导、调整下,动力源消耗了能量,也就是人力或自然力做功;单位商品的价值量等于生产单位商品所费人力或自然力所作的社会平均功。能量价值说扩大了价值实体的内涵,但并未否定剩余价值的存在。(参见吴涌汶:《对几种价值转形论证方法的质疑——兼论对劳动价值论的改造》,载《探索》2005年第1期。)

值是事物对于主体所具有的、所释放的广义有序化能量”的观点[①],主张任何社会事物的运动与变化都是以一定的价值追求(或利益追求)为基本驱动力,人类社会所有价值都从能量转化而来,价值的本质就是广义有序化能量。统一价值论维护和发展了马克思的劳动价值学说,推动社会科学的大融合,架起了社会科学通向自然科学的桥梁。[②] 但是,把统一价值分为统一进化价值、统一系统价值、统一使用价值、统一劳动价值、统一经济价值、统一行为价值等,存在把价值的本质(能量)与价值的类型(各种价值)混为一谈之嫌,这实际上导致价值本质多元化而“不统一”了,似乎仍然存在逻辑瑕疵。

20世纪晚期,计算机技术的迅猛发展和软件产业的兴起,标志着人类已经进入知识经济时代。在知识经济时代[③],有些学者提出用“知识价值论”取代“劳动价值论”。按照知识价值论,作品价值的实体是知识,价值量是由作品创作过程中使用的知识量决定的。知识价值论关于作品价值的观点与作品本质的观点具有高度契合性,反映了知识经济时代知识作为第一生产要素的客观现实。但这一理论没有普适性,一是不能适用于前知识经济时代。毕竟人类社会进入知识经济时代才区区几十年。二是即使在知识经济时代,知识产品以外的商品的价值也不是知识。另外,说知识价值具有科学性的表征也过于绝对,人的认识有正确和错误之分,作品

① 能量是事物运动的规模和方向发生改变的动力源,而价值是人类生存与发展的动力源,价值的形成必须以一定的能量耗散为代价,因此它是一种特殊、广义、有序化的能量。

② 参见仇德辉:《统一价值论》(上册),中共中央党校出版社2018年版,第1~4页。

③ 知识经济是建立在知识和信息的生产、分配和使用基础上的经济。知识经济时代,经济的增长越来越依赖于其中的知识含量的增长。知识成为所有创造价值要素中最基本的要素,成为知识经济时代的第一经济发展要素。作品的本质是作者创作的新知识。知识又是一种信息,这意味着作品将与物质财产一样可度量、可计算,而不是只可定性描述,不可定量计算。

的价值也有正价值和负价值(负能量)之分。笔者认为,现在一些学者主张的知识价值存在泛化、虚化和拔高化之嫌。

笔者综合统一价值论和知识价值论的可取之处,主张作品价值是"知识能量"。从著作权法理论来说,作品的价值就是作品作为文化产品所特有的,满足读者获得、保持和发展认知能力、欣赏能力、增长知识能力需求的能量,以及满足作者"获得作品使用者使用作品所付对价"的需求的能量①。知识就是力量,知识就是财富。

人从动物界分离出来后,具有了主观能动性,感知器官对客观本体(第一自然和第二自然)反应后经过理性思维整理,形成知识,这些知识能使人类行为模式具有更多的目的性、选择性和合理性。作品价值就是作品独创性个人知识推动作者本人、传播者和使用者进行有意义的目的性行为的知识能量。

**2. 智力劳动是作品价值源泉但非作品价值本身**

在著作权法理论中,劳动创造价值的原理仍然有效,作者智力劳动是作品价值的源泉。具备创作能力才能从事创作作品的智力劳动,笔者认为,创作能力主要包括感知能力、思维能力和表达能力。没有具备创作能力的作者的智力劳动——创作行为,就不会产生作品;没有作品也就没有作品价值。所以说智力劳动是作品价值的源泉。

与人类抽象劳动是普通商品的价值不同,作者的智力劳动本身并不是作品价值。二者的区别在于:第一,含义不同。智力劳动是产生作品的过程和原因(智力劳动是一种过程,这种过程结束以

---

① 在物质的一切属性中,运动是最基本的属性,其他属性都是运动的具体表现,能量是表征物理系统做功的本领的量度。

后可能产生,也可能没有产生作品。不产生作品,智力劳动就与作品价值风马牛不相及,没有作品自然就没有作品价值,皮之不存毛将焉附?),而作品价值是作品的一种社会属性。第二,是否存在价值判断不同。人们对事物能否满足主体的需要以及满足的程度做出的判断,称为价值判断。创作是一种事实行为,不存在价值判断。而作品价值,是指作品自身具有的,能够满足读者需要、给读者带来某种利益的可能性,是消费者按照自己的需要对作品的属性和功能进行选择、利用和改造的效益关系。作品价值中的这种“选择、利用和改造”,存在价值判断。

**3. 作品价值量通过著作权许可使用费或转让费折射出来**

任何事物都有质的规定性和量的规定性,作品价值也有量的规定性。作品价值量不取决于创作这种作品的社会必要劳动时间,而是具体反映在作品被社会利用的程度高低和范围宽窄上,作品价值作为文化产品特有的“知识能量”,本身是可以计量的。在理论上,作品的价值量是由创作作品的智力劳动所使用的知识量决定的。在版权贸易中,它具体通过作品著作权的许可使用费或著作权转让费折射出来。折射,是指不同的创作成果是不同质的,不能直接用抽象劳动进而以劳动量或劳动时间多寡来比较它们的价值或价格,作品的价值量只能通过著作权许可使用费或转让费曲折地反映出来。

作品价格作为作品价值的市场货币表现,主要由作者智力劳动创造的作品价值和文化市场供求关系决定。优秀作品在市场上属于稀缺资源,名家、大家的作品价值连城,其市场价格与初出茅庐者的作品的市场价格相差悬殊。作品价格的影响因子包括作者的资历头衔、名望声誉、同类作品比较情况、市场供求情况、作品物质载体的质量和消费者消费偏好等。

（七）作品与物质产品的联系和区别

**1.作品与物质产品的联系**

第一,二者都经过人的劳动过程得出的产物。劳动创造世界,除了纯自然物以外,凡经过加工的自然物或人造出来的大自然里原本没有的东西,要么是人类的物质产品,要么是人类的精神产品。

第二,二者都存在于人的大脑之外。物质产品存在于人脑之外众所周知。反映特定思想或情感的文学艺术作品或理论作品不再是观念形态的东西,它们已经独立于自然人的大脑,成为一种客观存在。

第三,流通过程有相同之处。将人脑中构思的想法从大脑中表达出来,并固定在外界的物质载体上后,复制和传播过程与物质产品的流通过程实质相同。例如,作品的复制和复制件的运输、在书店的出售,与物质产品的流通形式一模一样。

第四,作品的物质载体也是物质产品。作品这种精神产品只有依附在物质产品或自然物上才能被人感知,如一件美术作品,作品是作者创作的美术图案,作品载体是美术作品所附着的画布、纸张。著作权保护的是作品,作品的载体受物权法保护。

著作权法中区分了作品和制品,制品实际上是包含作品的物质载体,是物质产品,音像制品不是音像作品。理论界对音像制品有不同的理解,笔者认为,录音录像在这里是作为名词使用,它是录制者邻接权的客体。音像制品是录音录像的初次物质载体。音像制品与音像制品复制件是两个不同的概念,前者是录音录像的"母版",后者是根据母版复制的产品,二者的关系相当于作者的书稿与印制的图书之间的关系。书稿是作品的首次物质载体,音像制品是录音录像的首次物质载体。但音像制品也是产品而非录音录像本身。

一件作品同时可以依附在无限的同种物质载体上,也可以依附在多种不同种类的物质载体上。例如,某作家创作一部小说,既可以以纸张作为载体复制为成千上万本图书,也可以拍成电影制作成电影拷贝,作品的物质载体改变了,但作品没有变。

**2. 作品与物质产品的区别**

著作权保护一切合理的依据,“无论是经济学依据还是道德依据,都涉及无形财产与有形财产的根本区别的问题”①。

第一,二者自然属性不同。物质产品是物理上客观存在的实物,精神产品是无形(或称为无体)的客观存在。作品在自然属性上具有空间上的无形、无限可复制、非损耗性,也具有时间上的永续性。

作品的无体(形)性,是指作品不占物理空间,没有实物形态。吴汉东教授认为,非物质性是知识产品区别于有形财产的主要特征,知识产品不具有一定的形态(如固态、液态、气态等),不占有一定的空间,人们对它的“占有”不是一种实在而具体的控制,而表现为认识和利用。② 冯晓青教授认为,知识产权的客体“无形”是相对于动产的“有形”而言的,即它不占据空间,不能被人直接占有或控

① [美]罗伯特·P. 墨杰斯、彼特·S. 迈乃尔、马宽·A. 莱姆利、托马斯·M. 乔德:《新技术时代的知识产权法》,齐筠、张清、彭霞、尹雪梅译,中国政法大学出版社 2003 年版,第 1 页。

② 参见吴汉东:《知识产权基本问题研究(总论)》,中国人民大学出版社 2009 年版,第 42 页。

制，人们对它的占有表现为对某种经验、知识的认识与感受。[①] 王迁教授认为，知识的“无形性”或非物质性，是指知识与其物质载体具有可分离性。[②] 以美术作品为例，尽管创作者需要以某种有形的物质载体，如石头来承载或体现美术作品，但著作权的客体并不是那块承载作品的石头，而是作品本身。现代技术可以将美术作品进行无限量复制，可以扩大复制也可以缩小复制，可以在石头上复制，也可以在塑料上复制，但无论如何复制，著作权客体始终都是那个图案或美术作品，而不是承载作品的物质载体。

作品的无体性决定了作品可以在空间上无限复制。作品不具有有体物那样的稀缺性特征，某个主体对作品的使用和消费并不阻碍其他主体对该知识的使用和消费，即作品可以同时被众多主体所使用或“享有”。作品一旦被创造出来并予以公开，人们共享该作品便成为可能。有体物则不同，有体物的自然属性决定了它不可能同时在不同的地方被不同的人所享有或利用。一个人占有某有体物，客观上就自然排斥了其他人占有该物。

作品不发生有体物那样的损耗，也不存在灭失的情形。理论上说，作品可以借助形形色色的物质载体永久存续下去，只要物质载体还存在，作品就可以“永不磨灭”。作品被人利用后，本身并没有受到毁损，作品就像孙悟空的变身术一样，可以无限制地复制。在一定的时空条件下，某个作品可以被若干个消费者同时使用。作品的收益可以在相同或不同的地方反复多次获得，例如，作家的小说可以在不同的出版社印刷成无数的图书，通过出售而获得许

① 参见冯晓青主编：《知识产权法》（第 2 版），中国政法大学出版社 2010 年版，第 10 页。

② 参见王迁：《知识产权法教程》，中国人民大学出版社 2021 年版，第 7 页。

多稿费。理论上,利用作品的这一特点,作者可以一夜暴富,因为其同一件作品可以无限复制。

作品的非损耗性等自然属性是由其无形性决定的。由于作品在空间上是无形的,没有实物形态,所以无论复制多少次,作品的内容也不会减少,作品的使用不会像有体物那样发生有形损耗。如一本小说无论印多少万册,小说的故事情节、人物形象、篇章结构等内容都与第一本丝毫不差,不是多印刷一次作品就失去一些东西。

作品依靠表现和传播而存在和延续,在时间上具有永续性的特点。作品的署名权等人身权没有时间限制,原因之一就是其具有时间上的永续性。物质产品是在被使用的过程中和时间的流逝中逐渐失去其对人的存在意义,而精神产品,尤其是高尚而富有理性和人情味的精神产品则会超越时空的限制。

第二,凝结的劳动性质不同。物质产品主要凝结人类的体力劳动,作品作为精神产品凝结智力劳动。当然,体力劳动和智力劳动不能决然分开,生产物质产品也会用到人的智慧,也有智力劳动的参与。反之亦然。马克思提出过“一般劳动”的概念。他认为:“应当把一般劳动和共同劳动区别开来。二者都在生产过程中起作用,并互相转化,但它们也有区别。一般劳动是一切科学工作,一切发现,一切发明。”[①]显然,马克思这里所说的“一般劳动”,主要是指从事科学工作、技术创造的智力劳动。作品,是指通过作者智力劳动创作出的,能够满足人的思维情感、意志、心理以及求知需要的精神产品。作品作为智力劳动的成果,与物质产品截然不同,

① 《马克思恩格斯全集》(第25卷),中共中央马克思恩格斯列宁斯大林著作编译局译,人民出版社1974年版,第120页。

不能当作所有权的标的物适用物权法来确认和保护。因此,人类才在立法中另辟蹊径,制定著作权法来适应新情况。

第三,二者的使用价值和价值不同。首先,二者的使用价值及其来源不同。物质产品主要满足人们的生理需要,物质产品的使用价值是物质与生俱来的自然属性。人们的体力劳动创造的是交换价值,而不是使用价值,作品的使用价值是智力劳动创造的。精神产品的使用价值不在于它的物质载体,而在于它的精神内容。作品的消费者通过阅读、欣赏、利用作品进行再创作而感受和享受作品的使用价值。其次,二者价值不同。物质产品的价值是凝结在产品中的无差别的人类劳动或抽象的人类劳动,价值通过交换价值体现。作品之上有无凝结此种价值、作品是否此种价值的物化结果、作品的价格是否可以以该价值来量化等问题尚有争议,笔者认为,作品的价值是作者所具有的知识能量,作品的价值量由创作作品的智力劳动所使用的知识量决定,可以表现为作品著作权的许可使用费或著作权转让费。

第四,产品的内容和形式不同。物质产品的内容,是指产品的性质、质料、内部构成要件等;物质产品的形式,是指产品的外观形状、包装等。精神产品与物质产品不应从其形式,而应从其功能和内容及对人的作用上来区别。作品必须通过一定的物质载体①,才能传播给精神产品的享用者,为后者所利用或消费。

### (八)作品的内容与形式

内容是事物一切内在要素的总和。作品内容反映的事物对象

---

① 作品的物质载体和固定作品的物质载体是有区别的。作品要使人感知,必须有物质载体。即使是口头作品也是有物质载体的,口头作品必须通过口腔的发音器官和声波表达出来。作品作为著作权客体,需要能够以一定形式表现,能"有形复制"即"固定",它是指可以固定下来还是必须"已经固定"才能给予版权保护?我国《著作权法实施条例》第2条规定,"能以某种有形形式复制"即可。

基本分为两类:一类是客观世界存在的事物、现象或发生的事件等,这一类的内容是人人都可以利用的,不专属于任何人,如历史事件等。另一类是客观世界不存在的事物,是作者凭想象创作出来的,这一类的内容就不是人人都可以任意使用或利用的,它是作者独创的,受到著作权保护。

形式是事物存在和发展的表现方式,是指事物和现象的内容要素的组织构造和外在形式。如艺术作品的表达形式指的是艺术作品内部的组织构造和外在的表现形态以及种种艺术手段的总和,包括内形式(内容的内部结构和联系)和外形式(由艺术形象所借以传达的物质手段所构成的外在形态)。在任何文学艺术作品中,内形式与外形式都是结合在一起的。

作品形式,从哲学上来讲,可以简单分为三个层次。第一个层次,作品的物化形式,作品以有形的物质形态作为载体呈现(作品载体在下文还会讨论),如图书、录音带、影视光盘等,它实际只表明作品的载体不同而已;第二个层次,作品的外在形式,如诗歌、小说、剧本等体裁形式,它处于公有领域,不是著作权法保护的对象;第三个层次,作品的内在形式,如情节、结构、角色、表现方法等。作品形式或表达形式多种多样,异彩纷呈。只有第三个层次的表现形式,即作品的内在形式,才可能是著作权法保护的对象。

我们可以从中国古代哲学范畴中的形神关系来理解作品的内容与形式的关系。中国古代哲学中,形指形体、肉体,相当于形式;神指精神、灵魂,相当于内容。管子认为:“凡人之生,天出其精,地出其形,合此以为人。”①这种朴素唯物主义的观点虽然把精神归结为一种特殊的物质,带有客观唯心主义之嫌,但是已经折射出了内

① 《管子·内业》。

容与形式的关系。两汉之际的桓谭提出“烛火之喻”，说明人的精神和形体互不相离，“精神居形体，犹火之燃烛矣……烛无，火亦不能独行于虚空”[①]，更不能“后燃其他”，得出人死如灯灭、火烛俱尽的结论。南朝范缜克服了先前唯物主义形神观在理论上的缺陷，提出了形质神用的新观点，认为形是物质实体，神是形体的一种功能或作用，“神之于质，犹利之于刃；形之于用，犹刃之于利”[②]。古人启迪我们，内容和形式是辩证的统一。

任何事物既有其内容，也有其形式，不存在无内容的形式，也没有无形式的内容，内容是事物存在的基础。同一种内容在不同条件下可以采取不同的形式，内容与形式互相联系、互相制约，在一定条件下可以互相转化。比如曲波写的小说《林海雪原》属于文字作品，如果拍成电影，就成了视听作品，排成京剧就成了戏剧作品。文字作品与视听作品、戏剧作品的表达形式是不同的，后两者没有抄袭前者的表达方法。

(九)作品和作品载体截然不同

如前所述，作品第一层次的形式是作品的载体或作品的物质载体，实践中，作品和作品载体往往容易混淆。

在一般意义上，人脑是知识的载体；语言、文字、符号、图形、公式、概念、范畴、影像、图书、报刊、磁盘、磁带、网络、图书馆等各类文献收藏机构都可以称为载体。在著作权法意义上，作品载体是指作品的物质载体，如图书、报刊、磁带、光盘、计算机存储装置和网络等。

美国哈佛大学东亚研究中心教授安守廉1994年出版的《窃书

① 范缜：《新论·形神》。
② 范缜：《神灭论》。

不算偷》一书中提到古代的一句谚语,"偷书不算贼"[1],古代人之所以有这种观念,主要是因为没有将作品与作品载体区分开来。

## 五、作品的智力传播

### (一)作品的智力传播才具有著作权法上的意义

作品的传播属于精神产品的流通环节。作品只有通过复制,经过图书发行、邮局投递、书店出售、电台或电视台广播或播放、网络传播等大众传播渠道,才能到达读者或消费者手中,为消费者理解和使用,发挥作品的社会效用。如作品完成以后被束之高阁,永久封存,则如同物质生产过程中出现的废品一样。

作品传播的路径可以分为普通传播和智力传播。

其中,普通传播又分为传统的普通传播和现代的普通传播即网络传播。前者是指作品经过复制件的印刷、运输,由邮局投递和书店书摊出售;后者是指作品以电子数据的形式通过互联网传播。

---

① 如何分析这句谚语?第一,无论中外,在没有现代著作权概念的古代,人们抽象思维能力较低,不善于区分作品和作品载体,或者说由于传播技术的落后,作品的价值难以彰显,如在手工技术时代,作品以甲骨文、金文表达,在印刷术和造纸术发明以前,在竹简上抄写文章几乎无利可图,作为作品载体的金属器皿的价格甚至超过作品的交易价格。因此古时作品和作品载体是作为一个整体成为人们思想的对象的。无论以什么目的去"窃书",行为者的目标均是他人的有形财产,而不是知识产权。人们把剽窃书中的作品与偷盗作品的物质载体混为一谈,难以责难剽窃知识的行为。第二,"书"可以理解为信息储量较大的作品,也可以理解为该作品的物质载体(图书)。作品中包含着进入公有领域的公共知识,公共知识是人人可以自由免费利用的人类智力成果,既然是公共知识并且是免费的,就谈不上偷盗的问题。并且,作品具有无形性和非损耗性,自然人是偷不了无形的东西的,对他人创作的作品也破坏不了,不存在侵犯作品的偷盗责任。但作为作品的物质载体——图书,它是看得见摸得着的实实在在的物,物是所有权的标的,偷走他人的图书无疑侵犯了他人的所有权,这跟偷盗别人的粮食、家具一样,"贼"偷的对象无疑是货真价实的。第三,在大多数情况下,古代士大夫和今天个别"知识分子"偷书自认为"不算偷",主要是认为自己没有"偷书"拿去卖钱的非法目的,而是为了个人阅读学习和欣赏。今天国外的"盗版党"之所以愤愤不平,极力主张颠覆版权制度,也是因为他们认为知识不能垄断,人人得以自由免费使用,自由免费使用了就不存在"偷书"的贼了。第四,以"偷书不算贼"为信条其实是像鲁迅笔下"孔乙己"好吃懒做遭受皮肉之苦时那样的自我解嘲、自我安慰,是另一种精神胜利法。

传统的普通传播中,作品是附在物质载体上的,作品随同物质载体进入传播环节。有些实行版税制的国家,作者的稿酬与图书的销售数量挂钩,作品价值的实现与作品载体复制品的销售捆绑在一起。只有书卖出去了,作者才拿到相应的稿酬,作品价值才得以实现。普通传播和大量零散地使用作品行为可以使作品给著作权人带来经济收入,满足消费者接触作品、欣赏作品的需求。例如,诗人即席创作了一首行云流水的佳作,旁人出巨资买下,诗人文字作品的价值得到了实现。但这种实现方式带有偶然性、分散性和不稳定性。

"智力传播"是本书作者首次明确提出的概念,是指传播者邻接权的主体通过智力劳动传播作品的行为。例如,出版者的编辑通过编辑工作,使作品得以出版或发表,编辑工作就属于智力传播。录制者将歌唱家的乐音首次录制在音像制品上,需要运用其聪明才智,选择乐器、编排曲风、录制表演者的演唱和进行后期的剪辑,在这个过程中录制者虽然也投入了体力和财力,但更主要的是付出了独创性的智力劳动。研究著作权法理论,关注的对象是传播者的智力传播活动,而不是体力劳动者对作品物质载体的传送和作品复制件在流通环节的出售。

值得一提的是,作品价值与邻接权客体价值二者的实现是同一个过程。作品与邻接权客体具有同一的物质载体,例如,作者撰写的小说和出版社编辑策划的版式设计都附在图书上,二者的物质载体没有区别,图书卖出去了,作品价值和版式设计价值才一同得以实现,一损俱损,一荣俱荣。

版权界有一句谚语,没有传播就没有著作权。从作品需要进入流通领域,作品往往需要经过传播才能实现其价值的角度来分析,这句谚语不无道理。作品是知识产品,知识产品是连同载体一起销售的,比如图书、图画、唱片、光盘等。知识产品要进入市场才能实现其价值,收回作者的劳动成本,并赢得利润。商品在市场上被卖出去了才能实现其价值。作品作为智力成果,也必须通过传播才能到达读者或消费者手中。如艺术作品只有通过现场表演、展览和大众传播等方式传播,消费者才能在现场或书刊、电视、电影和网络上欣赏到作品。

但严格来讲,这句话是不确切的。第一,作品一完成就自动产生著作权,作者的著作权并不依赖传播而产生。作者著作权由应然状态进入实然状态,即实现著作权的价值才需要传播。作家的书稿不出版,作家就拿不到稿费。第二,著作权价值的实现,不能笼统地说需要经过传播者的传播活动,印刷厂的工人、开车的图书运输者、书店的售货员都是作品的传播者,但他们实际参与的是作品物质载体的流通过程。只有知识分子才能通过智力劳动参与作品的传播活动。没有智力传播,大多数作者的著作权就处于“沉睡”状态,只有通过智力传播,大多数作者的著作权才能真正实现其价值。

### (二)用于传播的作品及其复制件须具备的三个条件

作品必须具有价值性(有用性)、可用性和稀缺性,才能进入流通领域被传播。

首先,作品必须具有有用性,是指作品必须具有某种“使用价值”,满足人的精神需求。作品须能满足消费者的思维情感、意志、心理以及求知欲。如作品思想观点新颖,作品内容独特,不是人云亦云,司空见惯的东西。没有使用价值的作品没人阅读和欣赏,更不会有人去购买内含这些作品的载体如图书、报刊和光盘。

其次,作品必须具有可用性,作品可用性条件是其有用性的进一步深化和限定。作品的有用性,是指作品能够以一定的方式被作者利用,如作品通过物质载体容易被人感知,使用方便,作品的质量上乘,内容可靠,差错率较低,易于阅读欣赏,读者满意度高等。这样才能够方便作品的复制件进入流通领域,激发读者的阅读、欣赏和购买欲望,收回成本,实现利润,使作者的著作人身权和著作财产权变为现实利益。与可用性相联系的是特定性,是否有可能在作品上设定某种著作权,必然需要先行判断其是否具有特定性,或者说需要判断其能否被特定化。而所谓特定化或具有特定性,意味着作品必须具有独创性,作品这种智力成果中的作者个人知识,能与其他人的个人知识以及公共知识区分开来,个人知识有确定的界限。作品只有具备最低限度的创新性才可能被特定化,独创性是使作品得以被特定化的最基本依据。

最后,作品必须具有稀缺性。作品的稀缺性,是指社会上同类型同质量的作品非常有限,人们不能随意自由得到。作品的稀缺性必定会在人与人之间引发利益冲突,从而需要法律从制度上进行配置,“定分止争”。导致作品稀缺的原因有两方面:一方面,在一定时期内创作作品的作者总是非常有限的;另一方面,复制技术的限制使作品复制品具有稀缺性,传播者利用传播技术进行限制,使消费者不能自由免费地得到作品复制件。作品的复制和传播需要投入大量的资金,传播者需要收回成本并获得利润,有时会人为制造供给不足的局面。物以稀为贵,作品在传播中出现“制造稀缺”,才能卖出满意的价钱,社会需要版权制度对这种稀缺的商品进行利益的划分。

### (三)智力传播的技术性质左右版权制度的时代命运

每一次传播技术的更新换代都促进了人类文明的发展。在版权制度演进的历史过程中,可以说,没有智力传播技术,就没有版权制度的产生和发展。每一种历史类型的版权制度都有特定的智力传播技术,对此将在本书第三章详细论述。至于版权制度的最终归宿,在某种程度上可能也会由智力传播技术来决定,这将在《著作权法理论新探索》(下册)的余论中提及。

## 第二节 核心范畴——著作权

### 一、关于著作权性质的两项重大争议

#### (一)著作权是自然权利或法定权利的争议

权利的本质是主体所能享受、控制的某种利益。马克思说过,"人们的奋斗所争取的一切,都同他们的利益有关,思想一旦离开利益,就一定会使自己出丑"①。人们创造的作品是一种精神产品。在有权利观念的社会,说到底,著作权的本质是作者对作品所享有的精神利益和物质利益,至于主体所能享受、控制的这些利益叫什么,是叫作品权还是叫著作权或别的什么,法律是否确认和保护,那是另外的问题。

著作权(版权)从权利来源上看究竟是"自然法上的权利"还是"法定权利",在理论上是一个有争议的问题。笔者赞同吴汉东教

① 《马克思恩格斯全集》(第1卷),中共中央马克思恩格斯列宁斯大林著作编译局译,人民出版社1975年版,第82页。

授的观点:“从权利来源论,它是一种自然权利,创造性活动是知识产权产生的源泉,从权利依据论,它是一种法定权利,法律规定是知识产权产生的依据。”①可以说,原始的著作权是自然权利,著作权法问世后它成为法定权利。

“自然权利”的概念源自古希腊哲学的自然法理论,是指自然界生物普遍固有的权利,并不由法律、信仰、习俗、文化或政府来赋予或改变②。西方自然法学派对之多有研究。自然权利的本意应该是“人人应该有的平等权利”。古罗马法学家比较务实,认为自然权利作为个人权利源于先前的习惯法,将自然权利视为私权。随着法学的发展,后来一些学者将著作权归入自然权利。

在自然权利诸多学说中,以洛克的财产权劳动学说为代表的自然权利论独占鳌头。按照其观点进行推论,著作权是源于创作的自然权利。洛克的学说大致认为:每个人对自己的身体继而对自己的劳动享有所有权。当其将劳动添加在自然物上,人便获得该物的所有权。“土地和一切低等动物为人类所共有,但是每人对他自己的人身享有一种所有权,除他之外任何人都不享有这种权利。他的身体所从事的劳动和他的双手所进行的工作,我们可以说,是正当地属于他的。”③他认为,只要某人使某物摆脱了自然状态,同时又“留有足够的同样好的东西给其他人所共有”,他就可以拥有该物。著作权完全符合洛克在财产权劳动学说中所设定的限制性条件,即“留有足够好的同样的东西给其他人所共有”,所以有的学者认为,著作权属于自然权利。

---

① 吴汉东:《知识产权本质的多维度解读》,载《中国法学》2006年第5期。

② 例如,可口可乐饮料的配方至今没有人破解,美国可口可乐公司享有该配方的自然知识产权,这种自然权利不是法律赋予的,无须知识产权法的保护即能销售其特有的可口可乐饮料。“可口可乐”这个商业标志在其公司财务报表上列明的价值达800多亿美元。

③ [英]洛克:《政府论》(下篇),叶启芳、翟菊农译,商务印书馆1964年版,第18页。

中国古代也有类似西方自然法的概念,人们遇到纠纷时寻找解决依据时寻找“天理国法人情”。“天理”就是某种“自然法”。按照天理,作者通过脑力劳动创作出作品,然后对作品加以控制、使用或转让,此乃天经地义,无可厚非。在自家土地上栽种苹果树,树长大后长出苹果,栽树人对苹果这种天然孳息享有所有权是根据自然法得出的结论,无须国家法律予以规定。在原始版权制度阶段,著作权是作为自然权利存在的。

“法定权利”,是指按照法律规定而享有的权利。它与法定义务相对应,与自然权利、道德权利相区别。主张著作权为法定权利的观点,源于休谟、边沁等人的功利主义理论。休谟直接把国家与法律的起源归结为人类追求最大快乐与幸福的本性,而人们之所以服从国家与法律的约束,正在于其功利本性的推动。而私人所有权及其规则,在休谟看来,也只能建立在功利基础之上。[①] 边沁则认为,权利只能是法定权利,所谓“自然的和不可剥夺的权利”不过是“站在高跷上的胡言乱语”。[②] 英美法系学者虽然以“劳动价值论”等理论解释版权的权利来源,但更为注重版权制度起到的鼓励作者与投资者从事创作与投资出版行业的积极作用。

按照“知识产权法定主义”的观点,知识产权的种类以及权利内容必须由法律统一确定,除立法者在法律中特别授权外,任何人不得在法律之外创设知识产权。因此,著作权属于法定权利,不是自然权利。这是学术界大多数学者的观点。

但有的学者对此并不赞同。包括著作权法在内的各种知识产权法律在法律条文中均没有明文规定“知识产权法定原则”。吴汉

---

① 参见[英]休谟:《人性论》,关文运译,商务印书馆1980年版,第536页。

② 参见余涌:《边沁论权利》,载《道德与文明》2000年第2期。

东教授认为:“著作权……是不可废除的自然权利,这种权利不是君权神授的结果……”①作者通过创作这种智力劳动提供作品,作品是知识产品,知识产品是连同载体一起销售的,如图书、图画、唱片、光盘等。知识产品的销售与其他纯实物销售不同,知识产品的窃贼或“搭便车”者不用占有物质载体,可以从载体中抽取作品供自己消费,或者复制转卖。如果作品载体(如图书、光盘)的销售者自己能有效地阻止窃贼和“搭便车”者,他就能享有自然的著作权,而不必动用法律来保护。但是,如果盗版者和其他“搭便车”者能轻易从正版图书中获取或从网络上下载并抽取出作品,那么,作品就类似于公共物品。这时就会出现“公地悲剧”,作者作品的价值就无法实现。

自然权利与法定权利不是非此即彼,水火不相容的关系。作者对作品享有的精神利益和物质利益要想得到法律的认可,都应当既具备自然正义的理性基础又满足功利前提,这两个前提正是法律乃至权利配置的两项价值目标。“在知识产权制度产生和发展的早期,为促使这种新型权利得到人们的广泛认可,其正义基础即自然权利的一面被凸显出来”②。著作权基于作者的智力创作活动而自然产生,是自然权利,“相比于封建特许权,知识产权是天赋的、与生俱来的”③。当版权制度普遍建立后,效益价值比正义价值更受关注。版权制度中注入了更多的法律规则,著作权成为货真价实的法定权利。

探讨著作权是自然权利还是法定权利,具有现实意义。有的学者认为,立法者往往站在公共利益面前,将著作权视为法定权

① 吴汉东:《著作权合理使用制度研究》,中国政法大学出版社 1996 年版,第 8 页。
② 彭学龙:《知识产权:自然权利亦或法定之权》,载《电子知识产权》2007 年第 8 期。
③ 吴汉东:《知识产权本质的多维度解读》,载《中国法学》2006 年第 5 期。

利,而司法者更倾向于从劳动自然权利学说立场出发,坚持著作权的个人本位,将著作权视为自然权利而加以严格保护。“中国法院接受传统民法学说的指引,更倾向于按照自然权学说的理解来解释知识产权规则。在司法活动中将信息产品与有形物类比,忽略信息的公共物品属性,从而很容易对信息产品提供过分的保护。”① 理论上如果将著作权视为创作者的自然权利,任何国家就不能动辄以公共利益为名加以限制或剥夺。

总之,在著作权法没有问世之前的原始版权制度阶段,著作权是作为自然权利存在的;在著作权法问世后,著作权成为法定权利。二者性质有根本性的区别,但仍有相同之处。本书在没有特别指明时,著作权指作为法定权利的著作权。

### (二)著作权是否纯粹的私权以及私权公权化的争议

著作权的权利属性问题,即著作权是私权还是公权,抑或公权化的私权,曾经困扰学界。

私权是存在于平等主体之间,以各自的私人利益为核心或基点,由法律保障其排除他人干扰或妨碍的权利,即民事权利。《与贸易有关的知识产权协定》指出:“知识产权是私权。”我国《民法典》第一编第五章“民事权利”第123条规定,民事主体依法享有知识产权,包括权利人对作品享有的专有权利,即著作权。

但是,著作权是否是纯粹的私权,是否出现了著作权私权的公权化趋势,学术界莫衷一是。我国知识产权法学界对此基本形成两种观点:

一种观点认为,著作权属于私权,但出现著作权私权公权化的

---

① 崔国斌:《著作权法原理与案例》,北京大学出版社2014年版,第11页。

趋势。出于知识产权客体特殊的可共享性等特点，须借助公权以法律为手段进行制度设计和保障。所谓著作权私权公权化，是指在本来属于私权的著作权领域中，出于某种需要，公权力介入其中，并对意思自治行为进行一定程度的干预。著作权私权公权化的实质是版权制度因国家公权力的干预，更加注重保障社会公共利益的实现。有人指出，"知识产权私权的公权化表明知识产权兼具有私权属性和公权属性，知识产权私权的公权化意味着在加强知识产权私权保护的同时应当重视社会公共利益，以防止私权保护不足或私权保护过度从而破坏知识产权人利益和社会公共利益的平衡"①。2006 年国内卡拉 OK 版权付费制度的实施，将著作权私权公权化这一理论争执推向了一个新的高潮。

另一种观点认为，著作权法规定的著作权是纯粹的私权。吴汉东教授认为，著作权的本质是私权，并没有出现所谓的著作权私权公权化趋势。购房者在市场上通过购买行为取得房屋的所有权，这种物权作为典型的私权，要通过到房管局进行登记才能尘埃落定，对此现象没有人认为是物权私权公权化。所以，著作权受到公权力保护不能说是私权公权化。

笔者认为，著作权就是纯粹的私权。从逻辑上说，作品上既可以产生私权也可以产生公权，但私权和公权是对立关系，不是交叉关系，外延上没有重叠部分。著作权既是私权又是公权的观点存在"子项相容"之嫌。张三画了一幅画，如果说作品上存在公权，岂不是官方也有权拿去发表，并在发表后可以分享一部分稿费？可见，只能说著作权是受公共利益直接限制的私权。

---

① 冯晓青、刘淑华：《试论知识产权的私权属性及其公权化趋向》，载《中国法学》2004 年第 1 期。

自罗马法进行私法公法以及相应的私权公权的划分以降,私权与公权的划分就只有相对的意义。当社会出现"所有权社会化"以后,私权就受到国家公权力的干预。在现代社会,马克思所批判的那种"脱离了人的本质和共同体的利己主义的权利"①的私权已经不复存在了。私权的最终实现都必须借助公权力的介入。在私法领域不可能实行绝对的意思自治。著作权法是私法,但随着版权制度的发展,它兼具了一些公法的属性,突出地表现在其利益平衡的立法思想和其权利的国家干预性。从社会的角度看,这种"私权神圣"的绝对保护是不利于知识、文化、技术和生产经验的传播和其本身的更新与再创造的。著作权法的私人利益与社会利益平衡的立法思想具体表现为著作权法中的保护期限制度以及法定许可、合理使用、强制许可制度。

## 二、著作权的词源与本质

### (一)"著作权"与"版权"的词源及其演变

我国在起草《著作权法》时,对于法律名称究竟称"版权法"还是"著作权法"一直争论不休②。《著作权法》从立法上规定二者为同一概念后,争论基本平息。

从词源上来说,著作权与版权是有区别的。"著作权"一词是1899年由日本当时主持法律修改工作的法学博士水野炼太郎由法语、德语中的作者权概念转译创造的术语,其含义是"著作人的权利"。有的学者认为,"著作权"为日本人对德文、法文中的"作者

---

① 《马克思恩格斯全集》(第1卷),人民出版社1956年版,第439页。

② 1988年以前的草案一直称"版权法",1985年成立国家版权局,1988年后,改称"著作权法"。1990年通过的《著作权法》第51条明确规定著作权与版权系同义语,国家版权局没有因此改称国家著作权局。后几次修法一直规定二者为同义词。

权”的错译。

“著作权”一词中的“著作”，许多学者认为是指“作品”。古老的著作是用竹简编辑，质地是竹，后来纸被发明，著作质地变成了纸。计算机出现，著作又进了一步，从原来的纸质形式，扩大到了计算机软件形式，即计算机软件著作。计算机软件著作依托的存储介质是磁盘，它是更高级的著作质地形式。现在，“著作”一般是指创造性的文章。前人没有阐发过或没有记载过的，第一次出现的文章或书籍，才算是“著作”。因为它是针对某专一题材的，所以也叫作“专著”，专指创造性的文章。

“版权”一词在日本被认为是由福泽谕吉根据英文“copy-right”一词创造的。“copy-right”最早出现于英国1709年通过的《为鼓励知识创作而授予作者及购买者就其已印刷成册的图书在一定时期内之权利的法》（以下简称《安娜法》）。“版权”一词的本义是“翻印权”①，直译为“复制权”。当今英美法系的国家均使用“版权”一词。“版权”侧重保护权利人的经济权利。最早在明治二年（1869年）的《日本出版条例》中，对版权的解释是官方特许给著作出版人一定期间的图书专卖权，以补偿其出版费用。在明治二十年（1887年）的《日本版权条例》和明治二十六年（1893年）的《著作权法》中，版权的含义已转变为作者的专有出版权了。

在我国，“著作权”和“版权”都是舶来语。清代宣统二年（1910

① 除了“版权”一词外，还有“工业产权”与“工业版权”的说法。专利权与商标权被统称为“工业产权”。它们是需要通过申请、经行政主管部门审查批准才产生的民事权利。随着现代科学技术的发展，人类出现的新的创造性智力成果难以单纯用工业产权或著作权保护，如计算机软件、基因工程与生物制品、集成电路布图设计。这些新的边缘保护对象的出现客观上要求实行有效的知识产权保护，而其保护条件和内容兼有工业产权和著作权的特点。基于此，人们将计算机软件专有权、集成电路布图设计复制权、艺术作品的工业复制权等工业产权与著作权相交叉的知识产权称为工业版权。

年)颁布的《大清著作权律》中最早出现中文“著作权”一词。“版权”一词,较早见于严复先生的论著,官方文件见于1903年10月8日签订的中美《续议通商行船条约》。

刘春田教授曾认为,“版权”和“著作权”,无论语义、逻辑、实践,都互不相同,不是同义语。著作权法又称为版权法,一法二称,既不合逻辑,又成歧见,只有副作用,不具建设性,这并非长久之计。[①] 笔者认为,刘春田教授的观点客观中肯,值得重视。从词源来说,著作权与版权确实有区别。当然,一个概念也可以有不同的表达方式,一物多名现象司空见惯;两大法系出现了趋同化,大陆法系著作权概念的内涵与英美法系版权概念的内涵日趋接近。正如李扬教授所言:“因1886年的《伯尔尼公约》既保护著作人格权又保护著作财产权且至今加入《伯尔尼公约》的国家和地区已达170余个,特别是随着长期不保护著作人格权的美国于1989年加入该公约……之后,著作权和版权在一定程度上已经演变为同义词。”[②]因此,我国《著作权法》将著作权和版权规定为同义词恐再难改变。

### (二)著作权的本质

著作权的本质究竟是什么,仁者见仁,智者见智。“利用说”主张它是著作权人能够利用作品并且获得报酬的权利;“信息说”认为著作权是获取信息权或是接触信息权;“补偿说”认为著作权实际上是一种补偿的权利,著作财产权是对作者花费时间、脑力进行创作的补偿;“准所有权说”主张著作权是作者对作品控制、处分、

---

① 参见刘春田:《著作权法修改应注入更多民法思维》,载《民主与法制时报》2020年9月3日,第2版。

② 李扬:《著作权法基本原理》,知识产权出版社2019年版,第1页。

收益的权利；“私权说”认为著作权是一种私权[①]；等等。这些不同的关于著作权本质的观点从不同的侧面，试图揭示著作权的本质，给人不少启发。

事物的本质是事物的根本性质或事物固有的内部联系，由事物所包含的特殊矛盾构成，并由其主要矛盾的主要方面决定。任何事物都有许多的属性，在事物的诸多属性中，有些属性是某个或某类事物所特有的，并把这种事物与其他事物区别开来。这种属性就是事物的本质属性。著作权的本质应该是决定著作权之所以成为著作权而不是其他知识产权的属性。探讨著作权的本质需要弄清两个问题，一个是著作权是一种什么性质的权利，解决著作权的类别归属问题。现在在法律和法学上都已经明确了著作权属于知识产权，这一点无须赘述。另一个是著作权的内容（事物固有的内部联系）。德国著名学者鲁道夫·冯·耶林所创立的利益保护说认为，权利的本质为法律所保护的利益，凡依法归属于个人的利益，无论为精神的或物质的，即为权利。以此权利本质说，狭义著作权乃是因创作出具有独创性并能以一定形式表现的作品而依法由作者享有的著作人身权和著作财产权。

## 三、著作权的特征

著作权与其他权利，特别是其他知识产权相比，有其自身的特点。有的学者错误地称物权、债权、继承权等为一般民事权利（笔者认为可以称这些权利为传统民事权利），称包括著作权在内的知

① 著作权本质上是一种私权。第一，它是私人的权利；第二，它是私有的权利，而不是一切人同享的公共权利；第三，它是关于私人利益方面的各种权利。这在学术界成为大多数人的共识。

识产权为特殊民事权利。其实一般性寓于特殊性之中,现实生活中并不存在一般的民事权利,不能根据这些特点说著作权是特殊的民事权利。

关于著作权的特征,众说纷纭,一般认为可能包括:客体的无体性(或权利的无形性)、可复制性、专有性、地域性、法定时间性、权利的双重性等。

笔者认为,界定著作权之特点,应注意以下几点:

第一,不能张冠李戴,将著作权对象或客体的特征当作著作权的特征。著作权对象或客体对著作权的特点的形成影响很大,但不能将著作权对象或客体的特点直接表述为著作权的特点。

第二,不能将共性当个性,将著作权与其他权利特别是知识产权的共性作为著作权的特点。许多学者认为著作权具有“专有性”“独占性”“地域性”等。其实,凡民事权利都是专有权或独占权。法律无不具有地域性,源于法律的权利也只能在法律的效力范围内发生效力,地域性并不是著作权独有的。地域性是主权国家的意志体现,是法律规范的基本属性,它适用于一切民事权利。把地域性当作著作权的独有特点来认识是没有根据的。

法学界有人曾将“无形性”作为包括著作权在内的知识产权的特点。其实所有的权利本身都是无形的,所有权是典型的物权,例如,张三对自己房屋的所有权并不是“有形”的权利,只能说这种所有权的客体是房屋这种有形的物。

第三,也不能以偏概全,将著作权某项权能所具有的特点,当成所有著作权权项均具有的特点。例如,有的学者笼统地说著作权的保护期为作者死后加 50 年。其实,“作者死后加 50 年”只是某些著作权权项如著作财产权的保护期限,但作者署名权是没有期限的。

笔者认为,与专利权相比,虽然著作权保护的范围要广泛得多,著作权的取得更容易,但著作权受到法律更严格的限制。著作权的特点在于产生特别、客体特别、权利内容特别、限制和保护特别。

### (一)著作权自作品完成时自动产生

取得专利权必须经过专利局的专利审查程序,取得发明专利证书、实用新型专利证书或外观设计专利证书。自然人、法人或者非法人组织,对于其所持有的商标,需要在生产经营活动中,获得一定范围商标专用权的,可以申请商标注册。经核准注册,商标权人获得商标注册证后才依法享有注册专用权。

著作权实行创作完成主义,作品创作完成之后作者对作品享有的著作权就自动产生,无须政府部门认可登记。作者也可以到版权局申请进行著作权登记,版权局经审查,认为符合作品形式条件,然后发给著作权登记证书。但这种登记程序不是取得著作权的必经程序,著作权登记证书只能作为作者对某件作品享有著作权以及何时取得著作权的证据使用。

### (二)著作权的客体是作品

从理论上来讲,一切精神产品均可以作为可版权作品,但《著作权法》规定,著作权的客体中不包含专利权客体的外观设计、发明和实用新型,以及商标权中的商标,著作权的客体只能是作品。

### (三)著作权的内容分为著作人身权和著作财产权

在各类知识产权中,专利权人具有独占实施权、转让权、放弃权、许可他人实施专利的权利,以及因转让、许可而获得报酬的权利。商标专用权包括注册商标的专有使用权、禁止权、转让权、许可使用权和续展权等。商标权不直接涉及人身权的内容,专利权的价值取向也偏重财产性质;[①]而著作权则不同,其人身权与财产权都是著作权构成的重要支柱。著作权的权利构成最为丰富,著作权法通过对作品的保护而赋予作者的权利最为充分。如著作人身权中的发表权、修改权、保护作品完整权,著作财产权中的复制权、演绎权,均是著作权独有的,专利权和商标权中都没有这些权项。

(四)对著作权的限制和特殊保护期

著作权有不同于专利强制许可制度的合理使用制度、法定许可制度等限制制度。著作权除署名权、修改权、保护作品完整性不受保护期的限制外,其他权利都有与专利权、商标权不同的保护期。著作财产权的保护期一般比专利权、商标专用权的保护期长一些,现在我国著作财产权的保护期是作者死后加 50 年。美国等一些国家规定的是 70 年。

著作权的时间性是由著作权的社会属性决定的。一方面,作者对其作品享有专有权;另一方面,这种精神成果不宜长期为作者独占,社会对作品也有合法的需求,除署名权等人身权外,对著作权进行时间限制反映了建立版权制度的社会需要,体现了法律的

① 主流观点认为,专利权和商标权中没有人身权内容。不过一些学者认为,类似于著作权中的署名权,发明人或设计人可以在其专利产品或该产品的包装上标明专利标记和专利号,这表明专利权中有人身权的内容。吴汉东先生认为,专利权、商号权、商誉权等绝大多数工业产权都具有财产权与人身权的内容。分析一项权利是否具有人身权的内容,应以法律对该权利内容的规定为依据。李明德先生认为,著作权只能分为精神权利和经济权利,不能分为著作人身权和著作财产权。还有学者认为,具有人身权和财产权双重权利的知识产权有著作权和部分著作邻接权(如表演者权)以及商号权,其他知识产权是单一的财产权。

公平原则,是协调著作权专有性与社会性矛盾的一种重要手段。①

## 四、著作权的各种定义

### (一)常见的"客体定义"或"内涵定义"

吴汉东教授认为,"著作权又称版权,是指作者及其他著作权人对文学、艺术、科学作品所享有的专有性权利的总称",这是文化领域当中一种重要的知识产权。②

刘春田教授认为,"著作权,是指基于文学艺术和科学作品依法产生的权利"③。

冯晓青教授认为,"著作权,是作者或其他权利人基于文学、艺术和科学领域内的作品依法享有的人身权利和财产权利的总称"④。

王迁教授认为,"著作权是民事主体依法对作品及其相关客体所享有的专有权利"⑤。

李琛教授认为,"著作权是作者或其他权利人享有的基于作品产生的利益"⑥。

以上几种对著作权的定义各有千秋,都言之有理。但有的定义似乎存在值得商榷的地方。众所周知,在科学研究、社会实践中经常使用的一种定义方法,是通过找出被定义项的邻近的属和种

① 参见冯晓青:《对知识产权理论几个问题的探讨》,载《吉首大学学报(社会科学版)》2004年第3期。

② 参见吴汉东:《我为知识产权事业鼓与呼》,中国人民大学出版社2014年版,第69页。

③ 刘春田主编:《知识产权法》(第5版),中国人民大学出版社2014年版,第43页。

④ 冯晓青主编:《知识产权法》(第2版),中国政法大学出版社2010年版,第84页。

⑤ 王迁:《知识产权法教程》(第7版),中国人民大学出版社2021年版,第51页。

⑥ 李琛:《知识产权法关键词》,法律出版社2006年版,第4页。

差来下定义。[①] 给著作权下定义应该遵守定义的逻辑规则。说著作权是权利没有错误,但著作权的上位概念依次往上是知识产权、民事权利、法律权利、权利。为了避免定义过宽或定义过窄的逻辑错误,应该确定著作权的邻近属概念为知识产权。权利、专有权等不是知识产权临近的属概念,而是上几个层次的上位概念,并且揭示种差特别困难,容易张冠李戴。例如,科学论文的“作者基于自己论文(文字作品)而产生的权利”不一定是著作权,还可以是作者因论文被国家授予物质奖励和精神奖励而享有的权利。

### (二)著作权是作者因创作出作品而享有的民事权利

第一,这个定义彰显了劳动者的主体地位,表明了著作权在社会主义社会是按劳分配的宪法规则所赋予的脑力劳动者之权。劳动是价值的唯一源泉,作品是作者智力劳动的成果,权利的本质是一种利益。作者通过智力劳动(创作活动)创造了智力成果,作为劳动者的作者理应享受劳动成果。

第二,它是作者创作出智力成果才享有的权利,不出作品就没有著作权。著作权不是人们创作作品的权利,不是指从事智力创作或脑力劳动的权利。只有创作,没有创作的结果,无功而返,这种脑力劳动在著作权法上就没有意义。

第三,著作权是作者创新之权。作品要有独创性,才能成为著作权客体,没有“创”,抄袭作品不能产生著作权。著作权立法的目的是激励创作。只有调动广大作者的积极性,创作出更多的新作

---

① 属加种差定义的公式是:被定义项=种差+邻近的属。用属加种差方法下定义时,应先找出被定义项邻近的属概念究竟选择哪一级上位概念作为属,要看下定义的实际需要,不一定非得是最邻近的属。但越往上的属概念,种差越难概括。选择哪种特有属性作种差也必须从实际出发。一类对象的特有属性不止一个,人们可以根据不同的目的和要求,从不同的方面选取被定义对象的特有属性。

品，才能增加社会总知识的储量，丰富群众的文化生活。建设创新型国家，无疑需要知识分子多进行理论创新，创作出具有独到见解的作品。在作者对于自己创造的新的智力成果所享有的知识产权中，凡以作品为客体的就是著作权。

第四，著作权作为民事权利，是指作者个人享有的权利，不是公共权利也不是共同权利。

### （三）著作权是受公共领域公共利益限制的私权

著作权作为私权，与公权或公共利益具有特定的关系，这个定义可称为逻辑上的“关系定义”。

在哲学和社会学中，公共领域是国家和社会之间的公共空间，公民在这个空间可以自由参与公共事务而不受干涉。在著作权法中，公共（有）领域相对于私人领域而言，是不受著作权法保护的作品所处的领域，或者说是著作权法的效力所不及的知识领域。公共领域存在的客观基础是知识的公共性、共享性以及历史继承性。任何处于公共领域的作品都是任何人可以自由、免费地获取和使用的。作品最终进入公有领域表明了作品的最终归属。这样将使人类知识宝库不断增添新的内容，从而在总体上不断地为未来的知识创造者和公众使用知识产品提供条件。

尽管有人将知识产权法上的公共领域追溯至远古的口头文化、罗马时期或者1709年《安娜法》，但“public domain”作为一个版权法上的术语却始于19世纪中期的法国。后来，这一术语被用于《伯尔尼公约》，并传播到英国和美国。1896年5月18日，美国联邦最高法院在知识产权案件中首次使用这一术语，1908年《美国版权法》在第6条、第7条中也出现了这个概念。

研究公共领域的旨趣主要在于对抗知识霸权与强权，以及防止知识产权的非理性扩张。

公共利益,简称“公益”,是能够满足一定范围内特定社会群体生存、享受和发展所必需,并且该社会群体中不确定的个人都可以享有的资源和条件。它不同于国家利益、社会利益、集团利益和共同利益,[①]具有主体数量上的不确定性和实体上的共享性。公共利益是国家存在的正当性理由,国家要维护和发展公共利益。

知识的公共性和著作权的私权性之间一直存在矛盾。作者创作作品是在前人已有知识产品的基础上推陈出新,提出新知识。几乎所有的作品都不是作者独自闭门造车,冥思苦想弄出来的,作品内容中包含前人已经提供的旧知识(公共知识和他人的私有知识)和作者创造的新知识——个人知识。著作权客体的无形性使人们容易将其中本属于公有领域的公共知识和作者创造的个人知识混为一谈。著作权之所以受公共领域中公共利益限制,源于著作权所附着的智力成果的原材料本身的非私有性——创造性智力成果所依凭的知识绝大多数是人类社会自有文明以来流传下来的公共知识。正基于此,才需要在著作权保护与权利限制之间构建某种利益平衡机制。

基于公共利益的考虑,一般会对民事权利进行限制。但是其他民事权利限制主要体现在个案的衡量中,并且相关民事权利在基于公共利益而受到限制后,会获得相应的补偿。与对其他民事权利的限制不同,法律对于知识产权的限制作出了明确而具体的规定,并且没有相应的补偿措施。著作权的法定限制包括保护的时间限制、权利行使的限制(法定许可、强制许可、合理使用等)、权利穷竭等。

---

① 公共利益与共同利益是最容易混淆的两个概念,共同利益仍然是一种私权。

相对于传统私权而言，著作权等知识产权所提供的保护是有限的，会受到更多权利限制制度的制约。这种限制不仅是因为权利行使违背了诚实信用原则或者禁止权利滥用原则，公共政策、人权保护、经济发展、对外交往等因素，都会影响法律对著作权保护的内容和力度。

### （四）本书中的著作权的定义

笔者认为，著作权，是指作者或作品传播者依法因创作出或通过智力传播具有人工性、知识性、感知性、独创性的作品而享有的知识产权。这个定义体现了以下几点意蕴：

第一，明确了著作权（包括狭义和广义）主体为作者或作品的传播者。没有提及包含被定义项（著作权）的“其他著作权人”和含混不清的“其他权利人”。将传播者纳入定义中，克服了以往定义不完全适用于广义著作权中的邻接权的困境。当然，参照《民法典》第123条对知识产权的定义，将“作者或传播者”改为“权利人”也未尝不可。另外，以往的定义中一般将著作权的继受主体作为“其他著作权人”列入。笔者认为，著作权的继受主体的著作权是派生的权利，它们应该依据《民法典》第一编第六章“民事法律行为”的规定解决，给著作权下定义时没有必要涉及。

第二，现行《著作权法》并没有给“著作权”下定义，《著作权法》的内容未来有可能并入《民法典》中。《民法典》中一些民事权利的法律概念中均有“依法”二字，如第123条知识产权的定义、第114条物权的定义和第240条所有权的定义中，定义项中均有“依法”二字。为统一起见，在著作权的定义项中应该写明“依法”二字。

第三，恰当地确定了邻近的属概念，实际上是最临近的属概念——“知识产权”,遵守了划分的逻辑规则,[1]为准确揭示著作权与其他知识产权不同的“种差”提供了极大的方便。另外,种差没有套用现行《著作权法》的规定,表述更加准确,具体理由将在本书第六章中论述。

## 第三节　基本范畴——著作权法

### 一、著作权法的名称与概念

#### (一)著作权法恰当的名称是“作品法”

笔者认为,著作权法恰当的名称是作品法。“著作”与“作品”两个词语的含义和用法不同,口头作品也会成为著作权的客体,但罕见“口头作品是著作”的提法。著作权是因作品而产生的权利,传统意义上的著作权与出版复制密切相关,现在网络上的自媒体作品无所谓出版发行,仍有著作权,因此笔者认为,著作权法改叫“作品法”更贴切。捷克斯洛伐克的《文学、科学和艺术作品法》是笔者查到的世界上第一部以作品法命名的法律。有的学者还提到用“创作法”的名称。[2] 这虽有新意,但与“创作方法”一词容易混淆,且没有指明著作权法的基石范畴。

#### (二)著作权法的界说

不同学者在论著中给著作权法下过不同的定义,例如,刘春田

---

① 找寻概念的特有属性,无非是找寻上位概念下的划分的标准。属加种差,就是探求划分依据,这个划分的依据就是种差的本质所在。定义后的概念,非但需要符合概念的定义要求,也得符合划分的要求。

② 参见李扬:《知识产权法基本原理》,中国社会科学出版社 2010 年版,目录第 3 页。

教授等认为,“著作权法是指调整因著作权的产生、控制、利用和支配而产生的社会关系的法律规范的总称”①;冯晓青教授认为,“著作权法是国家用以调整文学、艺术、科学作品的作者、作品传播者和社会公众三者利益关系的法律规范”②;笔者认为,著作权法是调整版权作品的创作、传播、使用、管理过程中产生的社会关系的法律规范的总称,或者可以表述为“著作权法是指因调整著作权的归属、行使、管理和保护等活动中产生的社会关系的法律规范的总称”。著作权法作为知识产权法,属于民法部门。著作权法的综合性和技术性特征十分明显,在著作权法中,既有私法规范,也有个别公法规范;既有实体法规范,也有一些程序法规范。

在我国,《著作权法》目前还是民事单行法。世界上大多数国家亦采取制定单行法规的模式,少数国家把著作权法写入民法典,如意大利、西班牙、越南、俄罗斯,还有其他独联体国家等。俄罗斯全部废止了知识产权各单行法律。极个别国家,如法国,将著作权法写进了知识产权法典。

### (三)著作权法定义中“调整”的意蕴

这里的“调整”可以理解为著作权法对具体发生的著作权社会关系进行确认和保护,对违反著作权法的行为进行制止和惩罚。

**1. 确认**

将主体的创作行为和主体生活中的其他一些事实与一定法律关系的发生、变更、消灭联系起来,引导主体实施正常行为,以取得对自己有利的法律后果。对于依照著作权法进行的作品创作、传播、使用和管理行为,应当确认其行为的正当性或合法性。例如,

① 刘春田主编:《知识产权法》(第5版),中国人民大学出版社2014年版,第45页。

② 冯晓青主编:《知识产权法》(第2版),中国政法大学出版社2010年版,第85页。

对于作者创作出的作品要求予以版权登记,版权局应该确认作者对该作品享有著作权,颁发版权证。对于合作作品,应当确认合作作者是共同享有著作权还是可以对各自创作部分享有独自的著作权。

**2. 保护**

著作权法规定了主体在具体的著作权法律关系中的权利义务,为主体在具体社会关系中可以实施的行为和应当实施的行为划定范围,凡未超出规定的范围从事的创作、传播、使用、管理行为,其所产生的权利义务均应受到著作权法的保护。著作权法属于民法,其中授权性规范居多,法律为社会主体设定了比较广阔的意志自由和行动自由的空间,凡在此法律允许的自由空间内从事作品的创作、传播、使用而产生的权利义务,均受到著作权法的保障。例如,出版社与作者签订出版合同获得"专有出版权",这种专有出版权受到著作权法的保护。在专有出版权存续期间作者不得与其他出版社另签出版此书的合同。

**3. 制止**

将主体在具体法律关系中违反义务的行为与一定的法律责任联系起来,鞭策主体在相互关系中实施正常的行为,警戒主体实施反常的行为。例如,著作权法规定了剽窃的法律责任,这就提醒作者不得抄袭他人的作品,引用他人作品必须适当,不得构成自己作品的实质部分,不得"越雷池一步"。

**4. 惩罚**

著作权法对于擅自使用他人作品和其他侵犯著作权的行为,要追究行为人相应的民事、行政和刑事责任。著作权法本来已经明确画了红线,但总有人以身试法。对于这种明知故犯的行为,只能运用国家强制力予以惩处,以便矫正违法行为,恢复和维持正常的社会秩序。例如,非法制作、复制唱片,侵犯歌曲作者的机械表演权,必须依照著作权法给予惩罚。

## (四)著作权法与著作权制度不能等量齐观

我国在立法上已经明确规定"著作权"就是"版权",因此版权制度与著作权制度是同一概念。不严格区分时,著作权法和现代意义上的版权制度似乎可以相提并论,但是严格来讲,著作权法与版权制度并非同一概念,二者不能混为一谈。

著作权法论著中,版权制度或著作权制度的提法司空见惯,但很少有人循名责实,给它们下定义。有学者认为,"著作权制度,又称著作权法制度、著作权保护制度或著作权法律制度"①。有的学者从运行机制层面给著作权制度下定义,认为它是指依据著作权法律规范所建立和运行的体系;著作权法作用的实现,依赖于一定的操作、运行机制,这种机制被称为著作权制度。② 刘春田教授则从法律制度层面为其下定义,认为著作权制度是指通过立法来确认文学、艺术和科学作品的作者的权利,并保护权利人因作品被商业性使用而产生的利益的一种法律制度③。

笔者认为,著作权制度按照现行《著作权法》关于著作权与版权系同一语的规定,与版权制度是同义词,但著作权制度与著作权法制度、著作权保护制度或者著作权法等概念不能等同。

第一,姑且不论著作权法诞生前有无著作权制度,即使在著作权法问世后,著作权制度中也包含有许多非法律制度的内容。制

---

① 郭凯峰:《中国特许出版权和著作权制度的历史变迁(唐宋至清末时期)》,载刘春田主编:《中国知识产权评论》(第2卷),商务印书馆2006年版。

② 参见刘东进:《著作权法》,中国科学技术出版社1993年版,第10页。

③ 参见刘春田:《知识产权法》,高等教育出版社、北京大学出版社2000年版,第31页。

度,是指要求成员共同遵守的、按一定程序办事的规程或规则体系。按照性质和范围,制度总体可分为根本制度、基本制度与具体规章制度三个基本层次。具体规章制度是各种社会组织和具体工作部门规定的行为模式和办事程序规则,如版权登记制度等。有人将制度又分为正式制度和非正式制度。正式制度,是指人为创制的,具有强制力的法律、法规和政策等。非正式制度,是指自发形成的,包括具有持久生命力的文化传统、道德观念、价值取向、伦理规范、风俗习惯和意识形态等。

版权制度的内容包含了从作品创作到消费者使用作品过程中涉及的一系列有关法律法规、行政措施、习俗和道德伦理规范,以及行业、企业对版权进行管理、运用、维护的规章制度。[①] 因此,在《著作权法》面世以前,版权制度就一直存在,虽然内容中没有著作权法律规范,但其他规则是存在的。本书将在第三章把版权制度分为原始版权制度、出版特许版权制度、传统版权制度、后现代版权制度,并予以阐释。

第二,仅就法律制度内容而言,法律制度是法律规则的体系,著作权制度不纯粹是著作权法或民法制度,其中有些法律规则不是著作权法中的规则,而是行政法、刑法等部门法中的规则,所以,就法律制度而言,著作权制度是贯穿若干法律部门并以著作权法规则为核心的规则体系。

第三,著作权制度与著作权保护制度在概念上具有包含关系,著作权保护制度只是著作权制度的组成部分。除了著作权保护制度以外,著作权制度中还有著作权主体制度、登记制度、归属制度、

① 著作权保护不是保护著作权的客体——作品,作品是无形的,侵犯不了也保护不了。法律保护的是作者对作品控制、利用的行为和法律关系。

客体制度、转让制度、质押制度、限制制度、管理制度等。

第四，现代意义上的著作权制度是建立在私权平等观念的基础上的，以著作权法作为主要内容的，调整著作权关系的规则体系。

### （五）著作权法是“专家法律”和公共政策的法制化

著作权法是法律体系中最复杂的法律之一。版权制度不是一般公众需要经常接触或详细掌握的法律制度。著作权的客体有 8 种或 12 种之多，著作权人的著作权内容有 16 项（还有一个兜底条款），邻接权有 4 种，这些知识一般的法律人都难以完全弄明白。

2012 年 3 月，国家版权局曾推出《著作权法（修改草案）》。其中第 46 条规定：“录音制品首次出版 3 个月后，其他录音制作者可以依照本法第四十八条规定的条件，不经著作权人许可，使用其音乐作品制作录音制品。”这条强制许可规定引起轩然大波。李明德教授一针见血地指出：“演唱者只关注自己的利益，对相关的国际公约、国外的立法例全然不知……一些专家学者貌似公允，但对于制作录音的强制许可同样不甚了了，反映了我们著作权研究水平的低下……表明演唱者、学者专家、主管机关和新闻媒体对于著作权法的许多具体问题，仍然缺乏深入的认识。所有的这些都显示，著作权保护知识的普及……仍然有一个漫长的过程。”①

版权制度与一国的经济、政治和文化密切联系，是一国公共政策的法治化，因而各国的版权制度有很大的差异。对什么作品保护、什么作品不保护，是给予著作权保护还是著作邻接权保护，规定著作权具有什么权利内容，如何加以保护等，均与国家的公共政

① 李明德、管育鹰、唐广良：《〈著作权法〉专家建议稿说明》，法律出版社 2012 年版，第 135 页。

策有直接关系。例如,同样是资本主义国家的著作权法,英美法系国家奉行"额头流汗原则",对独创性不强的作品也给予狭义的著作权保护,①大陆法系国家则反对智力含量低的作品成为版权作品。

由于著作权法是国家公共政策的法制化,涉及法律与政策的关系问题、法律本土资源问题和从本国实际出发的立法原则问题,所以著作权法的具体规则不能盲目引进、移植,更不能全盘西化,应做到因地制宜。

(六)著作权法中不全是著作权法律规则

很多学者给法下定义时,均定义为调整某种社会关系的法律规范的总和,概莫能外,现有著作权法的界说也是如此。实际上著作权法中还有一些法律概念和技术性规定等非法律规范。例如,现行《著作权法》第 3 条就是从内涵和外延给作品下的定义,表达的是"作品"这个法律概念;第 67 条关于施行日期的规定也不是法律规范。

另外,《著作权法》中还涉及《民法典》中的合同规则、行政法的一些法律规范。例如,《著作权法》第三章是对"著作权许可使用和转让合同"的规定;第四章第 32 条、第 33 条、第 34 条规定了图书出版合同的内容;第 53 条、第 55 条不是私法的法律规则,应该属于行政法的规则。

① 在历史上,因文学产业、文化产业发展水平一度远远落后于欧洲国家,美国 1790 年的《版权法》采取低水平保护,而且对外国人作品采取不保护政策。19 世纪的时候,每当欧洲的游轮到达旧金山和波士顿的港口,美国的出版商就驾着马车快速地跑到港口抢购欧洲最新出版的书籍,堂而皇之地进行大量复制,然后广为销售。当欧洲 1886 年签订《伯尔尼公约》的时候,美国人拒绝参加,他们认为,这种保护水平超过了他们的承受能力。美国一直到 1988 年才宣布加入《伯尔尼公约》。

### （七）著作权法与“著作权保护法”不能相提并论

有的学者认为，著作权法就是著作权保护法，版权制度就是版权保护制度。一些新闻媒体在宣传报道时也常用此类表述，以致不少人将二者等同。笔者认为，这些说法值得商榷。著作权法的内容不可能只有著作权保护的规则，版权制度除了版权保护制度以外，还有版权确认与取得制度、邻接权制度、版权转让制度、版权限制制度等。

## 二、民法是容纳著作权法的部门法和精神家园

### （一）对著作权法非民法观点的质疑

对于著作权法的部门法属性，学术界存在意见分歧。大多数学者认为著作权法附属于民法，但一些学者持不同观点。他们认为，著作权法与传统民法在某些方面大相径庭。第一，立法目的的侧重点不同。民法从个人权利本位出发，强调维护平等主体的个体权利（私权），著作权法则从社会本位出发，更主张维护信息自由，更强调权利限制，更强调个人和社会利益之间的平衡。第二，民法中的法律规范多为任意性规范，允许民事主体意思自治，而著作权法中多有强行性规范，作者和传播者难以意思自治。传统民法是“千年古树”，传统民事权利的客体为物、行为和人身利益，而著作权法问世才几百年，著作权的客体为无形的作品。权利客体的不同导致著作权法与传统民法的内容不相吻合。因此，这些学者认为著作权法不属于民法部门。至于著作权法到底属于什么部门法，有综合部门法说、混合部门法说、公法部门法说、知识产权法部门法说等观点。

有的学者还举出实例，韩国、日本等国的《知识产权基本法》就

是公法,是规范政府推进知识产权政策的行政法,属于公法范畴。

笔者对上述观点不敢苟同。著作权法作为民法中的“后起之秀”,与传统的物权法、合同法、侵权法、继承法等确有不同,属于民法中的“另类”。[①] 由于立法技术尚不成熟,版权理论支撑尚需完善,所以《著作权法》内容庞杂,规定了一些非著作权法规范,夹杂着合同法、出版法以及其他一些法律规范。包括著作权法在内的知识产权法目前个性太强,并入《民法典》中与其他内容难以体系融洽。

值得一提的是,与劳动法类似,著作权法也保护产生价值的劳动。尽管如此,著作权法并没有成为劳动法的一个分支法部门,而是属于知识产权法领域,而整个知识产权法又属于民法部门。著作权法与劳动法存在巨大的差异。劳动法所保护的是创作作品所付出的劳动;而著作权则以作者的自由创作为基本出发点。在劳动法上,工作的种类并不具有决定性意义,劳动法既保护体力劳动成果也保护智力劳动成果,以及那些需要特殊技能产生的劳动成果,与劳动法相反,著作权法只保护人类智力所创作的成果。

著作权法作为民法中的“另类”,虽然目前在《民法典》的形式体系中没有设置知识产权编,但“另立门户”恐难实现。按刘春田教授的说法,《著作权法》只是《民法典》的一块“飞地”,虽是离群索居的“游子”,但《民法典》通过总体安排,已使著作权法完成“认祖归宗”程序,实质上成为《民法典》的有机组成部分。

第一,著作权法与传统民法的差异属于量的差异或部分质的

① 知识产权法中广泛存在的人身权的死后延续性、财产权的有限期转让、权利主体与权利的分离等在民法中都属于“另类”规定。知识产权的无形财产特性产生了不同于民法中财产权的一系列法律后果,知识产权在确认、行使、保护、利用上都有其特别之处,民法中财产关系的一般原则难以解决知识产权领域的特殊问题。

区别,著作权法与这些传统的民法组成部分没有根本原则的冲突,它们和而不同。例如,任意性规范和强行性规范在传统民法和著作权法中都存在,传统民法并不是只有任意性规范,如《民法典》中规定的诉讼时效除了属于程序性规范外,还属于强行性规范。

第二,事物往往有多重属性,站在不同的角度观察会得出不同的结论,不是非此即彼,而应看主要矛盾的主要方面,要看事物的本质。著作权虽然受到公共领域公共知识的限制,但它本质上仍然是一种私权,调整私权关系的法律本质上属于私法。

第三,著作权法与民法下属传统的部分在调整对象、基本原则、价值目标、调整方式等方面存在许多共同点。它们有共同的基本原则如公平、平等、等价有偿、诚实信用(公序良俗);有共同的价值目标如公平、正义、效率,以及法的工具性价值(包括法的确认、衡量、分配、保护、认识价值)和法自身的价值(解决纠纷、维护社会关系的稳定、发展一定的社会关系)。在这些方面,著作权法和传统民法的价值目标是相同的。这些共同点决定了它们只能组成"共同体",归在民法部门之下。

第四,随着社会的发展,不仅著作权法在进步,传统的民法也日新月异,著作权法与传统民法在互相磨合中互相适应,事物在只有部分质变没有根本质变以前,还只能"旧瓶装新酒"。

### (二)《民法典》中的总则统摄《著作权法》

习近平总书记指出:"民法典在中国特色社会主义法律体系中具有重要地位,是一部固根本、稳预期、利长远的基础性法律。"[①]

---

① 转引自王利明:《深刻把握民法典的基础性法律地位》,载全国人民代表大会网 2020 年 7 月 28 日,http://www.npc.gov.cn/npc/gcssmfd/202007/ad8288efbb1a4af5977bfcec4d40327a.shtml。

《民法典》是调整著作权法律关系的基础性法律,特别是《民法典》总则编的规范全部适用于调整著作权法律关系。在第三次《著作权法》大修中,提交第十三届全国人大常委会第十七次会议审议的草案一审稿规定,著作权人和与著作权有关的权利人行使权利“不得滥用权利影响作品的正常传播”,并增加滥用著作权或者与著作权有关的权利、扰乱传播秩序的行为的法律责任。许多学者认为,《民法典》规定民事权利不得滥用,作为民法部门的子法没有必要叠床架屋。经反复研究,立法机关采纳了这一意见,最后删除了草案中的相关规定。

### (三)《民法典》分则部分对著作权法的有机衔接与补充

著作权法和民法的其他部分在调整民事法律关系时会有交叉或相通的地方,由于民法理念和基本原则相同,这些不同的法律规则能够互相配合,有机衔接,不会留出法律不予调整的空白地带,不会产生自相矛盾的调整结果。例如,对著作出版合同关系,著作权法和合同法交叉调整,或者说二者调整的关系有重叠之处。

## 三、著作权危机下审视版权制度正当性

### (一)著作权危机

在知识产权制度的发展史上,其在有些国家遭受过冷遇、质疑。有人认为,包括版权制度在内的知识产权制度保护的是强势群体利益垄断,因而对“给天才的创造力之火添加利益之柴薪”的公平性、合理性、正当性存疑。著作权正在逐步失去社会普遍认同的正当性,从而遭遇正当性危机。这种危机是全球性的。“著作权危机”,是指人们对著作权的正当性产生法律信仰危机,进而容忍甚至自觉不自觉地实施侵害著作权行为,加上网络技术对版权制

度的冲击,整个现行版权制度体系面临解体的风险。有的学者甚至认为传统的版权制度已经“寿终正寝”了,或者我们已处于版权战争之中,它随时面临死亡的威胁。这是危言耸听、言过其实,还是真知灼见、千真万确?现在各国的著作权制度还能继续岿然不动吗?

(二)版权制度正当性的含义和意义

在网络时代,有些学者发现出现了“著作权危机”,并在探讨版权制度的替代机制。考察版权制度是否到了生死关头,要看版权制度的基础还是否牢固,著作权和版权制度的正当性是否存在。作者对自己创作的作品为什么享有著作权?这种权利来源正当吗?版权和版权制度的存在具有必然性吗?确认、规范、保护著作权的合理性与必要性在哪里?这些就是著作权和版权制度的正当性问题。其他学者一般称“著作权的正当性”,笔者认为,版权是版权制度的核心内容,著作权的正当性在某种程度上也就是版权制度的正当性,后者外延更大。本书采用后者的说法。

“正当性”是一个法哲学、政治哲学的概念,源于自然法传统,一般是为法律、法治及统治秩序寻求合理性论证,是对观念、行为、制度等事物进行的价值判断。在道德层面,正当性属于伦理价值判断,其标线为是否“合道德性”;在制度层面,正当性则属于规范价值,就是通常所说的“合法性”。

人类社会发展史就是一部“为权利而斗争”的历史。著作权法哲学的核心问题是著作权的正当性。著作权的产生及其权利体系的形成折射出法学理论上权利观念及其理论的演进。因此,对著作权正当性的分析是判断著作权价值以及版权制度设计合理性的重要理论依据。

### (三)"盗版党"主张取消版权制度的理由

"盗版党"(The Pirate Party)是在欧美兴起的,为争取盗版权利并使之合法化的一个组织。最早的"盗版党"在2006年成立于瑞典,其成员大多是年轻的网民,主要关注网络自由下载以及知识产权盾(他们认为知识产权像盾牌一样,阻碍了知识的流通)问题。法国、意大利、德国、西班牙、英国、俄罗斯、美国、加拿大、澳大利亚等40余个国家和地区都相继出现"盗版党"。各国"盗版党"们还进一步联合,成立了盗版国际。其宗旨是从根本上改革甚至取消版权法,推动盗版合法化,确保公民的隐私权。

"盗版党"认为,因为以下原因,要根本改革甚至取消版权制度:

第一,著作权作为一种专有权利,实际上是一种垄断权利,而知识是不能被任何人垄断的。一个在荒岛上孤苦伶仃地生活一生的自然人不可能创造出新知识,知识的本性具有公共性。著作权作为私人专有权利没有正当性。如果没有版权,也没有专利,则更有利于作品的传播。

第二,获取信息是一种人权。为了个人使用的目的,自由获取版权材料的权利,应该得到保护。

第三,如果说原来的版权制度还有其存在的合理性,那么现在的版权制度已经过时,很多企业利用版权限制知识传播,阻碍了很多创造性的工作的开展。所以,"盗版党"最终的目的是发起全球知识产权革命,取消版权制度。

### (四)著作权正当性三种理论简析

用著作权法理论论证著作权的合理性,就是要说明作者通过创作作品为人类提供了新知识,作者对这个独创性个人知识享有精神利益和物质利益。著作权法仍处于发展中,对其正当性的认识也一直在发展。总体说来,著作权法产生的正当性可以归结为精神需要、经济需要和社会需要三方面的原因。在版权制度史上,出现过劳动自然权利学说(可以细分为自然法劳动理论、劳动报酬说、增量说和创造说等)、人格学说(可以细分为康德的主体行为说、雷丁的人格观点、人格权说和自由意志说等)和功利主义学说(可以细分为经济激励理论和社会规划理论)。

这三种理论从某个侧面试图论证著作权的正当性,确实可以成功解释一部分著作权正当性的问题,但都有很大的局限性。

劳动自然权利学说认为,私有观念和财产权根源于自然理性,知识财产的本质在于财富的固有价值是来源于创造。洛克的自然法劳动理论主张一个没有不良后果的财产自然权利,而这牢固地根植于自然法的非损害原则。洛克提出,原始状态下每一个人能够占有自己的劳动产品,只要不会侵犯他人已经占有的物品,那么其他人无权对其通过劳动所占有的物主张权利,但要求其至少在公有领域中为他人留下足够而良好的部分。[①] 包括自然法劳动理论在内的自然权利理论意味着世界上所有国家的著作权制度都应该是一样的,它的期限不应当是有限的,实际上自然权利理论只能说明著作权源自作者的劳动。当代社会的著作权是法定权利,其经济权利是有时间限制的。天赋人权的观点也多遭诟病。这种学说回答的是“谁是所有者”,但没有回答“为何要在对象上设权”的问题。

① 对此,冯晓青教授有过全面深入的介绍和评论。参见冯晓青:《知识产权法哲学》,中国人民公安大学出版社2003年版。

版权基本理论中的人格学说认为,作者是作品的创造者,作品是作者人格的再现,作品与作者具有天然的“血缘”关系。在欧洲,以康德和黑格尔为代表的人格理论被认为是德国、法国等国家的作者权体系的理论基础。康德在1785年发表了《论假冒书籍的非正义性》一文,认为作品是作者个人禀赋的实现,作者权利是内在的人格权利。康德把书的物理载体与书的内容做了区分。书的物理载体,对应的是所有权或物权,而书的内容体现了作者的人格或个性。如果人们在没有得到作者同意的情况下通过翻印将其作品公之于众,就会侵犯作者的人格权。黑格尔则认为,作品体现作者的意志,是内在精神的外化。法国虽承认作品是人格的外化和延伸,但认为著作权包括著作财产权和著作人格权两部分。由于知识产品是人的大脑的产物,人格理论运用到知识产权领域具有其独特的魅力。但这种理论不能证明著作权的边界,它只是为著作权的正当性提供了一些理论基础,而没有说明如何实现这个制度的安排。

功利主义学说在著作权正当性理论中较为盛行,曾获得了普遍的遵从。该学说认为,著作权立法的目的就是鼓励知识创新。为作者创作作品和传播者传播作品提供激励,是著作权法的重要激励机制。经济激励理论的基本观点是,如果不对作品提供足够的保护,创作者就不会有足够的动力从事作品的创作。经济激励理论最典型的体现莫过于1787年的《美国宪法》。该法明确规定:“国会有权力通过赋予作者和发明人在有限时期内对于其作品和发现享有排他性权利的方式来促进科学和实用艺术的进步。”但经济激励理论不能合理地解释以下两点问题:第一,按照这个学说,给作者的回报越多,作者创作的作品就越多。实际情况却不尽然。

有时,给作者过多回报,作者反而会越来越懒惰,养尊处优,结果江郎才尽,创造的作品越来越少。第二,激励作者创作作品被各国视为著作权法的主要立法目的之一,但有的作者创作作品不是为了赚钱,而是出于自娱自乐或其他目的,他人再怎么激励都无济于事。有人说,在科学的殿堂里有三种人,一种人是为了谋取私利,还有一种人是为了满足兴趣,天使把这两种人都从科学的殿堂中赶走了,只留下了第三种人,那就是为了追求真理的人。历史上有很多著名的作家写出不朽的名著,但他们不是受金钱引诱而走进文学殿堂的,有的大文豪一生穷困潦倒,却不曾为五斗米折腰。"不得回报不创造"的法学通说,哲学、心理学并不赞同。物质刺激并不是放之四海而皆准的。亚里士多德早就说过,"渴求知识乃人类的天性"。著作权制度即便能激励创造,也并非唯一的激励手段。诚然,人们创造、追求新知识的激情和灵感本质上是出于一种天性,而不是由经济利益激励出来的。对经济激励理论持反对意见的学者认为,这种理论实际上以自然权利思想作为理论基础,而模糊地主张作者的自然权利将不可避免地产生以减少公共利益为代价而偏向于为作者提供更大的金钱上的回报。

总言之,以上三种学说均存在不能自圆其说之处,特别是在今天,难以仅仅据此解释保护著作权的必要性和合理性。再不厌其烦地用它们来论证著作权的正当性,不能令人服膺。

按照德国学者雷炳德的观点,著作权的正当性,即智力创作成果所产生的无形财产权成为一种特殊的垄断权,有哲学上的、经济上的、文化上的,以及社会方面的理由:第一,智力创作成果是作者人格的表达、智力劳动的结晶。因此,法律应当使作者有权决定是否发表以及如何发表这些成果;而且,还应当使他们有权要求获得由于作品的利用而产生的经济收益。第二,精神财富的创作与传播都需要一定的投资(需要投入时间、劳动、精力以及钱财等)。只要人们想拥有一个丰富多彩的文化生活,就必须保证让这方面的投资有利可图(分摊原则)。若是在不支付适当报酬的情况下使用了无形财产,对投资者来说,他们的行为就是不当地攫取。第三,创作活动为文化的发展做出了贡献。因此,这种创作活动应当得到支持、受到奖励(报酬原则或者资助原则)。第四,智力创作成果的使用把社会上的人们联系起来,并超越了种族、等级以及时代的界限。因此,作品的作者们实际上履行着公共职能。正是由于他们的贡献,社会生活才得到进步。他们履行社会(文化方面的)任务的行为也应当受到嘉奖。①

## 四、版权制度正当性的新探讨

### (一)保护脑力劳动创造的智力成果的正当要求

智力劳动是精神财富的源泉。作品是作者通过智力劳动创造的智力成果,这是毋庸置疑的客观事实。这种智力成果由于具有无形性,所以客观上不能由谁来占有,只能通过设计制度来规定由谁控制。这时就存在一个价值判断的问题。是由作者来控制合理,还是由其他人来控制合理,抑或谁也别控制,任何人想怎么用就怎么用,悉听尊便?显然,作品由非创造者控制毫无道理,剽窃者和盗版者不劳而获,无功受禄,等于抢劫或剥削。作品不受任何人控制,则会使文化生活无序,发生"公地悲剧",所以作品一般只能由作者或其授权的人来控制。这种制度设计对于保护智力劳动创造的智力成果,防止他人剽窃和盗版,激励创作,功不可没。

---

① 参见[德]M.雷炳德:《著作权法》,张恩民译,法律出版社2005年版,第67页。

作品和作者有着天然的“血缘”关系，就像“十月怀胎，一朝分娩”一样，作品是作者的“孩子”。古人云“字如其人”“文如其人”，作品打上了作者的烙印。例如，宋代大文豪苏东坡为人率真，刚正不阿，即使得罪当时的宰相也要为民请命。他把人生的理想、领悟和对朋友的深情全都浸润到他创作的诗词里，无论豪情万丈的豪放词，还是温婉如水的婉约词，都栩栩如生地体现了他的性格，实乃作品如人，人如作品。因此，将作品上的著作权归属于作者，是天经地义的。

### （二）宪法按劳分配原则要求保护作者的著作权

宪法是母法和根本法，著作权法必须贯彻宪法的规定。依法治国首先是依照宪法治理国家。在社会主义初级阶段，坚持按劳分配为主体、多种分配方式并存的分配制度，不是实行劳动产品公有制。按劳分配就是多劳多得，少劳少得，不劳动者不得（最低生活保障是另一个问题）。按照按劳分配的原则，因作品而产生的权利应由作者享有。众所周知，在市场中需要交换的劳动产品，都耗费了人类劳动。劳动者是社会生产劳动的主体，在复杂的生产过程中必须强调人的创造性活动这一本质。坚持人民利益至上，服膺劳动创造价值的真理，就应坚持宪法规定的按劳分配原则，尊重作者的创作活动，依据其创作的作品的价值确认和保护作者应该享有的著作权。

### （三）克服文化生活领域“公地悲剧”的必然要求

作品带有部分公共产品的属性。公共物品会因产权难以界定而被竞争性地过度使用或侵占。如果谁都可以任意使用，必然产生知识产品的“公地悲剧”问题。公地作为一项资源或财产，有许多拥有者,他们中的每一个都有使用权,但没有权利阻止其他人使用,从而造成资源过度使用和枯竭,即为“公地悲剧”。虽然每个社会成员都知道资源将由于无序和过度使用而枯竭,但每个人对阻止事态的继续恶化都感到无能为力,只能听之任之,有的人甚至抱着“及时捞一把”的心态加剧事态的恶化,最后导致整个社会生活秩序的混乱和大家无资源可用。在市场经济条件下,作品可以以商品的方式提供给公众,但人类脑力劳动创造的智力成果总是有限和稀缺的。文化市场必然存在大众日趋高涨的消费需求与作品供给相对稀缺之间的矛盾。版权制度就是在这种稀缺的商品中再进行一次利益分配的制度设计。确认、规范和保护著作权,才能防范文化生活领域的“公地悲剧”,使人类的精神生活健康有序。

### (四)版权制度的利益平衡正义价值彰显其合理性

作品具有私人性与公共性的内部矛盾。每个人的创作都是一个创作链,一方面,每个人的创作都不可避免地要借鉴他人创造的知识,利用文化生活领域的公共知识,知识的丛林中必须划出一块公共林地供大众享用。另一方面,作品作为知识产品,包含作者通过脑力劳动创造的新增的“个人知识”,作者对自己脑力劳动创造的智力成果享有控制、使用、收益和处分的权利,智力成果不是无主财产或纯公共产品。作者和其他权利人至少必须收回创作和智力传播成本。

论证著作权法的合理性,需要阐释在著作权制度下公众获得的利益比没有建立著作权制度的情况下要大。著作权制度与自由使用作品的机制相比,前者虽然限制了作品的传播和利用,但其对创作和传播的激励增加了社会可以利用的作品总量。没有著作权约束的、可以自由免费使用的制度会导致作品的枯竭,产生“无源之水”的困境。没有更多作品的传播和使用,社会的损失显然更大。[①] 著作权因公共利益受到合理使用制度和其他制度的限制,版权制度实际上是作品上权利的一种分配机制或平台,兼顾了著作权人的个人利益与社会公共利益。版权制度作为平衡作者个人利益和社会公共利益的制度设计,不但保障足够多的作品被创作出来、得以传播,而且保证被创作出来和得以传播的作品及其带来的利益可得到公正合理的分配和利用,在保障权利人的应得利益的同时在著作权和邻接权密集的丛林中划出了一块公共领地,让公众能够自由利用或分享。这彰显了版权制度分配正义的价值,证明了著作权制度具有合理性。

如果否认版权制度的正当性,实际上就是否认著作权的私权本质,会使作品完全成为公共产品,成为国家计划分配的产品。

### (五)作品无形性导致在传统民事权利之外另设著作权

在著作权出现以前,社会主体享有的民事权利的客体都是看得见摸得着的。如所有权的客体是物,是有体物;债权的客体是行为,人的行为也是人的肉眼可以观察得到的;继承权的客体是遗产。它们都不是虚无缥缈的东西。但作品却是个“另类”,“腹稿”不用赘述,“腹稿”表达出来成为客观存在后,作品本身仍然是无形的,作品与其物质载体是可以分开的。例如,曲波创作的《林海雪原》小说,作品只有一件,但可以从图书的纸张载体中“走出来”,搬上舞台,拍成电影。载体多种多样,但作品只有一件。因此,对于作品而言,以往的民事权利均无法将其作为客体收入囊中。人类只能另起炉灶,根据作品的无形特点和其与作者的天然联系,以及

① 参见冯晓青:《著作权法的利益平衡理论研究》,载《湖南大学学报(社会科学版)》2008年第6期。

平衡作者利益与公众利益的需要,在民事权利体系中新规定一种权利——著作权。

## 五、著作权制度的替代机制

### (一)学者们提出著作权制度替代机制的背景

第一,传统的著作权正当性的三种学说不能合理诠释著作权和版权制度存在的合理性,使一些学者认为版权制度的理论基础已经崩塌,该考虑另起炉灶了。如李石教授认为,版权理论存在私有权的解释困难、激励机制的囚徒困境和创新活动之价值与意义的错位等问题。从根本上说,知识产权制度将人类社会前进的动力建立在人们“自利行为”的基础上,以“私心”推动“公利”,这使得知识产权制度的理论结构存在重大缺陷。[①]

第二,现行《著作权法》某些具体制度没有与时俱进,带有计划经济时代的烙印,制度本身缺乏合理性。传统的版权制度将著作权的中心设计为复制权,但是在如今的数字环境下,复制权不再独占鳌头,著作财产权已经转换成以传播权为中心。但现行的版权制度对一些新近发生的传播权问题缺乏处理手段。

第三,实践中版权制度的失灵现象进一步证明寻找版权制度的替代品具有现实必要性。有的学者甚至认为,著作权的失灵和异化在著作权制度的演变过程中有着全方位的体现。[②] 一些学者针对目前公共利益有时在某些地方没有得到有效保护的现象追根

---

① 参见李石:《“知识产权制度”的哲学反思》,载《哲学研究》2019 年第 4 期。笔者认为这种观点值得重视,当前的版权制度确有值得改进之处。但笔者对这些学者的某些观点不敢苟同。知识产权制度确认知识产权属于私权,知识技术是重要生产力,知识产权是重要财产权,但并没有蕴含将人类社会前进的动力建立在人们“自利行为”的基础上,以“私心”推动“公利”的理念,此乃对知识产权制度的误解。

② 参见许辉猛:《著作权法基本原理》,知识产权出版社 2011 年版。

溯源,认为是版权制度的设计出了问题。① 个别学者在倒问著作权立法究竟是为谁立法,具体的制度设计到底对谁有利,认为著作权法保护作者利益,激励创作的目的没有实现,得利的不是作者,而是中间商,是大企业。

基于上述理由,部分学者提出了著作权制度的替代机制。

### (二)当代替代著作权制度的两种机制

著作权法激励创作机制如果"失灵",可以用其他机制取而代之。在理论上和各国的实践中,政府资助、奖励制度、加官晋爵、读书做官、授予学位、给予社会荣誉、市场领先时间等,都可能起到激励创作的作用。我国如果没有版权制度,还有没有其他办法激励作者创造更多的作品、丰富人们的文化生活?一些学者认为,依靠"基金激励机制"和"作者津贴机制"能达到目的。

#### 1. 实行"基金激励机制"

基金激励机制,是指国家从税收中拿出一笔钱设立资助创作的公共基金,用于激励作品创作。这种机制的构想不仅在理论上是可行的,而且在实践中被证明是有效的。这种机制的创设理由有如下几点:

第一,作品是属于全人类的知识财富,理应由人们所共享。知识产品的公共性和分享性决定了作者不能对其作品享有"专属权

---

① 笔者认为,发生这些现象的原因是错综复杂的,并不在于我国著作权立法目的出现了偏差,也不是迫于发达国家的压力在著作权立法上"与国际接轨",我国著作权立法是从本国国情出发,根据自己的需要进行的。在实践中政府注重作者利益与公共利益的平衡,作者利益的保护也不存在"过头"的事实。从出版商和创作者之间的关系来看,出版商"店大欺客"一直是常态,作者或权利人滥用权利"客大压店"的案件寥寥无几。在新媒体日益发达的今天,大众接收和发送信息的平台和渠道逐渐智能化、信息化,而资本集团依托雄厚的资本实力和网络技术,对各种平台和渠道形成垄断趋势,这严重影响作品的发表和传播,对作者著作权和公共利益都构成了冲击。这才是问题的症结所在。

利”。基金激励机制将保留创新者的署名权,并以“基金激励”的方式给予创新者适当的经济和名誉回报。

第二,“基金激励机制”能将创新者的个人利益和公共利益有机统一起来,作者个人利益与公共利益相得益彰,二者不会陷入知识产权制度所引发的“囚徒困境”。

第三,“基金激励机制”给作者的经济回报相对稳定。一方面,保证作者的收入不与瞬息万变的市场挂钩(马克思在《资本论》中说过,商品价值的实现是一个惊险的跳跃),作者可以衣食无忧,安心创作;另一方面,作者也不会因创作出作品而一夜暴富,不致因私欲的膨胀而迷失自我。

**2. 实行发放作者津贴的非产权激励机制**

发放作者津贴的非产权激励机制,是指不授予作者著作权,而是提供工资、奖金和精神奖励来促进作品创作。苏联和我国“文革”期间实行的就是这种激励机制。

这两种制度在历史上都发生过作用。但后者是计划经济时代的产物,经历史证明,其带有平均主义的色彩,无论作者是否创作出作品,创作出多少作品,也无论作者创作出什么质量的作品,每个月拿固定的“死工资”,收入稳定,作者因此不关心作品的创作,这种激励机制实际上是不成功的。“基金激励机制”具有积极作用,但只能作为版权制度的补充,完全取代版权制度既不现实亦无必要。著作权的正当性毋庸置疑,版权制度目前尚能满足文化市场对制度的需求。

# 第三章 著作权制度历史演进论

究天人之际，通古今之变。

——司马迁

## 第一节 著作权制度滥觞及其产生条件

### 一、前著作权法时期著作权制度有无之争

#### （一）在法定权利之前或之外是否存在其他形态的权利

中外通说大多认为，在世界上第一部著作权法——英国的《安娜法》问世之前，世界上没有现代意义上的版权制度。一些知识产权法学者将古代存在著作权保护的观点视为“伪命题”，更不赞同古代存在著作权制度的说法。

法学是权利义务之学。“权利”一词的含义十分丰富，仁者见仁，智者见智。对权利本质的理解有资格说、主张说、自由说、利益说、法力说、可能说、规范说、选择说等。笔者认为，人类社会的行为规则并不都是法律规则。只要社会的生存和发展需要一套调整精神产品归属、行使、管理、保护关系的行为规则，人类社会就会依据当时的社会经济文化条件推出一套相应的行为规范体系。在著

作权法问世之前,著作权制度中没有法律规范,不存在著作权法律制度,那时的著作权制度是作为非正式制度的形式存在的,但也有政策等正式制度的成分。

有学者认为,权利是规定或者隐含在法律规范中、实现法律关系中的主体以相对自由的方式获得利益的一种手段。这实际上把权利等同于法定权利。孔庆明教授认为,“不能同意把法当作权利母亲的观点,我们的看法恰恰相反,法是权利呼唤的结果,没有权利就没有法律”①。

法理学界的主流观点认为,权利有多种存在形态,法定权利是从其他形态的权利转化而来的。著名法理学家李步云先生认为,“我们还可以从人权的实现和存在形态这个角度进行区分,把它分为应有权利、法定权利、实有权利”②。应有权利,就是作为人应该拥有的权利,或者“人按其本性应当享受的权利”。法定权利是按照法律规定,公民拥有的权利。实有权利(实然权利)指的是权利主体实际上真正能够享有或者能够获得的权利。

笔者认为,著作权制度不等于著作权法所规定的制度,在前著作权法时代,著作权曾作为自然权利、习惯权利、道德权利、应有权利存在过。

自然权利源于古希腊哲学的自然法理论。本书在上一章论述著作权范畴的两大争议时已经提及。

习惯权利,指的是那些经过长期的、广泛的社会实践所形成的,得到社会公认并由普遍遵守的习惯规则所确认的社会自发性的权利。其显著特征在于它的历时性、民众广泛参与的普遍性、自

① 孔庆明:《马克思主义法理学》,山东大学出版社1990年版,第331页。

② 李步云:《论人权的三种存在形态》,载《法学研究》1991年第4期。

发性与社会认同性。习惯权利的正当性即源于社会主体的普遍承认并长期信守,是人们在长期社会生活过程中形成的或从先前的社会传承下来的。

道德权利(moral rights),通常指由道德体系所赋予的,由相应的义务所保障的主体应得的正当权利。它独立于法律权利而存在,形成批判或确证法律权利的基础。道德权利为确证一个人行为的正当性和要求他人的保护或帮助提供了基础。

“道德权利说”是西方学者在人权存在形态上的主流学说。李步云先生提出“应有权利说”,与之相区别。应有权利就是作为人应该拥有的权利,或者“人按其本性应当享受的权利”。有的学者评价它“以应有权利为基础,先生构建了人权的三种存在形态说,三者之间存在相互转换的关系。该学说已经成为理论界的通说”。①

总言之,在前著作权法时代,存在非法定权利形态的著作权;在著作权法问世之后,也存在非法定权利形态的著作权。

### (二)包括著作权在内的知识产权本质上属于知识财产

在历史的长河中判断著作权制度滥觞于何时,首先应该弄清著作权制度的本质是什么,著作权制度产生的条件是什么。人类社会具备了这些条件,著作权制度的产生就具有了历史必然性。

从哲学的本体论来讲,著作权本质上是作者对作品这种精神产品所享有的精神利益和物质利益。从哲学的认识论来讲,法学界主流的观点认为,著作权是知识产权。知识产权是法定权利,但“知识产权”这个术语是从英文“Intellectual Property”一词翻译过

---

① 陈佑武:《李步云:当代中国人权学科奠基人》,载《人民法治》2022年2月上期。

来的,该词直译为"知识财产"更符合原意。"知识财产"突出实体含义,可以避免望文生义地将其作为法律概念,避免否定前著作权法时代存在原始的版权制度。

如此一来,包括著作权在内的知识产权是知识财产。在著作权法诞生之前是否存在著作权,则是不言而喻的。在前著作权法时代,确实存在著作权。那种"否定说"显然没有从本体论和认识论来分析著作权的本质,而只是从法律解释学的角度循环论证,认为著作权就是法定权利,前著作权法时代没有著作权法,所以在《安娜法》颁布之前没有著作权和著作权制度。

### (三)著作权制度不等于著作权法所规定的制度

笔者认为,如果把著作权制度当成一种法律制度,那古代确实没有著作权制度。但实际上著作权制度是一个社会规则体系。著作权制度,是指人类进入文明社会后要求社会成员共同遵守的,调整著作权归属、行使、转让、管理和保护关系的一套规则体系,这套规则体系包括从作品创作到消费者使用作品中涉及的一系列有关法律法规、政策措施、乡规民约、社会习俗、习惯和传统,以及行业和企业对版权进行管理、运用、维护的规章制度,甚至包括版权观念。这套规则体系在不同的发展阶段具有不同的内容和表现形式。

固守知识产权法定主义的传统思想樊篱是部分知识产权法学者的"习惯偏好"。按照俄国心理学家巴甫洛夫学的动力定型理论,人们长期生活、劳动,反复重演某种活动,会逐渐在大脑皮质高级神经系统中建立起巩固的条件反射活动模式,其外在表现即为动作习惯。动力定型下完成的各种活动带有明显的因循守旧、重复性的特点。真理越辩越明,学术观点本来应该百家争鸣,允许不同的观点进行交锋。如果先入为主,将不同的学术观点统统视为“异端邪说”而拒之门外,则会形成僵化的思维定式和封闭的理论体系。

## 二、著作权制度产生的条件

### (一)技术条件

有人认为,没有传播,就没有著作权。作品也是一种信息,需要传播技术。特定时代的著作权制度需要特定的技术基础,如手抄、印刷与造纸术、电讯技术、计算机与网络技术。原始著作权制度产生的技术前提条件是手抄技术和雕版印刷术。

随着生产力的发展,出现了剩余产品,出现了私有制和私有观念,但生产力处于相对低下和落后的状态,作品的传播技术非常原始,作品主要依靠手抄传播,出版业在社会上没有形成独立的产业。笔者认为,“版权制度乃出版业之子”的说法是不确切的,在出版业形成独立的产业以前,原始的版权制度就存在。

### (二)经济条件

著作权制度产生的经济条件是作品作为商品进入流通领域,出现了一定规模的图书市场,著作权正式制度即以法律形式表现出来的著作权制度,产生的经济条件则是社会上出现了比较成熟的商品经济。作者创作作品,如果纯粹是为了自娱自乐,不需要通过市场实现其价值,那就不存在建立著作权制度的客观需要。我国春秋以前,著书立说是政府巫师、官员的职务行为,作品归属于国君,没有私人著作,图书不得在民间和市场上流通,所以春秋以前连原始的版权制度也没有产生。春秋以后,诸子百家开始撰写私人著作,图书逐步进入流通领域,西汉惠帝四年(公元前 192 年)

“除挟书令”。随着造纸术、印刷术的相继广泛应用,图书市场规模日益扩大,图书生产成本大大降低,出版商从事图书出版所获得的利润越来越高,导致作者和出版商之间在如何分配图书利润问题上产生了矛盾和冲突。盗版活动日益猖獗,又导致了作者、出版者与盗印者之间经济利益的冲突。因而社会需要著作权制度来定分止争。

(三)文化条件

随着时代发展,社会上出现了专门从事精神生产的知识阶层,随着文字的发明和人类知识的积累,知识阶层具有了从事创作的知识底蕴。社会上出现从事精神产品创作的专职作家或业余作家,能够提供数量较多的文学艺术作品,随着社会文化水平的提高和社会教育一定程度的普及,出现书坊、书肆等文化产业的雏形。

(四)思想条件

思想条件包括思维能力条件和确权维权意识条件。思维能力条件,是指社会成员已经区分作品和作品载体,认识到了作品所蕴含的无形财产权的价值和无限可分性,从而产生从所有权制度中另辟蹊径建立著作权制度的规则意识。确权维权意识条件,是指作者直面剽窃者和盗版者的侵权行为,产生了通过建章立制来确认和维护作者精神利益和物质利益的群体意识,作者层产生的著作权观念日益强烈,作者群出现强烈的著作权保护意识,能够在行动上积极呼吁和要求国家保护作者的正当权益。[①] 有的学者将这个条件称为“人权观念的兴起”。

---

① 参见郭凯峰:《中国特许出版权和著作权制度的历史变迁(唐宋至清末时期)》,载刘春田主编:《中国知识产权评论》(第2卷),商务印书馆2006年版。

## 第二节　四代版权制度的历史沿革

笔者认为,人类社会出现过四次信息传播技术大革命,相应地依次产生了手抄传播和自然权利时代的原始版权制度、印刷传播和出版邻接权时代的出版特许版权制度、电讯传播和法定作者权时代的传统版权制度、网络传播及作者权与传播邻接权并重时代的后现代版权制度。

著作权制度的历史演进是一个既有连续性也有断裂性的过程。后来的版权制度形态都以原先版权制度形态为基础,并且包含着原先版权制度形态的有关内容,当然也有扬弃的,不是全部继承下来。例如,在后现代版权制度中,原来的手抄技术、印刷技术、电讯技术都存在于技术基础之上。传统版权制度中保留着出版特许版权制度中的著作权权项和出版者邻接权,但扬弃了出版者的特许权。

制度具有滞后性,版权制度并不是亦步亦趋地跟随传播技术。版权制度的历史沿革大致折射出传播技术发展的历史轨迹,但版权制度的升级换代与传播技术的变革不存在一一对应关系。例如,传统的版权制度以法定的作者权为核心构建权利体系,但它是在传播技术仍然为印刷技术时代产生的,世界上第一部以作者权为核心的著作权法——英国《安娜法》制定的技术基础还不是电讯传播技术。随着美国人莫尔斯于 1844 年发明电报、爱迪生于 1877 年发明留声机、法国人马瑞于 1882 年发明摄影机,以及随之而来的电影、广播、电视,人类信息传播才进入电讯传播时代。传统版权制度在这些传播技术出现较长时间后才做了相应修改。

没有传播就没有著作权,在版权制度中作者权与传播者权始终交织在一起,相伴随行,不离不弃。因此,考察各个时代的版权制度,应该兼顾作者权和传播邻接权。

## 一、手抄传播时代的原始版权制度

### (一)存续期间

原始版权制度大致从进入阶级社会并出现私人作品的时候开始,到活字印刷大规模采用之时止。在我国,从春秋诸子百家撰写私人著作并在社会上公开传播开始,到宋代以前,处于这一阶段。春秋以前,我国没有私人作品,在精神产品生产领域不会出现著作权这样的私权观念。

抄本,专指以手工抄写而成的书籍或文章。人们将文字抄于竹简、木板或缣帛上。大致自汉末至北宋初年,近千年的时间,文字作品大都是以纸抄本的方式在社会上流通。

进入文明社会以后,在文学作品产生之前,就有绘画、雕塑作品的创作活动了。随着财产私有观念和私有制的产生,特别是私人作品的产生,出现了自然权利意义上的版权,但这时作品的版权与作品载体的所有权结合在一起。由于人类的抽象思维能力还不够发达,作为精神产品的作品的"所有权"这一概念在印刷术发明以前的几百年间在一定程度上以"文学产权"的思想存在着。西汉的司马相如就曾将自己写的《长门赋》卖给被汉武帝打入冷宫的皇后陈阿娇,唐代的大文学家韩愈也曾因过多地为他人撰写碑文墓志铭收取"润笔费"而备受后人责难。

## (二)原始版权制度的技术背景

在这个历史阶段,不同时期有不同质料的载体,大致经历了从沉重的石头、泥土逐步向较轻的龟甲、兽骨、木板、竹简和软绵、便携的羊皮、绢帛、纸张的转变。

早期,古巴比伦人用泥版[①]作为作品载体,古埃及人用纸草,古印度人用贝叶,古希腊人用羊羔皮,古俄罗斯人用桦树皮,中国人用石块和甲骨。这些都是就地取材,利用天然材料,那时没有制作过专用的文字载体。

中期,各国利用加工过的自然物作为作品载体,质料一般笨重且价格不菲。如我国利用陶器、玉器、青铜器等,创造出了“甲骨卜辞”和“金石文本”。但它们有一个共同的缺点:不易复制,不易递运,故很难成“书”,难以跨时空阅读、使用。我国在殷商时期,人们才把文字刻在竹简或木简上,并把许多简编串在一起,称为“策”或“册”,这就是简册书籍。周朝时期,丝织品被用作书写材料,所以古人说:“著于竹帛,谓之书。”

后期,各国普遍以纸张作为作品的物质载体。相传,中国东汉时代的蔡伦改良了造纸术,造纸术被称为中国古代四大发明之一,是促进人类文化传播的重大发明。造纸术的发明使作品的产生和固定变得容易,使作品传播速度更便捷,传播成本更低,它促进了纸质书的出现。

---

① 大约成书为公元前3000年的《苏鲁巴克箴言》的物质载体就是泥板。这本书是迄今为止最古老的已知文献著作之一,讲述了一位神秘的苏美尔国王的故事,其实是我们耳熟能详的典型大洪水情节。

在我国古代,大致依次出现甲骨、金石、简牍[①]、缣帛、纸张五大类载体。

这一历史时期,作品传播技术主要是手抄技术[②]、雕版技术。在我国,早期的作品要用刀之类的工具刻在甲骨上,用浇注等技术定型在青铜器上。中期的作品,西周末年改用毛笔写在竹简与缣帛上。

在出现并采用雕版技术以前,作品的传播采用的一直是"手抄"技术。后期采用了雕版技术。雕版技术是在版料上雕刻图文进行印刷的技术,始于隋代,盛行于唐代。后唐明宗长兴三年(932年),在宰相冯道的倡议下,朝廷决定由当时国家最高学府国子监派人校定、刊刻九部经书,一共花费了20年时间。这是中国历史上第一次利用雕版印刷术大规模刊印儒家经典。

唐朝中后期,雕版印刷术广泛用于印制书籍、佛教图像以及历书。"唐朝诗人元植在为白居易的诗集《白氏长庆集》所作的序文里说,他和白居易的诗作在元和与长庆年间,就曾被人擅自刻印然后拿到市上售卖以换取酒茶。可见当时雕版技术的应用已经扩大到普通百姓喜好的诗了。9世纪时,我国雕版印刷术的使用已相当普遍了,唐朝后期全国形成了成都、长安、扬州、苏州、杭州等几个印刷业较发达的中心。"[③]

这个时期作品通过口耳相传、亲朋赠送、书坊卖书、图书邮寄

---

① 我国周秦两汉魏晋期间,作品的物质载体就是这种简牍。人们剖开竹子,削成轻巧细长的竹片来写书。竹简(或木简)作为专用文字载体,是中国也是世界书籍制度史上的一项重要首创。它廉价便宜,可以批量复制,可以传输,可以储存,传世至今的上古经典文本,原本都出自"简书"。

② 汉朝时,曾经出现专门以抄写书籍谋求生计的打工人——"佣书"。

③ 郭凯峰:《中国特许出版权和著作权制度的历史变迁(唐宋至清末时期)》,载刘春田主编:《中国知识产权评论》(第2卷),商务印书馆2006年版。

等方式传播。我国周朝有“采诗”这种特殊的作品传播方式。《汉书·食货志》载:“孟春之月,群居者将散,行人振木铎徇于路以采诗,献之太师,比其音律,以闻于天子。”《小雅》《国风》中的民歌应该是通过这种采诗方式收集起来的。通过官府大规模有目的地采集,才能汇编民歌。

(三)原始版权制度的构成与内容

**1.原始版权制度的构成**

这一阶段国家层面没有著作权法。[①] 原始版权制度由有关版权的意识、道德规范[②]、习俗[③]、书坊的一些管理制度等构成。

这段时间里,从作者和传播主体来讲出现了三类作品,第一类,官方的作品,如国王将自己的敕令刻在石板上,官方将法律写在泥版上,我国汉代官方曾把四书五经等刻在石板上供人学习、比对。[④] 这类官方作品不是私人作品。第二类,个人写的私下送给亲朋好友的作品。第三类,商业出版者出版发行的作品。后两类都是私有性质的,产生了最早的版权观念和自然权利意义上的版权。

从历史上看,人类在很早以前就存在保护作品的观念。我国古代的《礼记·曲礼上》曾有“毋剿说,毋雷同”之说。“古罗马讽刺

---

① 中国古代儒家主张“君子喻于义,小人喻于利”,使知识分子自命清高,耻于谈利,在这种思想背景下,著作权意识难以从自然权利意识发展为法定权利意识。

② 中国古代的“礼”作为道德规范,是调整人与人之间的各种社会关系和权利义务的规范和准则。礼既是立法和司法的指导思想,又是人们日常生活的行为准则,“无礼不动,无节不作”(《礼记·仲尼燕居》)。所谓“夫礼,天之经也,地之义也,民之行也。天地之经,而民实之”,大意是:礼就是天经地义的行为准则,也就是老天规定的原则,大地施行的正理,是百姓行动的准则,不能改变,不容怀疑。参见《左传·昭公二十五年》。

③ 原始版权制度中存在有关的习俗。如文人将自己的美术作品或文章赠送给朋友,受赠者按照习俗一般要给予感谢和经济回报。

④ 如汉朝的兰台就是官方图书编纂出版机构,它们出版的作品就属于正版了。但由于出版技术并不发达,官方还会把经典书籍刻在石碑上。比如《论语》等7部经典书籍,就被官方刻于46块石碑之上,供人抄写、拓印和作为标准文本进行校对。

诗人马休尔视其著作如子女,凡剽窃其著作者,则喻为绑架者”[①],但由于古代没有著作权法制度,人们对于剽窃行为只能追究道德责任,给以舆论谴责和私力救济。在我国古代,对作品的保护也大抵如此。唐代柳宗元《辩文子》中的“其浑而类者少,窃取他书以合之者多,凡孟管辈数家,皆见剽窃”,正是对春秋时期剽窃猖獗的辛辣批判。

**2. 原始版权制度的内容**

第一,原始版权制度中的著作权属于自然权利,不是法定权利。作品作为与物质产品对应的智力劳动产品,产生以后事实上存在由谁掌控、收益的问题,人类需要相应的制度来调整社会成员之间因此产生的利益分配等关系,从观念、习俗、道德规范、管理制度等方面来定分止争。但是,由于作者群体太小,作品数量不多,因作品归属和使用产生的纠纷尚不需要法律来解决。法律是对某种普遍存在的社会关系进行规范性调整的工具,是一般指引,个别人的权利保护不会催生立法需求。所以在原始版权制度中,著作权法还没有形成萌芽态势。[②]

第二,作品种类主要有口头作品、文字作品、音乐作品、戏剧作品、美术作品以及汇编作品。

第三,作者对自己的作品享有发表权、署名权、复制权(对抗剽窃和盗版)、展览权、表演权以及获得报酬的权利[③]。这些自然权利

① [美]理查德·波斯纳:《论剽窃》,沈明译,北京大学出版社 2010 年版,第 23 页。

② 原始版权制度没有法律成分有其思想原因。《老子》曾云:“见素抱朴,少私寡欲,绝学无忧”,可以说是无为思想在文化领域中的最根本的体现。而所谓“罪莫大于多欲”(《老子·四十六章》),则更将人们的物质和精神追求上升到犯罪的地步,使之陷入不能为,或想为而不敢为的境地。正是在这种“无为”思想的束缚下,在这一时期,古代知识分子唯唯诺诺,缺乏独立的人格,清心寡欲,不敢创新,在创作形式上抱残守缺,更不可能产生文学产权的要求。

③ 相传,在古希腊和古罗马时期,智力劳动已同经济利益产生了某种联系。毕达哥拉斯、西塞罗等人都曾从自己的演讲或写作中获取报酬。

如果被侵犯,不能依靠官府的公权力来救济,只能通过社会舆论、习俗和侵权者的良心谴责等道德的力量来救济[①]。

**3. 关于原始版权制度中的著作人身权的注意事项**

第一,匿名作品。先秦作者大多没有在自己的作品上署名[②],"老子修道德,其学以自隐无名为务"[③]。《吕氏春秋》是我国历史上第一部明确署有主编名字的著作。吕不韦署上自己的名字说明其有版权意识。吕不韦开创了在著作上署名之先河,是历史的一大进步。当然,按照现代著作权法的规定,不署名也是行使署名权的方式之一。

第二,署假名现象。中国古代作者在所谓"伪书"中署假名的行为是否属于行使署名权的行为,值得深入研究。"伪书"是中国古代的一个独特现象,书的内容与作者及其生活的年代不符。在伪书中,作者不署自己的名字,而是署上古代先贤的名字。[④] 按照传统民法理论,这属于侵犯他人姓名权的行为。但按照著作权法

---

① 据《英国不列颠百科全书》记载,"剽窃"一词是公元 1 世纪由古罗马著名讽刺诗人马歇尔创造的。他有一个警句,把自己的诗词比作解放的奴隶,而把将他的诗句据为己作的对手称为骗子。这一时期,虽然人们已经意识到作者的权益问题,但文学盗窃行为只是受到道义上的谴责。

② 记录中国历史的最早的书为《尚书》(意思是"上古之书"),其写作和编辑年代、作者已很难确定,《尚书》没有署作者的名字。周朝存在让公卿列士(贵族官吏和士大夫)献诗的制度和采诗制度。运用诗歌互相讽谏或赞颂,表达对政治的评价。《大雅》《小雅》《国风》的政治美刺诗可能就是他们写的。这些作品都没有署作者名字。这种现象除了表明当时学在官府,作品归国君所有外,还反映了我国古人著作权意识淡薄,他们视学术为天下之公,非为一人之私有的态度,说明古代知识分子已经认识到作品中既有作者自己增加的新知识,也有前人提供的已经进入公共领域的知识。

③ 《史记·老子韩非列传》。

④ 例如,《黄帝内经》署名为黄帝,《黄帝内经》却是战国时代的作品。《周礼》是儒家经典十三经之一,"周"指周公旦,但关于《周礼》的作者及其年代,历代学者曾长期争论,大致有西周说、春秋说、战国说、秦汉之际说、汉初说、王莽伪作说 6 种说法。所有先秦文献都没有提到《周礼》一书。《周礼》虽然保存有大量西周史料,但其实不是西周的作品,更非周公所作。另外,《列子》是中国古代先秦思想文化史上著名的典籍,属于诸子学派著作,是一部智慧之书,它又名《冲虚真经》,相传为战国列御寇所著,其实《列子》当为魏晋时期的作品。

理论,作者的署名权包括作者可以在自己的作品上署真名、假名或匿名的权利,这种署假名的行为属于行使署名权的行为。

**4. 关于原始版权制度中的著作财产权的注意事项**

第一,这个历史时期的著作财产权基本上是稿酬权,并不是以复制权为中心。

第二,作者对自己的作品享有的获取稿酬权并没有成文的规定,而是一种习俗。

《长门赋》是汉代文学家司马相如受汉武帝失宠皇后陈阿娇的委托而作的一篇骚体赋,最早见于南朝梁萧统编著的《昭明文选》。① 陈阿娇在失宠后试图东山再起,为此命一个心腹内监,携了黄金百斤,邀请当时最著名的文学大家司马相如,为其作一首《长门赋》来表达自己内心的凄苦。大文豪司马相如果然不负所望,写出流传千古的《长门赋》。《长门赋》把陈阿娇在长门宫中的孤苦悲怆,盼望帝王回心转意的殷切之情,抒发得淋漓尽致。但文人妙笔生花,诗写得再好,还是打动不了汉武帝的心,陈阿娇 26 岁长辞于长门宫。

---

① 《长门赋》的写作历史背景如下:汉景帝的姐姐刘嫖是窦太后的掌上明珠,人称长公主。长公主刘嫖有个宝贝女儿陈阿娇。最开始的时候,刘嫖想把女儿嫁给当时的太子刘荣(汉武帝哥哥),但太子的母亲栗姬断然拒绝这门亲事。长公主一怒之下,立马设计让 4 岁的刘彻(后来的汉武帝)答应将来与陈阿娇成婚,并得到了汉景帝的首肯。在长公主刘嫖全力帮助下,刘彻非常顺利地取代了刘荣,当上了大汉朝的太子。这就是"金屋藏娇"的典故由来。公元前 141 年,太子刘彻即位登基,陈阿娇也成了陈皇后。然而婚后十余年却无一子。"母以子为贵",为了能生一个孩子,陈阿娇求医看病花钱达九千余万铢,但最终并未解决问题。在这长久的焦虑之下,陈皇后不再是天姿国色,几乎成了"黄脸婆"。这时,汉武帝的姐姐平阳公主受姑姑长公主的启发,设计将自己搜罗的歌女卫子夫送给了汉武帝。卫子夫不久就为武帝生了长子刘据(6 年后被立为太子)。一人得道,鸡犬升天,卫子夫的弟弟卫青、外甥霍去病也因此飞黄腾达,在抗击匈奴的战争中立下了卓越功劳。为了稳固自己的地位,陈皇后到处求医问药无效,气愤悲伤至极乃至寻死多次,后来更是求助于巫蛊之术,闹得满城风雨。"巫蛊事件"事发后,汉武帝派张汤"治皇后巫蛊狱"。陈阿娇遂被打入冷宫长门宫,从此过起了孤独凄凉的生活。

《长门赋》是一篇“委托作品”，由于没有约定，所以作品的著作权属于司马相如。虽然当时国家没有成文的稿酬规定，但是按惯例司马相如享有收取“润笔费”的著作财产权。鉴于司马相如在当时文学界崇高的学术地位和知名度，《长门赋》的稿酬是史无前例的。“百斤黄金”可能是一个夸张的历史传说，但司马相如因写作《长门赋》收取了巨额稿费却是不争的事实，这种一文千金的现象正是“书中自有黄金屋”的真实写照。

### （四）中国先秦以前作品署名罕见的原因

在春秋以前，书籍不向公众传播（作品不在社会上传播就不可能成为商品，也不会产生作品传播者邻接权）；作者不署名（作者创作不是事实行为或私人行为，这时的精神产品归国君所有，作者不能署名，自然没有署名权）。鉴于作品无论在名义上还是在事实上都代表官府公家，并不代表作者自己，在此情况下的作者，头脑里不可能萌生在作品上署自己姓名的想法和要求，署名权观念无从产生。因此，春秋以前的典籍，如《诗》、《书》、《礼》、《易》、《春秋》及一些科技书籍等，均没有作者署名。后世多不知作者是谁，于是传注家“拉大旗作虎皮”，托之于尧、舜、文王、武王、周公等大人物的名下。

### （五）原始版权制度特点浅析

第一，整体上处于启蒙、初始状态。与现在版权制度比较，原始版权制度明显残缺不全，如作品分类是初始的，著作权权项太少，保护规则难见踪影，传播者书坊的复制权与作者权的关系尚不明确。

第二，作品与载体没有区别对待。作者权利受到侵犯，只能按照侵犯作品载体的所有权行为来处理。原因如下:一方面,金石、缣帛价格昂贵,作品的价值无法估量,当时人们对知识也不是很重视,人们关注的是满足日常物质生活资料的价格;另一方面,那时的人们抽象思维能力较低,对于无形作品难以理解,不善于区分作品和作品载体。

第三,总体上人身权重于财产权,不是以复制权为核心。手工技术时代书籍的复制只能依靠手抄,费用高昂,数量有限,复制费时费力费资金,几乎无经济利益可图,加上传播技术和方式落后,作品传播不易,作者关心的是如何将自己的作品更快地推向社会,人们创作更多出于兴趣爱好或扬名卖文,古人写书往往表面上不图名不图利,只图做官,实际上图名利双收,因为当了官就可以光宗耀祖,官禄就是货真价实的物质利益。当然,作者的稿酬也并不罕见,但我国古代社会的文学家们创作的目的往往不是获利,至少不是为了直接获取经济利益。

第四,出现了出版邻接权制度的萌芽。如上所述,当时,对作品进行复制传播的主体有三种:一是作者及其家人和门生故吏;二是官府出版机构;三是具有商业性质的书坊。

在夏商周三代,"学在官府",官宦贵族子弟们在官府学习,作品的传播空间受到很大限制。春秋末年,血缘氏族解体,孔子兴起私学,私著也大量涌现。秦国从商鞅变法开始直到统一天下,在民间根本看不到诸子著作和六国史书,允许流传的只是占卜、农业一类的书,这些学问也基本都是家传,并没有书店的存在。直到汉惠帝时期废除秦朝《挟书令》,私藏和流通图书才被许可,作品的传播才变得容易。西汉出现了专门传播作品的私营商业机构——书坊。书坊印刷并出售书籍,兼有今天出版社和书店的功能,作为商业性出版机构享有出版邻接权(性质也属于自然权利)。当然,书坊出版邻接权与作者著作权的关系和现在出版者邻接权与作者著作权的关系不能等量齐观,书坊的出版邻接权受作者著作权的限制较少。

## 二、印刷传播时代的出版特许版权制度

### (一)产生原因与存续期间

#### 1. 出版特许版权制度产生原因

第一,经济的发展为版权保护提供了坚实的物质基础,印刷业的繁荣是版权保护的技术前提①。无论在我国还是西欧,早期的印刷业是一个"资金密集"型行业,铸造活字、排版印刷、纸张油墨、发行销售等各个环节都依赖资本投入,而作品出版的经济收益低且风险大。因此,印刷商急需一种垄断权利来保障投资、规避风险,这一垄断权即统治者颁发的印刷特许权。在这一历史阶段,作品载体主要是纸张,传播技术主要是造纸术和印刷技术。印刷术的发明将人们从繁重的抄写劳动中解放出来。

一般认为,现代意义上的著作权观念是随着印刷术的采用而出现的。一是随着活字印刷术的出现,书的成本和价格低了下来,读书的人越来越多,出版成了一个利润颇为可观的行业;二是大量地复制和传播,是著作权中其他经济权利产生的基础,从而出现出版商请求官方给予特别保护的现象。在欧洲,印刷术的推广正值文艺复兴的高潮,出版业将对古典的出版作为重点。出版商们在

---

① 北宋庆历年间(1041~1048年),毕昇用胶泥做成活字,发明了活字印刷术。400年后,明朝中期,我国出现铜活字印刷。元朝后期,我国的印刷术连同其他发明随着蒙古军队传向西方。许多年后,德国铁匠古登堡在此基础上经过20多年的摸索和钻研,发明了铅活字和手压印制设备,于1456年首次印成了42行本的《圣经》。

对古典的发现和原本的整理征订上投入了巨额资金,并且面临出版物滞销的风险。要回收成本并赚取出版利润,就必须制止别人擅自复制作品,由此产生了在整个欧洲存在了长达300多年的出版特许权制度。

第二,文化市场上的盗版行为促使保护版权观念的形成。刻印书籍的刻印费比抄写费低廉得多,图书出版成了有利可图的行业,盗版者趋之若鹜。盗版行为侵害了作者和出版者的利益,激起了作者及出版者保护自己利益的意识。盗版本身可以说是催生版权保护的直接诱因。朱熹在《论语集注》中说:"盖某十年前本,为朋友间传去,乡人遂不告而刊,及知觉,则已分裂四出,而不可收矣。"名人的著作被盗版时,名人利用身边的公权力关系保护私人作品,打击盗版,推动了版权观念的形成与发展。

第三,封建专制制度为出版商获得出版特许权提供了制度支撑。出版特许权不是来自作者的著作权,而是官授之权,是假公济私,公权私用。我国宋代的出版特许权和西欧的出版特许权都发生在封建社会,其他社会里没有出现过这种官方授予的出版特许权,说明这种特许权与封建专制制度有着必然联系。

**2. 出版特许版权制度的存续时间**

这一版权制度在我国的存续时间大致为从宋代毕昇发明活字印刷术开始到1910年《大清著作权律》颁行之前。

西方出版特许版权制度大约从古登堡发明了铅活字到1709年《安娜法》颁布为止。关于其到底滥觞于何时何地,有两种说法,一种说法认为,首次授予出版业者特权是在1486年的梵蒂冈,当时,梵蒂冈在欧洲印刷出版界占有重要地位,出版特权制度便从这里一直蔓延到整个欧洲。另一种说法认为,是15世纪末威尼斯共和国首次颁给冯·施贝叶在威尼斯城市国家印刷所有书籍权5年。这被认为是西方第一个由政府颁发的保护翻印权(copy right)的特许令。值得注意的是,作品审查的思想在13世纪就已经出现,特别是1517年宗教革命以后,作品在发表前必须提交国家审查,国家经常对印刷物进行监视。作品审查制度和出版特许权制度是结合在一起的。

(二)制度构成与内容

西方的出版特许版权制度主要由有关出版和版权方面的法律和行政命令,以及出版行业协会的一些管理制度构成。出版特许版权制度的主要内容,是对取得特权的作品,禁止被授予有特权以外的人在一定时期内印刷和出版,对擅自复制的采取罚款和没收等办法,另外,出版特许权的主体享有赔偿损失申请权。

当时,中国的版权制度是由版权意识、作为自然权利或道德权利的版权、官员个别性的保护令等构成的。宋代开始,我国已经在作品的生产与传播中产生了比较显著的版权观念及相对成型的版权保护规范。《书林清话》中写到“翻板有禁例始于宋人”。南宋《东都事略》记载“眉山程舍人宅刊行,已申上司,不许覆板”。宋代有过少许对民事权利(现代意义版权)的保护,出现了通过行政命令禁止他人翻印印刷物的记载,但是宋代的版权制度中仍然没有著作权法。这时的著作权仍然属于自然权利。

(三)出版特许版权制度的特点

第一,这种版权制度中作者的著作权地位卑微,作者的著作权只是基于自然法理论而享有发表权和将作品原件(原稿)出卖给书商,独占鳌头的是传播者的著作邻接权。

在我国,到了宋朝,作为出版者的书坊已经有明确的出版邻接权意识,他们在出版图书的时候,会顺便添加一个“牌记”,出版物最后面都会加一句“国子监申报,不得翻版”的告示,以此谋求自身的版权保护。宋代对版权的保护主要是通过行政手段来进行的。北宋对国子监《九经》“出版权”的保护,就是以禁令形式保护刻印出版者,性质并非私权保护,与欧洲君主特赐予出版商的翻印特权相似。邻接权保护大多依靠官府的行政庇护,而且这类保护并非统一,它有着局部性、个别性、区域性的特征。

另外,封建统治者历来重视从意识形态方面加强对臣民的思想控制,书报审查制度与版权制度历来交织在一起。宋代的国子监代表朝廷对图书出版物进行审查;明清两代的“文字狱”触目惊心,清代朝廷对于出版的控制尤为突出,为了禁止反清复明思想的传播,康熙年间出现了明史案、南山集案等文字狱。

在西方,这种版权制度以保护出版商的复制(印刷)专有权为主。我国的活字印刷术流传到西方后,罗马教皇、法国、英国都先后为出版商颁发过禁止他人随便翻印其书籍的特许令。随着印刷技术的普及,出版商的印刷出版特权在政府的法令下盛极一时。当时以送存作品样品为颁布特许权的条件,后来为英国、美国等国著作权法制所承袭。

在欧洲中世纪,出版特许制是欧洲封建专制国家16~18世纪实行的一种出版制度。显然,特许权制度也在某种程度上提供了对于作品的保护——其他没有获得特许令的出版商不得擅自复制和发行相关的图书。1530年,英王亨利八世特许托马斯·希顿售卖《圣经》,从此开始了出版特许制度的历史。该制度在英国发展得比较完善,[①]以后欧洲大陆各国也以各种略有差异的方式实行。

法国于1470年由德国引进了印刷业。在宗教战争以后的法国,审查制度也特别严格,它的执行是委托经过宣誓的巴黎的书商行会进行的。行会成员是取得特权从事出版业的人,他们实际上是出版特权的垄断者。16世纪末,出现“出版事业组合”,正式建立起特许出版制度。法国出版特许权制度始终得到王权的强有力地庇护。进入18世纪后,为了与地方出版者相对抗,巴黎的出版者开始主张由出版特权产生的出版的垄断性保护,出版特权不应由国王授予,而本来就应该根据拥有排他性的作者的精神所有权的转让而取得。这种主张隐含着作者权利的意识,进而发展到作者自己出版时可以承认其永久的出版特权。法国封建的出版特许版权制度在法国大革命中与封建王朝一起崩溃,出版商的出版特许权退出了历史舞台,剩下的只有作者对自己的作品存在权利的观念,作者权观念深入人心,产生了运用法律予以确认和保护的需求。[②]

德国出版特许版权制度创立于17世纪初。1628年,斐迪南二世发布命令,规定由一位公爵来管理授予出版特许权一事。当时,社会各阶层对作品内在的作者的精神财富普遍缺乏认识。但是,文艺复兴时期,随着人权思想的兴起,作者的权利意识开始觉醒,17

① 15世纪中后期,印刷术传入英国后,印刷品的不断出版和扩大发行,使封建王朝惴惴不安。亨利八世下令管制出版业,1538年,皇家特许出版制度正式建立,规定所有出版物均须经过特许,否则禁止出版。1557年,玛丽女王下令成立皇家特许出版公司,规定只有经过女王特许的印刷商才能成为公司的会员,只有公司会员和其他特许者才能从事印刷出版。1586年,伊丽莎白女王颁布皇家出版法令,该法令规定:一切印刷品均需送皇家出版公司登记;除教会允许者外,不再允许出版商申请登记;印刷任何刊物均需事前请求许可;皇家特许出版公司对非法秘密出版物,有搜索、扣押、没收及逮捕嫌疑犯的权利。至1694年,英国的特许出版制度才被最终废除。

② 参见阿部浩二:《各国著作权法的异同及其原因》,朱根全译,载《环球法律评论》1992年第1期。

世纪末作者对作品的精神权利开始得到承认。由于当时诸侯分立割据,出版商被官方授予的出版特许权的行使未能畅通无阻,特别是经过30年战争后,由皇帝授予的出版特许权效力日趋式微。因此,出版业者又试图以自然法思想为基础,给出版所有权说赋予更新的理论,便出现了作者精神所有权说。

意大利在1645年建立起出版特许版权制度。

1709年,在封建的出版特许版权制度普遍处于风雨飘摇之中的时代背景下,各大印刷商认识到,如果赋予作者某种权利,对于维护其自己的权利也是非常有利的。于是,在英国,各大印刷商和作者化敌为友,携手合作。议会在1709年通过了一部以保护作者利益为核心的法律,即前文已有论述的《安娜法》,又称《安娜女王法》。世界历史上第一部保护作者权利的法律破土而出。

第二,出版邻接权出现了异化,它虽然以作者创作出作品为前提,但不是直接源于作者的著作权,其性质不是基于作品产生的私权,而是官方授予出版商的封建特权。有的学者认为,与其说它是著作权或作品传播者权,倒不如说它是封建统治者对出版发行的管理权。

第三,作者权性质由自然权利向法定权利转变。在西欧,由于国家颁布的一些保护出版商特许出版权的法令间接保护了作者的利益,使作者的权利有了一些间接的法律依据。在我国宋代,对于私人出版物,采取"附牌记,发榜文,立公据"的措施,以官府的行政命令和国家最高版权管理机关(国子监)的行政管理制度对作者权利进行保护,使著作权的性质开始发生部分质变,著作权不再是纯自然权利。

第四,作者享有发表权、署名权、展览权、表演权、汇编权,主要是获得报酬的经济权利。出版商在图书中尊重作者的署名权,不会冒名顶替。作者享有报酬权。如我国明代著名小说家许仲琳写下了长篇玄幻小说《封神演义》,就拿到了不菲的稿酬。

第五,版权制度与出版管理制度交织在一起,难舍难分,出现民间保护与行政保护相结合的著作权保护双轨制。在我国宋代,官府出版的书籍和法令只允许官方印制,私人不得翻刻。迄今为止,世界上发现的两个最早的版权保护禁例,就是中国南宋时期留下的一方碑记和一则榜文。"禁印"作为出版行业的一种禁例,其初衷具有明显的管理目的,但客观上起到了保护版权的作用。

另外,我国宋代还有出版审查制度。中央审查机构是国子监。国子监是国家最高的教育与出版机构,承担部分出版管理职能,其中之一就是对出版物进行严格的审查。《宋会要辑稿》记载:"不经国子监看详及破碎编类有误传习者,并日下毁板。"国子监还承担着版权登记和注册职能。但统治者们强化的只是出版方面的管理和审查,忽略了对个人权利的保护。

## 三、电讯传播时代的传统版权制度

### (一)产生原因与存续期间

#### 1. 存续期间

从全球范围来看,传统版权制度从1709年英国通过《安娜法》开始,《安娜法》被认为是世界上第一部版权法。[①] 后来,各国都相继颁布了自己的《版权法》或《著作权法》,1910年,中国第一部著

① 据李明德教授考证,《安娜法》虽然是世界上第一部版权法,但是仍然有出版商特权的色彩,现代意义上的版权的概念实际上是在1740年以后出现的。参见李明德:《两大法系背景下的作品保护制度》,载《知识产权》2020年第7期。

作权法——《大清著作权律》问世。[①] 各国进入传统版权制度的时间应从颁布现代意义上的著作权法的时间算起，其存续时间截止于各国进入网络时代后修改传统著作权法[②]。

出版特许版权是官授之权，来源不是作者权，中西版权制度在此基础上出现分野。西方的这种出版商享有的出版特许版权变为作者私权性质的专有出版权，再变为传统意义上的著作权。

中国宋代出现的出版特许权却没有演变为传统意义上的著作权。究其原因，著作权法律制度的产生，不仅需要必要的技术条件、文化环境，还必须具备产生该制度的经济政治基础、思想观念，以及相对成熟的法律文化传统。在这段时间里中国没有出现上文提到的经济条件和思想条件，所以中西版权制度在近代开始分道扬镳。

**2. 产生原因**

有的学者认为，"农业文化向工商业文化的转型和文化生产方式的转变，催生了现代版权制度产生的物质文化基础。市民社会和自由民主的环境孕育了现代版权制度产生的制度文化基础，而自由权利思想和知识的普及奠定了现代版权制度产生的精神文化

---

① 1910 年晚清政府公布《大清著作权律》，辛亥革命后，由于它属于民事法律，与《临时约法》没有根本冲突，所以孙中山签署命令该法可以继续实施。《大清著作权律》的颁布，还曾引起当时伯尔尼联盟的高度重视。1915 年，北洋军阀政府在它的基础上制定了一部著作权法。国民党政府于 1928 年颁布过著作权法。中华人民共和国 1955 年草拟了一部《出版物的著作权保护条例》，没有通过。在中华人民共和国成立后的四十年中，实际上，国家从来没有颁布过正式承认和保护著作权的法律。解放初期，只要作者的书一出版，无论赚钱还是赔钱，出版社都要向作者支付稿酬。稿酬只是政府对作者的生活补助和对作者创作劳动的一种鼓励或奖励。后来，国家把大批作家转为国家干部，发给相当于副教授的工资，造成了一大批作家不关心著作权的情况。"文革"期间，稿酬制度索性被废除。可以说，中华人民共和国最"难产"的法律是《著作权法》。

② 1946 年，第五次传播革命滥觞。是年，埃克特等人研制成功的世界第一台电脑主机"埃尼阿克"诞生。

基础”[1]。

第一，经济原因。在西方，传统版权制度是随着近代资本主义市场经济的发展而出现的。商品是天生的平等派，在市场经济条件下，作者、出版商和其他传播者都成了平等的民事主体，具有独立的人格，不再有封建的人身依附关系，著作权成了私权，文化产品不需要官方计划分配，也不会因为缺乏而形成不了市场或使市场倒闭。经济的发展、市场配置资源作用的发挥，使社会对文化产品的需求高涨，但文化产品的稀缺性导致文化产品的有效供给不足。

第二，技术原因。版权制度的基础之一是传播技术。传统版权制度的技术基础主要是电讯传播技术。这一阶段早期的传播技术仍然是印刷技术，中后期出现了电讯传播技术。技术是一把“双刃剑”。一方面，印刷术使作品相对大量复制，繁荣了文化市场，人们可以在市场上购买到文化产品，特别是以广播和电视为主体的电讯传播[2]，彻底突破了时间和空间的限制，摆脱了印刷传播中必不可少的物质运输的束缚，为信息传播开辟了一条便捷、高效的空中通道，卫星转播技术更是促成了无处不在、无时不有的跨国传播甚至全球传播。另一方面，就印刷传播技术而言，印刷作品复印件需投入大量资金，作品的每件复制品都需要花费一定的成本，传播者不能免费提供作品复印件，也不能做到有求必应。物以稀为贵，为了保持高额的出版利润，有时出版商还人为地制造缺货、断供现象；就电讯传播技术而言，开发和使用这些电讯传播技术、制造相

---

① 乔小明：《现代版权制度产生的文化背景探析》，载《法制与社会》2015年第36期。

② 电子传播方式具有以下特点：(1)电影、电视是视听复合符号的信息传播；(2)影视提供的直观性是空前的真实与虚假的混合；(3)与语言文字、印刷术的发明不同，电影、电视从其诞生的那天起，就属于大众传播媒体，具有世界性与商业化的倾向。

应的设备,更是需要投入巨额资金,投资方需要收回成本并获取高额的利润,这就不可能免费让消费者使用所传播的作品。实际上消费者能欣赏、利用的作品在市场上是非常有限的,传播者会通过设计新的版权制度来控制作品复制件在市场上的投入量,保证作者和传播者有利可图,防止"搭便车"现象。

第三,思想原因。人权思想的兴起导致版权意识的高涨。在西方,出版特许版权制度在推行的后期催生了出版人的排他出版意识,产生了早期的出版所有权论。欧洲许多国家相继爆发的资产阶级革命,推翻了封建等级制度,官方不再如同中世纪那样控制作品传播,管制出版行业。启蒙运动强调人和人权的价值,否定中世纪的神权和王权。经过文艺复兴运动,作者和传播者具有了强烈的权利意识,他们打着天赋人权的幌子,实质上是主张包括著作权在内的权利是他们自己固有的权利,不是"官授之权"。这样,传统意义上的著作权观念得以形成。德国宗教改革领袖马丁·路德曾因出版商盗用其手稿而指责出版商如同打劫的强盗一样,并对出版商无偿占有作者的智力成果提出异议,他可能是欧洲第一个要求享有"著作权"的人。

### (二)传统版权制度发展史上的两次飞跃

第一次飞跃,是指从保护出版商的利益转而保护作者的利益。这次飞跃是由1709年英国《安娜法》实现的。这部法律从主要保护出版商转为主要保护作者,首次承认作者为著作权主体。《安娜法》的立足点是维护作者的经济权利,保护的重点仍然是翻印权(copy right),只是首肯作者也享有翻印权。

第二次飞跃,是指从单纯保护作者的著作财产权到保护作者的著作人身权。本次飞跃是由法国的1793年《作者权法》实现的。

法国著作权法的形成与发展完善了著作权法律制度，奠定了著作人身权法律制度的基础。卢梭的“天赋人权说”被认为是著作权或著作人格权的重要理论基础。法国于 1791 年颁布了《表演权法》，依当时的社会观念，表演权是作者的一项极其重要的权利，所以率先被法律确认下来。之后，在 1793 年又制定了《作者权法》。这两部法律不仅采纳了著作权自动产生原则，还把著作人格权置于首要保护地位，认为著作人身权是作者与生俱来的、不可剥夺的、不可让渡的权利。法国《作者权法》将作者的著作人格权置于第一位，从此，传统意义上的著作权法制观念和法律制度基本形成。

### （三）传统版权制度的构成、内容与特点

传统版权制度以成文著作权法为主要构成部分，这时的版权制度几乎可以和著作权法相提并论。这个时代里，作为法定权利的著作权及其范围不能通过社会生活和交易习惯自然而然地形成，其概念、权项、限制、保护均完全取决于法律的界定。

版权制度的内容包括著作权主体制度、客体制度、权项制度、限制制度、期限制度、保护制度等。其特点如下：

第一，著作权为法定权利，版权制度的主体是著作权法律。

第二，主要以电讯传播技术为传播手段。在不同阶段，传播技术有所不同，早期仍然以印刷技术为主，但传统版权制度定型以后的传播技术主要是电讯传播技术。值得注意的是，传统版权制度和后现代版权制度内容随技术的变动而变动，变动较为频繁，著作权权项日趋繁杂。

第三，以作者权为主。李明德教授认为，这个时期的著作权法最初并没有规定邻接权，后来才出现邻接权或将邻接权规定在著作权法中。自英国制定《安娜法》、法国制定《作者权法》后，在相当

长的时间里,版权法和作者权法都没有规定保护邻接权的制度[1]。笔者认为,这种观点是值得商榷的。从世界上第一部著作权法《安娜法》来看,其正式名称为《为鼓励知识创作而授予作者及购买者就其已印刷成册的图书在一定时期内之权利的法》,这里的"购买者"并不是图书的购买者,即今天所谓的"消费者",而是指从作者处购买书稿并印制成册,传播给社会大众的出版商和书商。可见《安娜法》作为世界上第一部著作权法,就是保护作者权和传播者权的法律,只不过将保护作者权放在了首位,不再以保护出版商利益为核心原则。其立法初心确实在于以作者为保护主体并授予一定期限的垄断权,但传播者邻接权因其在复制发行中所起的关键作用而不能缺失。作者与传播者的利益有相同之处也有不同之处,自始至终需要邻接权制度来平衡二者的利益关系。

### (四)英美法系和大陆法系各自版权制度的特点

英美法系版权制度的共同点在于:(1)保护客体广泛,没有著作权与邻接权的区分;(2)对作品的独创性要求低,实行"额头流汗原则";(3)传统上不用著作权法保护精神权利[2];(4)以个人财产论为著作权立法理论,即认为精神产品和物质产品一样,均为作者个人财产,著作权人有转让和处理自己作品的权利。

大陆法系著作权制度的共同点在于:(1)强调作者的人格利

① 参见李明德:《两大法系背景下的作品保护制度》,载《知识产权》2020年第7期。

② 英国1709年的《安娜法》、1814年的《版权法》、1911年的《版权法》,都没有规定作者的精神权利。直到1956年的《版权法》才引入了虚假署名的规定,提供了某种程度的对于作者精神权利的保护。1988年的《版权法》提供了作者署名权和保护作品完整权的保护。依据现行《英国版权法》,作者和表演者享有署名权、保护作品(表演)完整权,以及制止假冒署名和侵犯隐私的权利。美国则自1790年制定《美国版权法》以后,长期没有规定作者的精神权利。直到1988年,美国为了加入《伯尔尼公约》,才修订其《美国版权法》,在第106条之二规定了视觉艺术家的署名权和保护作品完整权。

益，都保护作者的精神权利；(2)对作品的独创性要求较高，不承认“额头流汗原则”；(3)区分著作权和邻接权。

## 四、网络传播时代的后现代版权制度

### (一)进入网络传播时代的标志

网络传播是利用互联网技术进行传播，即一种以多媒体为终端、以光纤为通道，将所有的个人和组织都联结在一起并能与“个人化”受众进行互动沟通的信息交流形式。[①] 1946 年埃克特等人研制成功世界第一台电脑主机“埃尼阿克”，可以作为进入网络传播时代的标志。[②]

### (二)网络时代传统版权制度受到的冲击

互联网技术的普及发展对传统版权制度的冲击是全方位的颠覆，传统版权制度不是需要修修补补，而是需要根本性质的全面改革才能适应时代的需要。人类正在重构面向网络时代的后现代版权制度，目前这种版权制度尚未尘埃落定。

第一，传统版权制度赖以存在的基础发生动摇。作品“制造稀缺”现象不再存在。由于媒体上作品不再稀缺，作品难以以商品身份进入流通领域，难以成为无形财产。

第二，随着新的复制技术手段的多样化、现代化，著作权人的利益越来越难以受到法律的保护，众多的“搭便车”使用者肆无忌

---

① 网络传播有三个基本的特点：全球性、交互性、超文本链接方式。

② 苏联于 1957 年发射了第一颗人造卫星；美国于 1969 年实现电脑对接，又于 1980 年建成互联网络；1994 年各发达国家纷纷提出“信息高速公路计划”，中国亦宣布跟进。另外，美国从 1996 年开始，其版权产业中的核心产业(软件业、影视业等)的产品出口额，已经超过了农业、机器制造业(飞机制造、汽车制造等)的产品出口额。美国知识产权协会把这当作美国已进入“知识经济”发展时期的重要标志。

惮地、非常便捷和隐蔽地复制著作权人的作品。

第三,版权作品无国界化。现在,对于版权作品的流通,海关难以控制。网络“无中心”“数字化”的基本特征使得传统著作权保护的地域性限制荡然无存,便捷、快速、个性化的数字化复制和传递,让传统高昂的侵权成本几乎为零。通过卫星实现数字化转播,互联网络使全球成为地球村,信息闭塞成为过去时,国家在主权范围内利用著作权法控制作品的难度越来越大。

### (三)后现代版权制度的特点

有的学者认为,后现代版权制度出现了“作品的表现形式多样化、数字化”①、“作品归属复杂化”②、“著作权的权利内容技术化”③和“萌生新型权利处理机制”④四大特点。笔者认为,后现代版权制度具有如下特点:

第一,版权整体上呈现扩张趋势,权利体系中心由传统版权制

---

① 传统意义上的作品,多以手稿、印刷品、音像制品为主要表现方式。而网络环境下,由于数字技术的发展,几乎所有的作品均可通过计算机自由地实现数字化,于是信息就可自由地实现多媒体化。在网络环境下,作品今非昔比,明显有两个变化,一是作品受保护的标准模糊化。传统的作品受保护要具有独创性,信息时代的作品有的有独创性,有的独创性并不明显。二是作品与载体之间的联系逐渐淡化,一切作品都可用 0 和 1 组成的二进制数码来表达。

② 传统意义上的作品,作品中的每一个组成部分的创作人较易区分,著作权归属并不令人纠结。而在网络环境下,利用计算机创作的作品如雨后春笋般地涌现出来,尤其是利用多媒体技术创作的作品,多数是对前人作品的变形、改编,新的作品又不断地被分解、被改编,不断演绎出新的作品,“改编文化”司空见惯,在作品创作链条上很难确定各个阶段的创作者,制度难以定分止争。

③ 传统著作权制度中,著作权的财产权利以复制权为核心,广泛涉及发行权、录制权、广播权、改编权等权利,但在信息时代,上述权利与传播技术的联系非常密切。传统意义上的发行是向公众提供作品复制件的行为,发生了作品载体的转移;而在信息传输中仅有作品信息的传递,并无载体的实际转移,很难把传输归入发行的概念中。

④ 设置收费装置,对作品的具体利用进行收费;强化集体管理机制;广泛运用作品的电子交易方式。

度时的复制权转换成传播权。[①] 包括版权的内容、客体、期限，从国际条约到各国的立法都呈现这个趋势。例如，著作财产权权利体系完整，权项包罗万象，我国《著作权法》就规定了复制权、发行权、出租权、展览权、表演权、放映权、广播权、信息网络传播权、摄制权、改编权、翻译权、汇编权等；世界知识产权组织通过的《世界知识产权组织版权条约》和《世界知识产权组织表演和录音制品条约》两项条约规定：作者在网络传播中享有传播权、解密权、复制权、修改权、删除权、权利管理信息权、下载出版权、报酬权。又如，保护期限在延长，欧盟、美国将保护期限延长为 70 年。

第二，技术基础是数字技术。数字技术是通讯技术、微电子技术和计算机技术的总称，迄今为止，已经过三个发展阶段。20 世纪 90 年代，数字技术进入第三个阶段，多媒体技术与计算机网络技术结合，信息网络传播权成为立法关注的焦点，整个版权制度面临重大挑战。

第三，著作权与传播者邻接权并重。进入 20 世纪以后，随着技术的发展，作者权法体系为应对上述技术发展，创设了现代邻接权

① 复制权仍有存在的必要。复制是传统环境下作品对外传播不可或缺的环节，复制权的存在对侵权预示和计算损失等方面具有积极意义。但复制仅为传播的渠道，权利人控制作品的复制行为，目的在于控制对作品的公开传播，从而避免作品复制件与权利人的作品市场形成竞争。1996 年在瑞士召开的世界知识产权组织大会通过了《世界知识产权组织版权条约》和《世界知识产权组织表演和录音制品条约》。《世界知识产权组织版权条约》第 8 条规定，文学和艺术作品的作者享有专有权，以授权将其作品以有线或无线的方式向公众传播，包括将其作品向公众提供，使公众的成员在其个人选定的地点和时间可以获得这些作品。《世界知识产权组织表演和录音制品条约》第 10 条规定，表演者应当享有专有权，以授权通过有线或无线的方式向公众提供其录音制品，使该录音制品可为公众中的成员在其个人选定的地点和时间获得。随后，各国陆续将其纳入国内法体系中。在《世界知识产权组织版权条约》第 8 条的后半句，采用“伞形解决方案”的方式为作者规定了“向公众提供权”，使其可以控制“交互式”的作品传播。第 8 条后半句没有利用法律特征界定该新型权利，而只是规定了相关行为，即向公众提供作品，使公众可在其个人选定的地点和时间获得作品。信息网络传播权在用语表述上，由“使用”转为“向公众提供”，体现了著作权从“复制权”中心向“传播权”中心的转变。

制度,包括表演者权、录音制作者权和广播组织权。2013 年 8 月 1 日生效的《德国著作权法》在原第 87e 条后增加"对新闻出版商的保护"一章,新规定了"新闻出版商邻接权"。版权法体系则没有创设这样的制度,而是通过扩大作品的范围对表演、录音、广播信号提供保护。① 这一阶段版权制度的设计更像是为传播者量身打造的。

第四,著作权的异化。传统版权制度规定的作者精神利益,在网络空间几乎被弱化为零;作者的复制权、发行权、演绎权、获得报酬权等经济权利,更因为上传、下载、暂时性复制(浏览)、链接等复制和传播手段,以及网络的全球性和包容性特点而面目全非;传统的合理使用制度几乎变为"自由使用"制度;作为网络空间发展核心的"自由共享、合理使用",仿佛一夜间由免费的午餐变成了最后的晚餐。

第五,作品的创作和传播依靠"大科学"技术,"大科学"技术保护措施几乎使著作权法制度脱胎换骨。韩震教授认为,"与过去分散的经验知识的生产、分学科的知识生产相比,当代科学特别是'大科学'都需要巨大财力支撑的科学平台和人力调配。其次,'大科学'不是一个或几个头脑聪明的人就可以完成的,也不是单一学科可以平行发展的,而是必须进行不同学科的协同推进,必须有不同知识结构的人在一起磨合"②。在这种大科学技术的背景下,新的信息技术完全打破了作者、传播者、消费者的界限和角色定位。作品经过数字化加工后,可借助数字存储技术、网络传播技术,进行更便捷、简易、低成本的复制及传播,从而彻底动摇了传统版权

① 参见李明德:《两大法系背景下的作品保护制度》,载《知识产权》2020 年第 7 期。

② 张清俐:《知识形态演进改变世界发展格局》,载中国社会科学网,https://news.cssn.cn/2x/bwyc/202109/t20210928_5363582.shtml。

制度的基础。新增的网络传播权和传统权利限制手段力量强度的严重失衡，使作品传播者不得不增加技术限制手段以限制公众自由获取信息，技术保护措施的出现必将大大挤压合理使用空间。[①]美国网络激进主义者约翰・佩里・巴洛指出，信息技术的发展推动版权扩张达到顶峰的同时，实际上也打破了作品传播的技术垄断，颠覆了以复制权为核心的传统版权制度，必须重新创新洗牌，可以预见，未来版权保护将更多依赖伦理与技术而不是法律。[②]

后现代版权制度由于信息传播技术的不断发展而处于不断变化之中，目前仍然没有最后定型。对其最终以什么面目呈现在世人面前，我们拭目以待。

① 如华中科技大学网络中心研制了邮件网关、高性能加密机等防火墙系列产品，它们对关键资源进行保护，对整个内部网进行保护，用户没通过认证，无法访问和查阅资料。

② 参见苏贵友：《网络时代版权制度的扩张与重构》，载《出版广角》2014 年第 14 期。

# 第四章　著作权法基本原则论

学术乃天下之公器。

——梁启超

## 第一节　著作权法基本原则的一般理论

### 一、著作权法基本原则的概念与依据

#### （一）著作权法基本原则的概念

著作权法基本原则，是整个著作权法所适用的、体现著作权法基本精神与价值取向的原则，是著作权法宗旨和本质的具体体现，是指对著作权立法、守法、司法和研究具有指导和适用价值的根本指导思想或基本准则。

著作权法的基本原则，在理论上是解释和研究著作权法律的立足点；在立法上直接决定了法律制度的基本性质、内容和价值取向，是著作权法律制度内部和谐统一的重要保障；在法律适用上，它指导著作权法律的司法解释，补充法律漏洞，确定行使自由裁量权的合理范围。

著作权法的基本原则是从著作权制度的基本理念发展而来

的。从上层建筑的社会意识形态中的观念或理论观点发展到上层建筑中的法律原则,这种嬗变过程不是自发的,需要法学家提供的理论支撑和立法者的认可接受。起初制定著作权法时,起指导作用的是理论形态的著作权制度基本理念。

著作权法的基本原则具有以下特性:

第一,高度抽象性。著作权法基本原则体现著作权法的精神实质和基本价值,是从原本抽象的著作权法普通规则中再次抽象出来的基本准则。

第二,基础性。著作权法基本原则是一种指导原则和"基础性规范",是产生其他具体规则和原则的规范。著作权法基本原则应该能够贯穿著作权法的各项制度中,对著作权法所调整的社会关系的各个方面和全过程都具有普遍指导意义,在缺乏具体的法律规则时起拾遗补阙作用。

### (二)确立基本原则的依据

第一,确立著作权法基本原则的上位法依据。宪法是母法和根本法,著作权法不能"离经叛道",我国《著作权法》第1条开宗明义,指出"根据宪法制定本法"。著作权法所属部门法是民法,直接上位法是知识产权法,所以,民法和知识产权法中的基本原则也是著作权法基本原则的制定依据。

第二,确立著作权法基本原则的内在根据。著作权法基本原则体现著作权法的基本精神与价值取向,是著作权法宗旨和本质的具体体现[①]。著作权法基本精神与价值取向是确立著作权法基本原则的内在根据。我国著作权法的基本精神是"保护文学、艺术

---

① 值得一提的是,笔者认为,现行《著作权法》中立法宗旨与著作权法基本原则杂糅在一起,在立法技术上表述不够恰当。

和科学作品作者的著作权,以及与著作权有关的权益,鼓励有益于社会主义精神文明、物质文明建设的作品的创作和传播,促进社会主义文化和科学事业的发展与繁荣”。

著作权法的价值取向在于实现版权领域的自由和公平。自由价值是著作权法的最高价值追求之一,保障著作权人对其作品的私权处分自由是著作权法的直接目标,保障传播者对传播作品所应得利益的自由处分是著作权法的间接目标,保障公众对作品的接近和使用自由是著作权法的最终目标。由于著作权法对这三类权利主体自由所给予的保障程度不同,这些主体间的利益摩擦和冲突显然不可避免,因此,如何最大化实现著作权法的立法宗旨和社会价值,成为整合上述主体利益的有力杠杆。而公平价值是整合著作权利益的杠杆,只有各得其所,才能实现版权领域的公平价值。①

## 二、我国著作权法基本原则的法律渊源

### (一)《民法典》基本原则是著作权法的共同基本原则

我国的立法体例中,有的法律文本中明确规定了基本原则,如《刑法》在第一章章名中出现了“基本原则”的表述。《民法典》第一章“基本规定”中没有出现“基本原则”的表述,从理论和实际内容来说,该章 12 条也不全是基本原则,学术界一般认为,我国《民法典》规定了六大基本原则,即平等、自愿、公平、诚信、公序良俗和绿色原则。

著作权法属于民法部门,《民法典》规定的六大基本原则是著

① 参见何石美:《论著作权法的自由与正义的价值取向》,载《经济与法》2011 年第 1 期。

作权法与民法部门下其他组成单元或"子法"共同的基本原则。著作权法的立法、司法、执法、守法等各个环节均须遵守这六大共同的基本原则。本书论述的著作权法基本原则,是指我国著作权法本身特有的基本原则,不包括上述共同基本原则。

### (二)著作权法规定了哪些基本原则

我国《著作权法》总则文本中没有"基本原则"或"原则"的表述。有的学者认为,《著作权法》只规定了立法宗旨,没有规定基本原则,但从《著作权法》总则的立法宗旨中可以推出我国著作权法存在基本原则。笔者认为,我国著作权法蕴含三大基本原则,即"独创性个人知识与公共知识二分法原则"(简称"二分法原则")、"保护作者著作权与兼顾作品传播者邻接权原则"(简称"兼顾原则")、"平衡作者个人利益、版权企业利益与公共利益原则"(简称"平衡原则")。

除上述三大基本原则,有学者还提出"激励作品的创作和传播"、创作自由[①]、自动产生著作权、有偿使用等原则[②]。

我国《著作权法》第 1 条规定,"鼓励有益于社会主义精神文明、物质文明建设的作品的创作和传播,促进社会主义文化和科学事业的发展与繁荣"。笔者认为,"激励作品的创作和传播"是著作权法某项基本原则的具体内容。不过,它是不是单独的"基础性规范",是否贯穿著作权法的各项制度中,对著作权法所调整的社会关系的各个方面和全过程是否具有普遍指导意义,仍有待研究。在论述著作权正当性时已经探讨过这个问题,在此不再赘述。

有的学者提出"创作自由原则"。创作自由,包括创作内容的

---

① 参见刘国林:《论著作权法的基本原则》,载《江苏社会科学》1993 年第 1 期。

② 参见周安平:《中国著作权法理论与实践研究》,人民出版社 2014 年版。

选择自由和创作观点的发表自由两个方面,任何对创作内容的干涉、对创作观点的轻易否定,都不利于科学文化的繁荣和发展,也违背了创作自由原则,应负一定的法律责任。同时,创作自由权利必须在法律允许的范围内行使,笔者认为,创作自由原则是《宪法》第35条规定的言论自由、出版自由的内容,不是著作权法的基本原则,著作权法普通法律规则中也未体现这一原则。

至于周安平教授提出的自动产生著作权、有偿使用原则,笔者认为,它们只是调整著作权管理关系某一方面或在某一阶段起作用的原则,不具有基础性、全局性特征。如著作权自动产生原则只对著作权归属有意义。

## 第二节　独创性个人知识与公共知识二分法

### 一、思想表达二分法因理论困惑及逻辑错误应被扬弃

思想表达二分法被喻为“版权理论的神话”。有的学者认为,思想与表达二分法是“著作权法最基本的格言”,是著作权法中真正的或核心的基本原则。但即使是学富五车的版权法专家,在讨论思想表达二分法时似乎仍然感觉是在和“幽灵”对话。

思想与表达二分法首先是作为著作权法理论的一个重要观点而存在的。我国对“Dichotomy of ideas and expression”的中文表述也不尽相同,包括思想内容与表现形式二分法、内容与形式二分法、创意与表达二分法等。这种理论通过立法呈现在著作权法中,主要用于确定著作权的保护范围。思想与表达二分法理论滥觞于1784年德国学者Cella的论文。而思想与表达二分法原则的司法

实践据说源自美国的 Seldon 案。Seldon 在 1859 年获得了 *Seklen's Condensed Ledger or Book-keeping Simplified* 一书的版权。这本书中介绍了一种特殊的簿记方法。Seldon 起诉 Baker 侵犯了这些作品的版权,因为 Baker 运用了这些书中介绍的簿记方法。该案的争议焦点在于,Selden 作为这些书的版权享有人,是否可以通过其版权来垄断书中描述之方法的专有使用权。对此,本案法官在其判决书中指出,书中描述的簿记方法自图书出版后就进入了公共领域,Selden 虽然享有该书的版权,但并非同时对书中的描述方法也获得排他性权利。对于描述方法的保护应该通过专利法,而不是版权法。该案首次比较清楚地阐述了思想与表达二分法这一原则。

1976 年的《美国版权法》首次规定了思想与表达二分法,第 103 条第 2 款规定:"在任何情况下,对于作者原创性作品的版权保护,并不延及思想观念、程序、工艺、系统、操作方法、概念,原则和发现,不论它们在该作品中是以何种形式被描述、解释、说明或体现的。"《与贸易有关的知识产权协定》第 9 条第 2 款也规定,"版权法对思想、工艺、操作方法或数学概念等不提供保护"。我国《计算机软件保护条例》第 6 条也作出不保护软件著作权"思想"的规定。

我国作为世贸组织的成员,在未对《与贸易有关的知识产权协定》第 9 条第 2 款关于思想与表达二分法原则规定提出明确保留的情况下,应当接受该条原则的适用。

思想表达二分法的基本要求是:著作权法只保护思想的表达,不保护作品反映的思想和感情。其立法目的在于确定著作权法的保护范围。

这种二分法原则的模糊性和不确定性是其与生俱来的。这些问题在英美的立法和司法实践中或多或少地得到了解决。在我国,思想表达二分法这一学说和原则并没有得到充分的论证,还没有形成一个完备充实的理论体系去说明它的内涵。这种二分法原则在我国的立法、司法实践以及学术界,都处于与其“基本”原则地位不相称的尴尬境地。一些学者指出,这是“语义和历史上的谬论”①。由于学术上对思想表达二分法存在巨大争议,所以我国现行《著作权法》没有出现对于思想与表达二分法原则的规定。笔者认为,因其存在理论困惑及逻辑错误,不宜确立这项基本原则。

### (一)“思想”的含义及其不受保护的原因

我国著作权法理论中的“思想”一词是从英文“idea”翻译过来的,这个词语的翻译未达到“信达雅”的地步。一般来说,思想,是指想法、概念、术语、原则、客观事实、创意、发明、发现、程序、工艺、游戏规则、方法等。② 作品、著作权等概念术语,“保护独创性作品但不保护体现在作品的思想”、合理使用等理论和规则制度,都属于思想的范畴。思想的基本形态是概念。

“思想”可以分为广义和狭义的。在广义上,凡是客观存在的,经过人的意识反映,经过思维活动而产生的结果都属于思想。著作权法上的思想是一种广义的思想。从狭义来讲,思想仅指客观存在,经过人的意识反映,经过思维活动而产生的智力成果,它必须通过外在的表现才能为他人所感知。“著作权保护延及表达,而

① 参见张兴贵、刘静雨:《思想与表达二分法的重新定位》,载《青年与社会》2020 年第 6 期。

② 创意属于人们一时一地的某个思路、想法。本身具有一定的不确定性和模糊性,不属于著作权法保护的对象。创意演化为一定的技术方案,受专利法保护;演化为具体的作品,则受著作权法保护。

不延及思想、程序、操作方法或数学概念等”中的“思想”是狭义的，它与程序、操作方法或数学概念等并列，而并未将程序、操作方法、数学概念等蕴含在思想一词内。这样一来，与其并列的程序、操作方法或数学概念就不被包含在思想之内，而应受到保护了。因此，“思想”应当作广义的理解，相当于作品中不受保护部分的隐喻。

在这里，需要区分“著作权保护”和“著作权法保护”两个不同的概念。“著作权保护”涉及的是保护对象，回答的是某种客体（如“思想”）能否作为著作权客体受保护，说“思想不受著作权保护”，是指思想不能作为著作权客体受到保护。思想与作品确实不可相提并论。“著作权法保护”涉及的是保护工具，“著作权法不保护思想”的真实含义是不能运用著作权法去保护“思想”。要指出的是，“著作权法不保护思想”并不等于著作权法不保护“思想表达”所产生的某种权益。

著作权法不保护思想，原因如下：

第一，思想不是著作权法调整的对象，思想不能直接引起著作权产生，对法益不能产生现实的影响。法律只调整人们的行为不调整人们的思想乃法学常识。1976年《美国版权法》明确规定：“著作人的作品的著作权保护不及于该作品中任何观念。”

第二，如果思想有著作权，人类社会就没有思想自由，就会钳制思想。著作权实质上是一种垄断权，垄断意味着未经允许不得使用。思想应解放和交流，不能被垄断、禁锢。如果著作权法保护思想，赋予人们对思想的垄断权，就会使一个人在行使自己权利的同时，妨碍别人思想自由和表达自由的权利，妨碍人们思想的正常交流，阻碍社会的进步，因为文化的发展和社会的进步都离不开利用别人的思想。

第三,著作权法的立法目的决定著作权法不保护思想。思想不是客观上不能成为被保护的对象,而是主观上人们出于特定的立法目的对其不予保护。如果客观上思想不能被保护,则专利法就不会保护专利技术方法[①]。著作权法的宗旨不是奖励作者,而是鼓励创作,而创作不是无源之水,总是在前人成果的基础上推陈出新。著作权法允许人们自由使用他人作品中所蕴含的思想。从法经济分析的角度看,如果著作权法保护"思想",就会增加后续希望表达类似思想的创作者的表达成本,导致对"思想"的过度寻租行为,提高制度管理的成本,最终会导致社会知识总量的短缺,从而阻碍思想的传播。

第四,证据法上和司法成本的理由。一个作者可能脑海中会有成千上万稀奇古怪的思想,即使是已经体现在作品中的思想,要证明作品中的思想是谁先提出来的也是颇费周折的事情。如果著作权法对其予以保护,那么举证难的问题将大幅度增加,这样会增加司法成本。

### (二)思想表达二分法没有实现"确定著作权法保护范围"的立法初衷

主流观点认为,法律没有规定思想表达的分界线。由于作品类型的多样化,且作品的类型还在不断创新,一个涉及价值判断的法律原则并不能成为认定作品哪些内容应当获得保护的客观标准,换句话说,我们无法为一个不断发展并具无限可能的人类智力成果之树去划定一个天花板。思想与表达之间并没有一条清晰的界限,需要考虑著作权法的目的以及作品的类型和其他情形,如作

---

① 关于专利技术方法和思想的关系,有不同看法。有人认为,技术方法接近"思想"而非"表达"。有的人则认为,技术方法跟作品一样也是表达,只是表达形式上有所不同。

品的构成要件、实质性相似、侵权三段论等，以此来判断作品的保护边界。

著作权法的立法初衷是要区分作品中被保护的成分与不被保护的成分，思想是不被保护的成分，要达到立法的目的，应该区分思想与被保护的对象，而不是区分思想与被表达的思想。被表达的思想和不被表达的思想似乎都不受保护，这种区分在著作权法上无意义。

思想表达二分法无法确定著作权保护的外部边界，无法区分作品与其他创造性成果及识别性标记。能够体现自然人思想的智力成果未必都能构成作品，需要区分这种思想究竟是美学的思想还是实用的思想。为了区分这种差异，一些学者主张在“思想表达二分法”原则之外，在著作权法理论体系中引入了第二个“二分法”原则，即“实用—非实用二分法”原则：具有功能性、实用性的表达应纳入专利法进行保护，不具有功能性和实用性的表达才能有条件地被纳入著作权法进行保护。

### (三)思想表达二分法语焉不详违反了法律确定性的要求

法律只有具有确定性，其本身才有明确性、普遍性和强制性，才能使社会生活具有稳定性、一致性、连续性和可预见性，才能实现社会的公平、正义价值，法律主体才能根据法律趋利避害，并设计自己的行为路径。

思想表达二分法中的“思想”“表达”，乃至整个原则都是不明确的，语焉不详。在一般意义上，“表达”是以交际、传播为目的，将思维过程中所得的思想观点用语言等方式反映出来的一种行为。“思想的表达”只有三种意蕴：思想的表达过程、思想表达的内容和思想表达的形式。“思想表达的过程”是一个自然的过程，这个过程中的行为是一种事实行为,与著作权法风马牛不相及。与著作权有关的只剩下“思想的表达内容”和“思想的表达形式”。如果是指“思想的表达形式”,则回到原来的提法,即著作权保护的是作品的形式;如果是指“思想表达的内容”,则因为表达的内容中有“思想”,因而“思想的表达内容”等于“思想表达的思想”。

### (四)思想表达二分法无法自圆其说的思想困境

思想表达二分法本来应该表述为“不保护没有可感知性的思想,即还存在于自然人大脑中没有表达出来的思想,但保护体现在作品中的作者思想”,却表述为“不保护思想”,可能会误导人们以为著作权绝对不保护思想,无论思想处于什么状态都不受保护,从而陷入无法自圆其说的思想困境。[①]

第一,思想在客观上并不存在受法律保护的阻却事由。思想不是绝对不受法律保护,法律保护的条件是具有价值和稀缺性,思想只要具备了价值性和稀缺性就受法律保护,如 1947 年以前美国加州的判例即保护思想。并且,不受著作权法保护,不等于不受其

① 为了解除这种思想困境,避免“著作权法不保护思想”的“魔咒”,笔者曾尝试将作者的思想理解为“作品的内容”,似乎也能说得通。例如,将原创作品演绎成其他作品,如将小说《林海雪原》改编成电影作品、将中文小说《林海雪原》翻译成英文小说 *Tracks in the Snowy Forest*,改编者和翻译者要取得原作者曲波的同意,但这并不是为了保护曲波创作《林海雪原》中萌发的思想。无论原创的《林海雪原》小说和演绎作品《林海雪原》电影的表现形式相差多大,也无论《林海雪原》的中文表达与英文表达多么不同,它们的内容都是一样的,演绎作品的作者要征得原创作者的同意,体现的是对作品内容的著作权保护,而不是对原创作者思想的保护。又如,在合作作品中,仅贡献思想的人可以成为合作作者,不能理解为保护了合作作者提出的思想,因为合作作者提供的思想观点已经落实为作品的内容,思想体现在或具体化在作品内容中。所以不是保护合作作者提供的思想观点,而是保护体现这些思想的作品内容。侵权鉴定中的实质性相似标准、改头换面的“同义词替换”的非法性、剽窃认定原则等,都体现了在著作权法领域法律并不保护思想,而是保护作品中的独创性内容。笔者深入思考作品内容和作品中体现的作者思想到底有什么区别后发觉抽出作品内容中体现的作者思想,“作品内容”几乎没有内容而成空壳了。所以只能回过头来反思前提是否正确。笔者最后的结论是,不能绝对排除思想受保护的可能性,只能说著作权不保护自然人大脑中的思想,但体现在作品内容中的作者思想是受著作权保护的。

他法律保护，如专利法就保护技术思想。“点子公司”为企业解决经营问题而提出的“金点子”，即新方案，也可以受到合同法或反不正当竞争法的保护。这说明不是客观上思想不能被保护，而是主观上人们在设计版权制度时人为地规定不保护思想。

学界认为思想不受著作权保护，主要是认为思想没有可感知性。但是，首先，没有可感知性的思想，是指还没有体现在作品中，即仍然存在于自然人脑海中的意识（说著作权法不保护存在于自然人大脑中的思想或作品之外的思想毫无意义，因为著作权的客体是作品，离开作品的思想不是著作权法理论研究的对象），体现在作品中的作者思想已经具有了可感知性。其次，具有可感知性的精神产品也不都受著作权法保护，如商标具有识别性，可感知性非常强烈，但商标受商标法保护。所以这个二分法原则无法区分著作权客体与商标权客体。

第二，即使在著作权法领域，就保护对象而言，作品的内容和作品的形式都可以反映作者的思想，并不是只有作品的内容才表达作者的思想。思想表达二分法无法回答著作权法是否保护体现在作品形式中的作者思想。

第三，体现在作品中的作者思想是受著作权保护的，例如，著作权法对于作者对作品的演绎权的保护、对某些功能性作品的保护、对合作作品的保护（仅贡献思想的人可以成为合作作者）、侵权鉴定中实质性相似标准、改头换面的“同义词替换”剽窃认定原则、对汇编作品的保护，均保护了体现在作品中的作者思想。思想表达二分法理论在此问题上碰到软肋，总是闪烁其词，顾左右而言他，不能正面回答。

作品是“表达”或“思想的表达”，思想则是人们通过表达可以感知的抽象观念。如果作品本身是不包含任何思想的信息,则不能称其为作品。在陈某与万普公司侵犯著作权纠纷案中,最高人民法院认为,本身并不表达某种思想的答题卡不构成著作权法意义上的作品。[①]

### (五)思想表达二分法被误认为不保护作品的内容

从作品产生过程来讲,作者先对外界客观事物有所反映,形成感性认识,感性认识再在大脑中上升到理性的高度,形成思想(思想的基本形式是概念),思想进而通过物质载体成为可感知的作品[②]。作品内容体现了并凝结了作者的思想。作品的内容主要就是作品的思想。如果笼统地说著作权法不保护思想,那就等于说著作权法不保护作品的内容。如果著作权法只保护作品的"形式",而不保护与形式相对的"内容",意味着任何人都可以自由使用作品的内容,只要不使用相同的或相似的语言等表达形式就可以了。如此一来,用"同义词替换"的方法全部改写他人的论文亦不算侵权。在文学创作领域,始终坚持"内容"为王,像小说中的故事、个性化的人物、与情节交互作用的人物关系、独创性情节、事件等就属于"内容",而故事结构、孤立的语句或语段等就属于"形式"。将小说改编成剧本,或将小说改编成漫画,表达形式变了,但其中表达的内容却是相同的。著作权法中的"演绎权",包括摄制权、改编权和翻译权等,正是以不同的表达形式表现同一内容。著

① 参见《最高人民法院知识产权案件年度报告(2011)》(摘要),载《人民法院报》2012年4月20日,第2版。

② 作品的载体与作品以一定形式固定下来的物质载体不能混为一谈。口头作品没有将之固定下来的物质载体,但不能说口头作品没有载体。作品是无形的,人们不能直接感知作品,例如,歌唱家自编自唱,临场创作出口头作品,这种口头作品以发音器官、震动的空气等作为载体,听众通过这些载体才能感知歌唱家即席创作的口头作品。

作权法对翻译、改编他人作品需经著作权人许可之后才可进行的规定,也足以说明法律并没有排斥对内容的保护。

学者更看重的是保护自己独创的观点,表达形式倒在其次,很多学者认为剽窃主要是剽窃内容观点,而不是形式。作品的内容和作品的形式都反映作者的思想,并不是只有作品的内容才表达作者的思想。思想表达二分法无法回答著作权法保不保护体现在作品形式中的作者思想的问题。

### (六)思想表达二分法在司法中没有可操作性,形同虚设

实践中,在具体的作品中,哪些东西属于"思想"、哪些东西属于"表达",令法官们颇感困惑。现在在审理侵犯著作权案件时,有的法官在对被告的涉嫌侵权作品与原告的版权作品的比较中,不是根据这一原则来认定哪些属于不受保护思想,而是倒果为因,将自己内心认定的不予保护的作品成分统统划为"思想",使得该原则徒有虚名。一些学者认为,美国法官当初使用这条原则,就只是将它作为一种托词,即不保护作品某些内容的理由,认为之所以不保护这些作品成分,就是因为这部分是属于"思想",而不是根据这项基本原则把思想与"思想的表达"区分开来。

### (七)将"思想"与"思想的表达"进行区分的逻辑错误

思想表达二分法隐藏着严重的逻辑错误。"思想"和"思想的表达"不在同一个问题域里,二者没有可比性。逻辑学中的"问题域"(problem domain),是指问题之间的内在关系和逻辑可能性空间。"思想"和"思想的表达"的内在关系是什么,这种关系在逻辑上存在几种可能性?理论界问津者寥寥。

第一,从哲学本体论来讲,人才是主体,思想是主体的一种属

性,思想不能成为法律关系的主体,不能自己主动去表达,“思想的表达”只能理解成“被表达的思想”,实际上是指作品中思想的外在表现。从认识论来讲,“思想的表达”,是指思想的外显,即自然人大脑中的创作构思通过一定的形式表现出来,使他人能够感知,实际上等于“作品”。“保护思想的表达”等于“保护作品”或者“作品是著作权保护的对象”,这不存在错误,但以“作品是著作权保护的对象”为前提推不出“著作权法不保护思想”的结论。

第二,“被表达的思想”只是思想的存在方式之一,由于“思想”与“思想的表达”(实际意思是被表达的思想)两个概念之间没有矛盾关系而在逻辑上没有可比性,将二者进行区分,等于将“张三”与“正在跑步的张三”进行区分。[①] “被表达的思想”与“不被表达的思想”两个概念之间才具有矛盾关系和可比性,[②]“体现在作品中的作者思想”与“没有体现在作品中的作者思想”的区分,人类的“共识”(思想就是认识)与他人的思想才有区分的可能性。这条基本原则的本意是要区分作品成分中具有矛盾关系的“被保护部分”和“不被保护部分”,但这条原则的路径却是区分具有从属关系的思想(属概念)与被表达的思想(种概念),没有出现具有矛盾关系的两个种概念。有的学者认为,版权保护作品的表达与版权排除功能性内容,二者“平行”地、不相矛盾地存在于现行版权框架内,版权和专利权领域存在的界线本身并不遵循任何版权理论,总体而

① “被表达的思想”为“思想”的存在方式,将二者进行区分在客观上没有可能性。比照必须有一个可以对比的参照物,区分是对两个客体进行区分。如同“跑步的张三”本来就是张三,要将张三和“跑步的张三”区分开来,就是将一个客体当成两个客体。人们可以区分“不跑步的张三”和“跑步的张三”。张三无论跑步还是不跑步都是同一个自然人。如果硬要找出“跑步的张三”与“张三”的区别,就陷入思维混乱之中了。

② 矛盾关系有三个特点,一是两个概念有共同的属概念,二是两个概念没有重合的外延,三是两个种概念的外延之和等于其共同的属概念的外延。“被表达的思想”与“不被表达的思想”两个种概念的外延之和等于共同的属概念“思想”的外延。

言只是一种习惯，不是因为它们正确而被接受，而是因为它们能被接受而正确。①

第三，如果将"不保护思想，只保护思想的表达"中前段的"思想"理解为包括"体现在作品中的思想"和"不体现在作品中的思想"在内的"思想"，而后段"只保护思想的表达"（"思想的表达"实际上是指"体现在作品中的思想"）一语中"思想"仅指"体现在作品中的思想"，没有包括"不体现在作品中的思想"。同一句话里的"思想"不是指向同一个对象，违反了同一律。

第四，这条基本原则的思维过程违反了三段论前提中关于两个前提不能为否定性命题的规则。这条基本原则的出发点是试图从反面排除（否定）不受著作权保护的对象来确定著作权保护的范围。但从逻辑推理规则来讲，从两个否定的前提中推不出必然的结论。思想不受著作权保护，被表达的思想也不受著作权保护，这两个否定性前提推导不出必然的可靠的结论。

语言歧义的问题有解，可以通过指明词语的词义来解决指代不明的问题。思维中发生逻辑错误却另当别论，在原有的问题域发生上述逻辑问题从理论上讲是无解的。此路不通，只能另辟蹊径。

综上所述，"思想表达二分法"由于存在上文所讲的问题而不具有著作权法基本原则之品格。在职务作品著作权归属、贡献思想观点者可以成为合作作品作者、演绎作品的作者要征得原创作者授权、侵权鉴定中实质性相似标准、改头换面的"同义词替换"的非法性、剽窃认定条件中内容实质性相似原则等具体规则中，思想

---

① 参见何炼红：《论功能性作品版权保护的理论困惑及解决路径》，载《现代法学》2005年第5期。

表达二分法都没有得到体现,相反这些具体规则是与思想表达二分法相抵触的。

## 二、“二分法原则”继承的合理内核及其基本要求

著作权法保护的边界能否找出、如何找出?是否真如汉德法官所言,是永远不可能之事?我们无须在这个没有意义的问题上再纠结,皓首穷经也走不出这个怪圈,只能进行理论创新和制度创新,重新构建方能彻底改观。

笔者提出“独创性个人知识与公共知识二分法”理论,并主张在著作权法中将这种二分法确立为核心的基本原则。

### (一)对思想表达二分法合理内核的继承

传统的思想表达二分法并不是一无是处,其合理内核应该发扬光大。例如,确定著作权法保护边界的立法初衷,不保护没有可感知性的思想,即还存在于自然人大脑中没有表达出来的思想,“保护思想的表达”,即保护体现在作品中的作者思想的观点,区分著作权法与专利法保护对象的做法,都应该肯定和沿袭。

### (二)独创性个人知识与公共知识二分法的基本要求

著作权人对作品的专有权和公众对信息和作品的合理需求是著作权法要解决的最主要的矛盾。著作权法核心的基本原则的基本价值就在于解决这个矛盾。在解决这个矛盾的过程中,确定著作权保护的外部边界(在智力成果中确定作品与发现、专利、商标的界限)和内部边界(在作品分类中确定版权作品的范围以及版权作品中作者独创部分的范围)。其基本要求是:保护独创性的个人知识,不保护作品中的公共知识。这个新提法沿袭了原有的“不保

护停留在自然人脑海中的思想”的正确观念，克服了将“思想”与“思想的表达”进行区分之类的逻辑错误，体现了著作权法的立法宗旨，揭示了版权作品的本质，区分了著作权客体与其他知识产权的客体，合理划定了著作权保护的范围，确立了侵权判定的基本依据。

第一，保护独创性个人知识。“独创性个人知识”，是指作者独自创作而非抄袭的作品中的知识，包括内容具有独创性、形式具有独创性或者内容和形式都具有独创性的作品中包含的知识。独创性个人知识是确定著作权保护界限的标准。

“知识”是哲学认识论领域最为重要的一个概念。知识是人类从各个途径获得的，经过提升总结与凝练的系统的认识。柏拉图给知识下了一个经典的定义：一条陈述能称得上是知识，必须满足三个条件：它一定是被验证过的、正确的，而且是被人们相信的。对于“被验证过的”条件，后人曾举如下例子：18 世纪的英国天文学家哈雷声称他知道哈雷彗星的行为规律，并预报这颗彗星将于 1759 年重新出现。后在 1759 年 1 月 21 日，人们果然又一次看到了这颗彗星。北京师范大学韩震教授认为：“仅仅有目的的需要还不是知识，懂得如何让自然按照其规律改变形态以满足人们的需要，这就属于知识的范畴了。”[①]知识形态基于相应的认识方式而形成，是指人类通过一定的认识方式认知事物时所形成的知识内容及结构形式。知识形态可以按照不同的标准进行划分。[②]

知识是智力成果的实质，所有的智力成果都具有可感知性，包

① 张清俐：《知识形态演进改变世界发展格局》，载中国社会科学网 2021 年 9 月 28 日，https://baijiahao.baidu.com/s?id=1712126387108631944&wfr=spider&for=pc。

② 按获得方式可区分为直接知识和间接知识；按创造和拥有知识的主体可分为个人知识和公共知识；按其内容可分为自然科学知识、社会科学知识和思维科学知识；按级别可分为经验形态的知识和理论形态的知识。

括专利技术。如果没有可感知性,则人们无法沟通,智力成果无法传播,他人无法利用。所以,知识意味着可感知性。作品是一种知识,说明作品中的知识具有可感知性,这就将作品与停留在自然人大脑中的外人无法感知的思想区分开来。所以,著作权只保护体现在作品中的作者思想,不保护腹稿之类的思想。这就继承了思想表达二分法的合理内核。

“独创性知识”,是指具有独创性的智力成果。它的意蕴在于揭示智力成果的类型。至今没有认识的,可以证明是正确的物质世界的现象、性质和法则的认识,称为“发现”;利用自然规律解决技术领域特定问题的方案表现为“发明创造”;区别商品的不同来源,具有识别作用的标志表现为“商标”;表现人类思想或情感的智力成果则称为“作品”。在整个智力成果中,只有作品才可能具有“独创性”。作品作为人类文化的一种形式,从其产生之日起,在法律上就具有了不同于其他智力成果的特点。著作权保护的是作者“创作”的,而不是“发现”的,这就将作品与“科学发现”区分开来;“独创性”而不是“先进性”或新颖性,将版权作品与专利技术区分开来;“独创性”而不是“识别性”,则将版权作品与商标区分开来(商标一般是用已有的几个文字或图案设计而成,不是独创的,如果是独创的也可以同时受著作权保护)。

“独创性个人知识”是本书作者提出的概念,是指作者个人通过智力劳动独创的新知识。作品是智力成果,智力成果与知识具有同质性。某个人创作的作品必定包含了作者独创的个人知识,同时可能包含了公共知识和他人的“独创性个人知识”,公共知识和他人的“独创性个人知识”不能成为作者作品中的实质部分。作者的“独创性个人知识”是实质意义上的著作权保护对象。

第二,不保护作品中的公共知识。马克思在《1857-1858年经济学手稿》中提出了“一般智力”和“一般社会知识”的概念,是指人类社会长期发展和积累起来的总体智力和社会公共知识。“公共知识”,是指存在于公共领域内人人可以自由免费使用的知识。确立“公共知识”的正当理由在于:作者创作作品是在公共领域中前人创作的知识的基础上提出新知识,几乎所有的作品都不是作者独自闭门造车,冥思苦想弄出来的。公共知识主要源于超过保护期的个人知识,其他不受著作权法保护的知识,如官方文件首次提供的知识也属于公共知识。

## 三、独创性个人知识与公共知识二分法原则的具体化

独创性个人知识与公共知识二分法原则可以具体化为三项原则:独创性标准原则、视同原则和公有领域原则。

### (一)独创性标准原则

独创性标准是划分著作权保护外部边界和内部边界的标准。

**1.作品的独创性**

作品的独创性包括作品内容的独创性和作品形式的独创性。独创性的英文为“original”,意为“独立的,第一手的”。“独”的含义是“独立创作、源自本人”,包括两种情形:第一,从无到有地创作;第二,以已有作品为基础进行再创作。“创”即“创造性”,作品源于作者,而非通过抄袭他人或公有领域的作品所得。对独创性的理解受到作品类别、著作权基础理论、著作权法的功能以及文化差异等多种因素的影响。英美法系国家受劳动财产权理论的影响,早期采用“额头上的汗水”理论,关注的是作品的创作过程,并将创作过程中作者付出的智力劳动等同于独创性。1991年美国联

邦最高法院在 Feist 案中提出,作品还须拥有最低限度的创造性(minimal degree),这在某程度上否定了“额头上的汗水”理论。大陆法系关注的是作品与作者之间的关系,对独创性的要求高于英美法系的标准,认为作品是作者人格的延伸,因而作品必须体现作者的个性。欧盟曾于 20 世纪 90 年代确立了摄影作品、计算机程序、数据库的独创性标准为作者自己的智力创造(author's own creativity)。这个规定为这三类作品设置了一个低于“体现作者个性”的独创性标准,但这个创造性的界限仍然模糊不清。总之,两大法系都很难为独创性建立一个分门别类、泾渭分明的判断标准。我国《著作权法》也缺乏对独创性的阐释。

**2. 作品是否具有独创性的判断路径**

一看作品的完成是否为该作者自己选择、取舍、安排、设计、综合的结果;二看是否依已有的形式复制而来;三看是否依既定的程式或程序(又称手法)推演而来。

对作品的独创性的判断应从作品本身而不是创作过程入手。作品的创作不是法律行为,而是一种事实行为。著作权法所称的创作,是指直接产生文学、艺术和科学作品的智力活动。为他人创作进行组织工作,提供咨询意见、物质条件,或者进行其他辅助工作,并非创作。作品是该事实行为的结果。英美法系早期的“额头上的汗水”理论在判断独创性时有过分关注创作过程的弊病。创作过程中作者智力投入的多少与作品的独创性高低并不成正相关的关系。劳而无功、事倍功半、事半功倍现象多如牛毛,一箭双雕、妙手偶得并不罕见。无论创作付出的劳动多与寡,只要创作的结果——作品在客观上具有“增量知识”,“有”(不是无)作者提供的前所未有的知识,无论知识质量的高低,均符合独创性标准的要求。

对作品的独创性的判断不能仅从是否体现作者个性来进行。首先,作品是作者的智力劳动成果,作品创作出来后或多或少会带有作者的个人印迹。其次,作品是否反映作者的个性,是一种主观的价值判断,每个人对作品的理解受其出身、阅历、知识积累和价值观等因素的影响,因而每个人对作品的评价不尽相同。美国法官霍姆斯认为,由只受过法律训练的人对作品进行最终的价值判断是危险的。

独创性应从作品本身是否包含了作者与众不同的内容和形式来判断。有的学者认为:"作品可看作由多个独立的意思表达单元'元素'组成的集合,其独创性等于该集合中元素排列组合数与各元素的表达方式连续相乘的积。"[①]在 Alfred Bell 案中,美国法院提出了"可区别性变化"标准。这项标准认为,与既存作品相比,只要一部作品存在具有可区别性的微小变化,即可认定该作品具有独创性。这项标准从创作结果出发,并建立在新表达与旧表达区分的基础上,使独创性的判断更趋于客观性。创造本质上是从无到有、从同质到异质的结果产生过程。后来的作品与先前的作品相比,无论是从无到有,还是从旧到新,只要后来的作品反映出一定的与先前的作品的差别,也无论该差别是量变还是部分质变,均可认定后来的作品具有独创性。[②]

**3. 独创性标准的具体要求**

(1)作品内容中的独创性成分受著作权保护,无论作品形式有

① 杨敏锋:《论作品独创性的数学计算模型》,载《知识产权》2018 年第 8 期。

② 参见卢纯昕:《作品标题的可版权性探究》,载《编辑之友》2015 年第 3 期。

无独创性。[①] 作品的内容是作品存在的基础。有人认为,文学、艺术和科学作品皆是创作人对客观现实的描述及其中所表达的思想或情感的综合产物。作品的内容既包括创作者对客观现象所作的主观评价,也包括创作者对客观现象所作的客观描述。作品内容的这两个方面并非处于分离的状态,而是紧密融合在一起。

如果作品中的内容是客观世界本来不存在的,作者凭想象创作出来的,这一类的内容不是人人都可以自由使用或利用的。演绎作品之所以受到原创作品著作权人的一定控制,汇编他人作品要取得原创者的同意,原因之一在于原创作品反映的对象(作品的内容)是原创者独自想象出来的,例如,曲波撰写的《林海雪原》,虽然解放军在牡丹江一带剿匪具有真实的战斗背景和人物原型,但小说中栩栩如生的人物形象和战斗场景是曲波虚构想象出来的。《林海雪原》中描写的威虎山与海林县真实的威虎山大相径庭,后者并没有暗堡地道,杨子荣并没有假扮成胡彪打入威虎山成为"老九"。这些作品内容中作者独创的成分,经过作者的冥思苦想,花费了作者的不少心血,因而受到著作权保护。将这些内容搬到银幕上、舞台上,将小说改编成视听作品,必须征得作者的同意。

就文学作品而言,文学作品的内容包括对外界客观事物的反映,这是人人都可以去反映的,如摄影家拍摄的天安门的照片,天安门是客观存在的,某个人不能垄断对它的拍摄。摄影家的不同拍摄角度、不同曝光度、是采用长镜头还是广角镜头,这些属于表

---

① 从哲学上讲,内容是指构成事物的各种要素的总和;从一般意义上讲,内容是指事物所包含的实质性事物。例如,艺术作品的内容是人们感受到的主观的、心理的和情感方面的意蕴。又如,文学作品的内容是指作品所反映的、渗透着作者的思想感情和审美评价的社会生活,包括生活内容和思想观念,文学艺术作品内容的构成要素主要是生活题材、人物、故事、事件、情节、细节和审美评价、情感等。

达形式的元素，无疑是受著作权法保护的。除此之外，作家在脑海里凭空想象出一个外界本来没有的东西，诸如孙悟空之类的从石头里蹦出来的生物，并用语言、图案表达出来，在这种情形下，作品的内容和形式都是受著作权法保护的（当然，进入公有领域后就另当别论了）。

（2）具有独创性的作品形式受著作权保护，无论作品内容有无独创性。如作者利用公共知识进行再创作，由此形成的独创性表达形式将受到著作权保护。作品的表现形式是作品内容的组织构造或外在表达，是作者将无形、抽象的内容用语言、色彩、符号等表达媒体客观地表现于外部的一种方式。内容和形式是同一事物的两个侧面，作品的形式并不都受著作权保护，作品形式是否受保护，也要看作品形式有没有“独创性”。

就表达形式（体裁、结构、语言、表现手法等）而言，这些形式并不都是受著作权保护的。

第一，作品体裁。作品体裁包括文学体裁、艺术作品种类、科学论文类型等。文学体裁，是指文学作品的类别，即文学作品的具体样式，它是文学形式的因素之一，简称“文体”，常见的有诗歌、小说、散文、剧本、小说、寓言、通讯等；有的学者将文学体裁分为散文、小说、诗歌、戏剧四大类。艺术作品的现代种类包括电影、电视剧（综艺节目）、油画、绘画、雕塑、雕刻，有些国家的版权法把建筑作品和摄影作品也列为艺术作品。科学论文可分为基础理论型论文、应用研究型论文、学术争论型论文、调查报告型论文和文献综述型论文。作品体裁不是作者独创的，它们早已进入公有领域，是人人都可以利用的表达形式，不具有可版权性。

第二，作品结构。它是作品内部的组织构造和总体安排。文学作品结构可以宽泛地分为表层结构和深层结构两个基本层次。在文学作品中,语句之间按照某种特定的韵律、节奏形式组织起来,故事里的各个事件、场景按照一定的前后关系和轻重次序联系起来,作品深层的情感和思想内蕴按照一种表现意图逐步显现出来,这些方面结合在一起,这种整体感把文学作品从杂散的语句组织成完整的欣赏对象。艺术作品的结构因不同的艺术形式而异,如音乐作品中有长短结构、乐段结构、和弦结构等,除了空间上的结构——“织体”以外,还有时间上的结构——“曲式”(music form)。音乐因此被称为“时间的艺术”。音乐作品要在时间的延续中有序地铺展,不像欣赏美术作品,在瞬间就能大致把握整体结构。科学论文的结构一般应包括标题、摘要、关键词、正文、参考文献及致谢等部分。作品结构具有可版权性,但不能说作品结构本身或所有的作品结构都受著作权保护。只有具有独创性的作品结构才具有版权性。如在曲谱中什么地方用和弦结构,用多少个和弦结构,是用三和弦结构还是七和弦结构,最低音或根音选哪个音,这一过程中,作者设计的有个性的音乐作品结构才受著作权保护。

第三,作品语言。如作品结构一样,在司法中,判定涉嫌侵权的作品是否抄袭了别人的原创作品,作品语言也在比照之列,即作品语言具有可版权性。文学语言以审美功能为主要特征,通过声音、结构和审美特质凸显自身存在。它既是文学表现内容的手段,又是连接文学形式各因素、构成文学存在形式的要素。艺术语言也叫艺术的形式语言,是指艺术作品的形体、明暗、色彩、空间、材质、机理等,它决定着艺术作品能否吸引观众的眼球。如表情是表达情感状态的身体各部分的动作变化模式,表情动作是一种独具特色的情绪语言，以有形的方式体现出感情的内在经验，成为人际感情交流和相互理解的工具之一。理论作品的语言具有准确性（概念明细，判断准确，逻辑推理严密）、抽象性（相对于文艺作品语言的形象性、抒情性而言，基于研究的思维过程和抽象的内容，这种语言是与内行人交流的专业化语言，是学术圈内的小众化语言，例如爱因斯坦发表广义相对论时全世界真正领悟者寥寥无几）、规范性（语序的安排要体现事物先后次序，语法符合规范，标点符号的使用符合规范）、精准性（无歧义地表达，言简意赅，语言凝练，不信口开河）等。作品语言无疑是可受保护的成分之一，但是否受保护还得看有无独创性。画家在作品中使用的色彩并不都是受保护的，每个画家画画都要使用色彩，但用多少、在什么地方用、颜色的深浅如何、这种颜色与那种颜色怎么调和搭配，需要画家独具匠心，带有"独创性"，这才是作品形式中受保护的对象。一般来说，作者们的语言风格是各不相同的，俗话说，"文如其人"。如果赤裸裸地抄袭，一字不变，连作品语言都原封不动地照搬，则无疑属于剽窃而构成侵权作品。

第四，表达手法。即写作方法，是指在作品创作中塑造形象、反映生活所运用的各种具体方法和技巧。文学作品的表达手法从广义上来讲就是作者在行文措词和表达思想感情时所使用的想象、联想、类比、象征、烘托、对比、渲染、修辞。不同类别的艺术作品有不同的表达手法。绘画和雕塑主要运用形、色、质以及点、线、面、体等造型手段。音乐作品的表达手法有旋律、调式调性、和声、织体、音区、音色、速度、力度等。舞蹈以经过提炼、组织和美化的人体动作姿态为表达手法，传达人类的审美情感。美术作品的常见的表达手法有简化、夸张变形、抽象化。理论作品的表达手法体现在对论点、论据、论证三个基本要素的安排上,其表达手法就是议论文的写作手法,如引经据典、逆向求异、正反对比、类比推理等。表达手法作为作品形式也具有可版权性,但是否受著作权保护,也得看有无独创性。

(3)无论是作品的内容还是作品的形式,如果没有独创性,均不受保护。没有独创性的作品内容不受著作权保护,没有独创性的作品形式也不受著作权保护。根据传统的表述,这种现象叫"非独创性表达",是一种与他人相同或近似,而又不包括作者创造性智慧劳动成果的表达,是依据公共知识做出的和他人相同或相似的作品,如历史著作及历史文献,民间传说与民间习俗、传统文化、惯用表达(用典不算抄袭)、根据人的本能或普遍性的行为创作的作品等。

本书在第二章论述过,作品内容基本分为两类,其中一类是对客观世界存在的事物、现象或发生的事件等的认识,这种作品内容没有独创性,是人人都可以利用的,它不专属于任何人。据此,著作权法中确立了"场景原则",即在文学作品中,如果根据历史事实或者人们的经验、观众的期待,在表达某一主题的时候,必须描述某些场景或使用某些场景的安排和设计,那么这些场景视同进入公有领域的作品,后续作品表达描述相同场景不构成侵权。例如,外国吸血鬼内容的恐怖电影大都带有夜间坟地、棺材、猫头鹰等场景,以德国纳粹为背景的历史小说一般有党卫队、啤酒馆等场景。

**4."独创性标准"不同于"新颖性标准"**

据此产生著作权法与专利法保护对象的分野。著作权法保护独创性作品的著作权,专利法保护创意思想的专利权。作品只有具有独创性和可感知性等实质条件才能受到著作权保护，一项发明或者实用新型只有具有新颖性、创造性和实用性等实质条件才能受到专利保护。依据“独创性”就可以将智力成果中的作品和专利区分开来。

（二）视同原则

当某种含有独创性个人知识的作品内容只有一种或极其有限的几种表达形式时，由于作品的内容与形式是结合在一起的，意味着这种作品只有唯一的一件或很少的几件，这种作品是否具有独创性就没有参照物可用于对比，无法判定作品内容有没有独创性，因而视为同样没有独创性，整个作品不受保护。这个原则进一步推广，就推定凡是作品只有唯一表达形式的，就不再问作品内容和形式有无独创性，一律视为没有独创性，这个作品不受著作权保护，以免违背《著作权法》“鼓励有益于社会主义精神文明、物质文明建设的作品的创作和传播，促进社会主义文化和科学事业的发展与繁荣”的立法宗旨，造成思想垄断现象。历法、通用数表、通用表格和公式往往只有一种表达形式，所以不受著作权保护。《计算机软件保护条例》第 29 条规定：“软件开发者开发的软件，由于可供选用的表达方式有限而与已经存在的软件相似的，不构成对已经存在的软件的著作权的侵犯。”

（三）公有领域原则

“公有领域”也称“公共领域”。罗马法中明确了公有物（res publiae）和共有物（res commons）为公共使用的财产，它们为社会中所有人共同享有。这被看作知识产权“公共领域”赖以建立的思想基础。“公共领域”这一术语是从不动产领域中借用的概念。在 19

世纪末最早出现公共领域的概念见于《伯尔尼公约》,它从法语中借用,并在知识产权领域逐渐被广泛地使用。公有领域的精神产品通常包括没有纳入知识产权法保护范围中的知识创造成果、保护期限已经届满的知识创造成果,以及权利人放弃知识产权的成果。

2012 年 1 月 18 日,美国联邦最高法院以 6∶2 的决议实际上宣布:那些已属于公共领域的著作可以通过国会的一项法案而重新置于著作权的保护下。

知识产权保护期限制度在本质上确立了知识产品最终成为社会公共财富的制度。含有独创性的个人知识的作品进入公有领域后不再受著作权保护。理由在于:

第一,著作财产权受保护的期限截至作者死后 50 年(各国具体规定时间长短不同),在这么长的时间里,作者创作作品的成本早已收回,应该实现的利润也已经收入囊中。

第二,知识本来具有公共产品的特性,为了公共利益不能无限期地保护著作权。

发明专利者可以放弃专利,例如,居里夫妇发现了镭,居里夫人毫无保留地公布了镭的提纯方法,放弃了专利。但对于作者能否自己放弃著作权,使个人知识进入公有领域成为公共知识,法律尚无规定,学界也未深入探讨。

如何证明作品已经进入了公有领域,有人考虑的是"三人为众",而不是作品是否过了保护期:张三告李四引用自己作品侵权,李四举出有 3 个人引用过张三的作品,认为该作品是公有领域的作品。笔者认为,应以超过保护期为判定标准,如仍在保护期内,3 个引用者都侵犯了张三的著作权。

## 四、该原则在著作权法中的体现及在司法中的适用

### （一）在《著作权法》中的体现

我国《著作权法》第3条明确规定了版权作品的本质特征即“独创性”。笔者认为，此即体现了独创性个人知识与公共知识二分法原则确定的独创性作品概念，亦是著作权法的体系基础，这个原则在著作权法的整个体系均有体现。例如，只有创作出了含有独创性个人知识作品的人才能成为作者，只有含有独创性个人知识的作品才能成为著作权客体，只有独创性标准才能合理地确定著作权保护的外部边界和内部边界，只有创作出含有独创性个人知识的作品的作者才能享有和行使著作权，在这个基石上才产生作者利益、作品传播者利益和公共利益的平衡机制，等等。

这一基本原则的精神还体现在具体规则中。例如，《著作权法》第5条第2项规定的“单纯事实消息”，就是没有独创性的“作者对客观现象所作的描述”；第5条第3项规定的“历法、通用数表、通用表格和公式”，就是没有独创性的表达形式。它们因为没有内容的独创性或者形式的独创性而不受著作权保护。

### （二）在司法中的适用

在涉及著作权的侵权案件中，将原告、被告的作品相同或相似部分进行分析，从相同或相似部分顺藤摸瓜，确定被告的作品是否抄袭，需要根据这项基本原则指导司法实践。在一些案例中，法院可以运用“确认—过滤—比较”三步法来认定侵权。三步法是该基本原则运用于司法实践的重要方法。第一步，确认。确认原告、被告的精神产品是什么类型的智力成果，是不是作品，能

否适用著作权保护。第二步,过滤。将原告、被告作品中属于公共知识的部分排除掉。第三步,比较。将原告、被告作品剩下部分结合独创性标准,判断是否构成实质性相似。在这个过程中,“确认”“过滤”正是对著作权保护的外部边界和内部边界进行划分,“比较”则是对原告、被告作品之间相似性的认定。“比较”的关键在于是否构成“实质性相似”,实质是找出作品的独创性内容和独创性形式。

## 第三节　我国著作权法的其他基本原则

### 一、保护作者著作权与兼顾作品传播者邻接权

#### (一)保护与兼顾基本原则的基本要求

我国《著作权法》开门见山第1条就是“为保护文学、艺术和科学作品作者的著作权,以及与著作权有关的权益”。

该基本原则的基本要求可以从《著作权法》的立法目的、权利内容的规定、权利归属的规定等反映出来。在调整作者与传播者、社会大众三者之间因作品的归属、控制、传播、使用、处分发生的权利义务关系时,应首先并充分保护作者的利益,并兼顾传播者在传播作品过程中的应得利益。

著作权法中的激励理论,主张著作权的创设可以激励作者进行智力创作,刺激传播者进行同创作或传播相关的投资,这是著作权制度必然产生且不可替代的根本原因。激励理论也可以从类似于专利权利的经济理性角度作出解释。著作权制度要实现自己的

既定目标，首先就必须寻求对作品创作者、传播者的激励。

（二）以维护作者的权益为首要原则

第一，著作权是以作品为客体的民事权利，而作品直接源自作者的脑力劳动。作者在创作作品时同样要花费时间和劳动，与其他劳动成果的创造者没有根本区别，作品就是一种劳动产品，作者理应获得报酬。作者权利至上，著作权法的灵魂与核心价值即保护作者的著作权。保护作者的合法权益，调动知识分子的积极性是著作权法的立法宗旨。有的大陆法系国家直接将该法命名为“作者权法”。[①] 保护创作者的正当权益，调动广大作者的创作积极性，从法律上确立作者对其创作的作品享有人身权的财产权，才能为作者进行再创作提供了物质的和精神的条件。

音乐家施光南为《十五的月亮》谱曲只得到 16 元。山西的农民作曲家史掌元当过石匠，16 岁就开始打石头，后创作民歌一千多首，曾任山西省音乐家协会副主席。但在没有著作权法的年代，像这样一位来自民间的音乐家，到晚年却经济拮据，生活困难。如果有了健全的版权制度，他早该腰缠万贯，靠版税收入过上幸福的生活。

第二，作者权是传播者权之源。作品是传播者利益的源泉，没有作者创作的作品就没有传播者传播的对象，邻接权依赖于著作权。因为没有作品就没有传播，也就没有邻接权的产生，因而著作权法要先保护著作权人的合法权益。邻接权总要受狭义著作权的限制，其行使要得到著作权人的许可，往往要向著作权人支付报酬。

---

① 参见刘春田：《〈民法典〉与著作权法的修改》，载《知识产权》2020 年第 8 期。

第三,作者是著作权原始主体,作者权是著作权继受主体的权利之源。著作权的所有主体中,作者是最为重要的著作权人。作者作为自然人,是作品产生的唯一真正的主体,因为作品是大脑思维的精神产品,其他任何社会组织是没有大脑这种生理器官的,所以只有作者才能创作作品。没有作者权,就没有著作权继受取得现象。

第四,保护好作者权是激励作者创作,从而增加公共知识总量的必然要求。只有这样,新的作者才会如雨后春笋般地涌现出来,更多更好的作品才会不断推出,社会对精神产品日益高涨的需求才能得到满足。

(三)兼顾传播者利益的正当性

第一,传播者在传播作品的过程中付出了创造性劳动,有正当理由获得相应的权利。例如,出版者邻接权是出版者基于其出版传播活动的智力成果而应当享有的专有性权利。此种专有权(不是专有出版权)是著作权法赋予的,不取决于出版合同的约定,也不是由行政机关赋予的。编辑人员属于知识分子,虽然他们劳动成果的“独创性”没有作品那样高,但编辑人员独具匠心,其从事的选题策划、组稿、审稿、对书稿编辑加工等工作,都付出了脑力劳动。

第二,保护传播者邻接权是保护作者著作权的必要条件。著作权自作品创作完成之日起就诞生,但实际上没有传播者的参与,作者的著作权往往只是应然权利,不是实然权利,它只有在传播过程中才能转化为实际的利益。并且,作品传播者是文学创作的辅助者,因为表演者决定了音乐作品和戏剧作品的命运,录音企业可使作品原本稍纵即逝的印象长存。从历史上看,作品的传播对著作权观念和著作权法的产生起到了重要的催生作用。在著作权法诞生之后,传播者在作品传播过程中投入了智力劳动和大量的人力物力,加速了作品广泛迅速低价传播,对于实现作者权益功不可没。

第三,保护传播者邻接权也是保障社会大众接近作品的利益的必要条件。没有传播者投入智力劳动和巨额资金制作作品复制件,并投入流通领域,社会上就会作品凋零,文化荒芜,大众就会缺乏接近作品的机会,没有或很少作品可以消费。

#### (四)保护作者权与保护传播者权相得益彰

保护作者权与保护出版者权虽会产生利益冲突,有时会顾此失彼,但更多的时候两者是相互促进,相得益彰的。

第一,一般情况下,作者利益与传播者利益捆绑在一起,保护作者利益与保护其自身利益是无法分割的,利益均沾,一损俱损,一荣俱荣。

第二,保护好了作者的利益,作者创作出更多更好的作品,传播者就能传播更多更好的作品,实现利益共赢。传播者在传播作品中收回成本并有利可图,才能保证作者的利益。

### 二、平衡作者个人利益、版权企业利益与公共利益

#### (一)平衡基本原则的基本要求

利益平衡被认为是著作权法的立法精神和基本原则之一。按照利益平衡的精神,著作权法既要有利于激励创造、保护私权,也要有利于对作品的传播和使用,实现利益的平衡。技术的每一次新发展,都会打破当时的利益平衡状态,而经过著作权法的革新又达到一种新的平衡。利益平衡原则既为著作权法的完善提供理论

指导,也为具体的著作权制度设计提供基本准则。

作者的利益实质上是一种私人利益,版权企业的利益也不属于公共利益,而使作品得到广泛传播则更多地体现了社会公众利益的需要。为防止作者滥用著作权、防止作品传播者滥用传播者邻接权,著作权法对这些权利予以限制,如规定合理使用、法定许可等制度。自世界上第一部著作权法,英国的《安娜法》颁布实施以来,著作权的限制与反限制就成为著作权法的主旋律。著作权法利益平衡原则的基本要求在于:著作权法提供的是适度、合理的保护水平,既保护作者的私权也确保公众对作品的使用权利,努力实现私人利益与公共利益之间的平衡。

我国《著作权法》第 4 条规定:"著作权人和与著作权有关的权利人行使权利,不得违反宪法和法律,不得损害公共利益。国家对作品的出版、传播依法进行监督管理。"作为自然人的作者和作为法人的版权企业对作品的专有权与公众对作品的合理需求是著作权法中最主要的矛盾之一。著作权法是协调著作权人利益与社会公共利益的"平衡器"。为了激励作品的创作和传播,著作权法授予作者和传播者对作品的某种垄断权;同时为了保护公共教育、学习交流、信息分享等社会公共利益,著作权法也允许公众使用者、后续作者以某种合理方式使用这些私有领域的作品。利益平衡是现代著作权立法的基本精神,版权制度从来都是利益平衡的结果。

公共利益,是指不特定的社会成员所享有的利益。公共利益表达了人们对社会共同福利的追求,能够为权利限制做出正当性说明。公共利益的概念最早可以追溯到古希腊时期。亚里士多德认为,国家是最高的社团,其目的是实现"最高的善",而这种"最高的善"在现实社会中的物化形式就是公共利益。公共利益所具有的不确定性，主要是由于其内容与受益对象的不确定造成的。

有学者主张，著作权法的利益平衡的价值目标是著作权法调整主体的利益关系处于相互协调之中的和谐状态。这种平衡主要涉及作者与其他著作权人自身的权利与义务之间的平衡，以及作品的创作者、传播者和使用者之间的利益平衡等，但最实质性地体现于著作权人的私人利益与公众接近作品的公众利益，以及在此基础之上更广泛的社会公共利益之间的平衡。在著作权人的权利和使用者或者说用户的权利之间实现平衡，是著作权法中的一种传统的利益平衡。这种平衡本身也代表了著作权法中的一种社会政策目标和政策解决办法。著作权法的利益平衡体现了著作权法的二元价值取向，即保护作者权益、促进文化事业发展与繁荣的目的和对作者专有权的保护与对这种专有权的限制并存。[①]

### （二）版权私有化与知识生产社会化之间矛盾的折射

著作权属于私权已为学界共识。在当代，社会是知识经济社会，知识产权及其私有化问题，已经成为当代不可回避的重大问题。随着全球化和全球产业结构的调整，跨国集团和其他大企业不断抢占全球产业价值链的中高端环节，出现了不同于以往物质资料生产的知识产品生产方式。当代西方认知资本主义指出，现在不再是用商品来生产商品，而是用知识来生产知识，知识生产或者说生产知识的认知劳动已经在实际上从属于资本了。众多个体的自然人作者在创作作品，但具有一定规模的版权产业均被大公司控制，知识财富以产权的形式将作者的创作成果或集体智力成果私有化，实现了作者和版权企业对智力劳动成果的控制，建构了

---

① 参见冯晓青：《著作权法的利益平衡理论研究》，载《湖南大学学报（社会科学版）》2008 年第 6 期。

一种新的知识产权关系[①];知识产权私有化后作者和版权企业可以控制知识产品的产生和流通。知识或知识产品本质上具有社会公共性,它是人类社会的共同精神财富,是在人类社会已有公共知识的基础上推陈出新而积累起来的,是为满足全社会的精神需要而推出的。社会大众需要日益丰富的精神产品,而知识产权的私有化又要人为制造资源的稀缺性来阻碍知识产品的生产和传播。这种产权私有化与生产社会化之间的矛盾,迫使各国在著作权制度的设计中,努力建立一种私有利益与社会公共利益之间的平衡机制。

### (三)公众分享公有领域的公共知识的正当性

马克思在《1857-1858年经济学手稿》中提出了“一般智力”的概念,是指人类社会长期发展和积累起来的总体智力和“一般社会知识”。社会大众既没有参与作者个人知识的创作,也没有直接为公共领域的公共知识添砖加瓦,为什么能对公共知识分享公共利益?版权领域划定公共领域有何意义?

洛克的增加价值理论认为,劳动增加物的价值,但劳动增加并不能说明产品的所有价值都归于劳动者。不能因为向大海投了一瓶西红柿酱而拥有整个大海,基于劳动的自然权利也要考虑物的增加的价值。

意大利哲学家、符号学家维尔诺[②]认为,一般智力是主体自身的能力和潜能,而知识则是人类智力客观化的产物,它们在本质上

---

① 参见孙乐强:《一般智力与解放的乌托邦:当代西方左翼主体理论的再反思》,载《华中科技大学学报(社会科学版)》2020年第3期。

② 保罗·维尔诺曾是工人主义团体“工人力量”(Potere Operaio)的一员,意大利“1977年运动”中,他被指控是“无产阶级武装派”的幕后指使者,与安东尼奥·内格里等人一起被逮捕。目前任教于罗马大学,著有《诸众的语法》《创新与否定间的诸众》等作品。

都属于人类的共有之物。这种公共性构成了一般智力和知识的本质属性。如果智力的公共性不交给公共领域范畴,不交给众人可以参与公共事务的政治空间范畴,就会产生可怕的后果。

第一,在作品丛林中划出公共领域的自由地带,使任何人都可以自由、免费地使用其中的既有成果而无担责之虞;版权制度的工具价值在一定程度上简化了作品独创性认定的复杂程度。公共领域内的思想、事实等信息资源因属于社会公众自由获取、利用的公共知识,其天然不具备独创性。大自然的东西是人人可以自由免费使用之物。

第二,作品具有传承性,任何作品都是在前人智力成果的基础上创作出来的。作品独创性的生成有赖于对公共领域内可自由使用元素的择取、整合与添附。没有无源之水,任何人都无权将前人的智力成果据为己有,任何人都有权使用前人创造的已经进入公有领域的公共知识。

第三,在保障作者著作权和确保大众接近作品之间达成平衡,才能经济有效地分配版权产品这一稀缺资源。版权作品在经济上体现为一种稀缺的公共产品,最初的成本可能居高不下,但是复制成本却非常低廉。作品作为商品进入市场后发生盗版和剽窃的风险很高,他人能够很容易地获得复制品。作者和作品传播者可以以接近边际成本的价格销售,以遏制盗版产品,但这样也可能使自己血本无归。其后果将是作者再无动力创作作品,智力创造的供给严重不足,最终形成恶性循环,导致社会知识财富枯竭。因此,不能顾此失彼,必须在保障作者收回创作成本并获得应有的创作利润与确保大众接近作品之间达致平衡。

《俄罗斯联邦民法典》第 1282 条鲜明地体现了这一基本原则

的要求。该条规定,无论是发表的,还是未发表的科学、文学或者艺术作品,其专有权保护期届满后,都会转变为公共财产。已经转变为公共财产的作品,可以不征得任何人的同意和不支付著作权报酬,为任何人自由使用。在这样的情形下,作者身份、作者署名和作品不可侵犯性应受到保护。任何人都可以发表已经转变为公共财产的未曾发表的作品,而作品的发表不得同作者以书面形式(遗嘱、书信、日记等)所明确表达的意志相矛盾。

# 第五章　著作权取得、主体与归属论

律者，所以定分止争也。

——管子

## 第一节　著作权取得制度

### 一、著作权取得条件制度

#### （一）自动取得制度

从全世界著作权法的发展来看，著作权的取得经历了从登记取得到自动取得的转变过程。作为第一部现代著作权法，《安娜法》曾经明文规定了“登记”的取得要件，即在书籍行会的登记簿上进行登记。《伯尔尼公约》改弦更张，明确规定：“享有和行使这些权利不需要履行任何手续，也不论作品起源国是否存在保护。因此，除本公约条款外，保护的程度以及为保护作者权利而向其提供的补救方法完全由被要求给以保护的国家的法律规定。”这一制度所依据的原则也被称为著作权自动取得原则或自动保护原则。

著作权自动取得制度具有以下优势：作品一经创作完成可即时获得著作权保护，节省了注册、审批等成本。该制度的缺点在于,一旦发生著作权纠纷,未经登记的作品取证困难,相关著作权权益会处于不稳定的状态。[①] 因此,有些国家的著作权法通过设立自愿登记制度作为补充。

### (二)注册取得制度

注册取得制度,是指以登记注册为取得著作权的条件,作品只有经登记注册之后才能产生著作权。这种著作权注册取得的原则,又称登记主义或注册主义。

注册取得制度的优势在于,具有较强的公示效力,可以明确地展示著作权人的身份,他人将负有某种注意义务,有利于及时处理侵权纠纷,保障著作权人的合法权益。注册取得制度的局限在于,难以有效保护那些未及时登记的作品,也不能保护那些来自未实行著作权注册取得制度国家的作品。世界上只有少数国家采用这一制度。

### (三)其他取得制度

**1. 载体固定取得制度**

作品必须以有形物固定之后,才能获得著作权。美国的版权法即采用此制度。

**2. 版权标记取得制度**

《世界版权公约》即采用此制度,该公约规定,一切已发表的作

---

① 本书作者曾与本校郭教授探讨过这个问题。郭教授指导某本科生撰写毕业论文,获得校学生优秀论文奖。几个月后,郭教授发现该学生的论文在某专业刊物上以他人的名义公开发表了,并了解到署名作者就是该刊物副主编。该学生打电话到杂志社编辑部反映情况,编辑部接电话者以讥讽的口吻回复道:"我们杂志社堂堂的副主编怎么会去抄袭你这个无名小子的文章,是你这个本科生抄了我们副主编的文章吧?"我国著作权取得采用自动主义,双方都没有取得作品登记证书,民事诉讼在证据方面采取"谁主张,谁举证"的原则,由于不知谁在先完成作品,不清楚是否存在"时间上的先后性"和"空间上的接触性"这两个抄袭的必备条件,所以双方都没有直接的证据证明谁是真正的著作权人,谁是剽窃者。一时双方的权利都处于不明确和不稳定的状态。

品均应加注版权标记，否则将视该作品进入公有领域。版权标记包括版权所有者姓名、首次出版的年份，以及在英文 copyright 的缩写英文字母 C 外加一圆圈，代表版权。

**3. 出版取得制度**

即依据属地原则，以作品在一国境内的首次出版作为取得著作权的标准。例如，我国《著作权法》第 2 条第 3 款规定，外国人、无国籍人的作品首先在中国境内出版的，依本法享有著作权。

上述各种著作权取得制度，各有利弊，现在有相互取长补短之势。例如，我国著作权取得原则上采取自动取得制度，但现在对于计算机软件作品要求登记取得《计算机软件著作权登记证书》，其他作品作者也可以到各地版权局进行自愿登记取得《作品登记证书》。

## 二、著作权取得途径制度

### （一）原始取得制度

关于著作权的原始取得，各国立法不尽一致。

原始取得，是指权利的取得不是以他人已存权利为取得基础，而是初始性地取得权利的情形。通过原始取得所获得的著作权是完整的著作权，包括人格权和财产权的全部著作权的权能。著作权的原始取得主要包括如下具体情形：自然人因创作行为取得著作权、法人等组织因法律规定取得著作权、自然人或法人等组织因法律推定取得著作权。如莫言因创作出小说《红高粱》而获得该小说的著作权。

### （二）继受取得制度

继受取得，是指权利的取得是以他人既存权利为基础而取得的情形。继受取得,即基于一定的法律事实,导致著作权主体的变更,新所有人继原所有人而取得著作权。继受取得必须以原著作权人的著作权为前提和依据。继受取得著作权的仅为著作权中的财产权,且是部分的著作权。继受取得主要包括如下具体情形:约定取得、继承取得、法律规定取得。如因著作权的转让、卖绝而取得著作权。

## 第二节　著作权主体制度

### 一、著作权主体概念及两种特殊情形简析

#### (一)著作权主体的法律定义

著作权人又称"著作权主体",可分为原始著作权人和继受著作权人。原始著作权人,是指创作作品的自然人和依照法律规定视为作者的法人或者非法人组织;继受著作权人,是指通过继承、受让、受赠等法律许可的形式取得著作财产权的自然人、法人或者非法人组织。根据《著作权法》第 2 条和第 3 条的规定,著作权人是指依法对文学、艺术和科学作品享有著作权的人,包括作者,其他依法享有著作权的自然人、法人和非法人组织。"非法人组织"是不具有法人资格,但是能够依法以自己的名义从事民事活动的组织,包括个人独资企业、合伙企业、不具有法人资格的专业服务机构等,如教研室、研究室、课题组、临时成立的组织等。

#### (二)秘书以及法庭、仲裁庭书记员的主体地位问题

在特定时期、特定情况下,作者并不享有著作权或只享有有限

的著作权。[1] 作者之外的其他人根据法律或合同也可以成为著作权人。如秘书替首长写发言稿，没有署名权。[2]

法庭书记员和仲裁庭书记员在庭审中没有审判权，但案件审理结束后，判决书或仲裁裁决书实际上是由书记员撰写，审判长、审判员或首席仲裁员和两位边席仲裁员只是在上面签字（合议庭或仲裁庭合议时确定了裁决结果，书记员写的裁判文书或仲裁文书若没有充分体现合议庭或仲裁庭意见，可以要求书记员修改）。书记员在这种情形下没有作者身份，书记员撰写的有关文书属于职务作品，甚至属于官方或准司法文书，不受著作权法保护。

传统观点认为，著作人身权与作者不可分离。以上情形表明作品与作者的"血缘关系"并不是不可脱离的，著作人身权并不是与作者人身不可分离；另外，这种作品一般属于官方公文，不属于私人作品，秘书撰写属于职务行为，领导拿去发表也是职务行为。

### （三）国家成为著作权主体

#### 1. 国家成为著作权人的通常途径

在某种情况下，国家可以成为著作权人。《意大利著作权法》第11条第1款规定，由国家、省、市、镇创作并承担经费和以其名义

---

① 1988年6月9日，最高人民法院《关于由别人代为起草而以个人名义发表的会议讲话作品其著作权（版权）应归个人所有的批复》指出，《汉语大词典》主编罗竹风，在中国语言学会成立大会上关于介绍《汉语大词典》编纂工作进展情况的发言稿，虽然是由《汉语大词典》编纂处工作人员金文明等4人分头执笔起草，但他们在起草时就明确是为罗竹风个人发言做准备的；罗竹风也是以主编身份组织、主持拟定发言提纲，并自行修改定稿，嗣后以其个人名义在大会上做发言。因此，罗竹风的发言稿不属于共同创作，其著作权（版权）不应归罗竹风与金文明等人共同所有，而是罗竹风个人所有。罗竹风同意在其他刊物署名刊载发言稿全文，不构成侵害他人著作权。但金文明等人在执笔起草发言稿中付出了劳动，罗竹风在获得稿酬后，应给予金文明等人适当的劳务补偿。

② 1937年7月7日，蒋介石发表著名的《庐山谈话》："如果战端一开，则地无分南北，年无分老幼，无论何人皆有守土抗战之责。"这篇讲话稿是其文胆陈布雷起草的，但陈布雷连署名权都没有。

发表的作品,作者权归国家、省、市、镇所有。综合来说,国家成为著作权人的通常途径有以下三种:

第一种,国家获得遗赠作品的,其著作权归属国家。作者在世时能否将著作权转让赠送给国家,法律无明文规定。从理论上讲,著作权属于民事权利,作者根据意思自治原则可以处分自己的著作财产权。

第二种,著作权属于法人或其他非法人组织的,法人或非法人组织变更终止后,没有人承受权利义务,著作权属于国家。

第三种,著作权属于公民的,公民死亡后无人继承,著作权归国家所有。

**2. 国家是不是著作权的原始主体**

法定货币等是“国家名片”,其图案设计和字体设计都有独创性,因而具有可版权性。但这些“国家名片”不能作为职务作品或委托作品,具有官方文件性质,是受公法和公权力保护的对象。国歌是官方作品,没有版权性,但我国国歌作为音乐作品,开始是私人创作的,后来才被官方确定为国歌,因此我国国歌的词曲是版权作品。对于这种具有私权性质的版权作品,国家为了公共利益的需要,可以征收或征用。我国《宪法》第13条后段即规定,“国家为了公共利益的需要,可以依照法律规定对公民的私有财产实行征收或者征用并给予补偿”。国家对征收或征用的作品并不享有著作权,用公权力获得的私产不能再用于自己谋利,只能用于公益事业。国家已经征收或征用的作品是否属于官方作品,是否属于公共产品而人人可以免费使用,有待研究。

中国邮票也曾是“国家名片”,2009年10月1日以前,邮票以国家名义设计、制作和发行,那时中国邮票属于官方作品。2009年

10月1日以后,邮票由中国邮政集团有限公司设计、制作和发行,从此以后,邮票不属于官方作品,而是版权作品。邮票,是由邮票发行部门委托美术家进行创作,美术家创作主图的工作完成后,一般还要由专业邮票设计人员进行整体版式设计,邮票著作权应归国家授权主管邮票发行工作的邮票发行部门所有。邮票中的主图可能是职务作品或委托作品,其著作权归属问题按著作权法的有关规定处理。

## 二、著作权主体的分类

### (一)自然人、法人和非法人组织

这是按主体性质来分类。作者,亦称著作人,是指直接从事文学、艺术和科学作品创作活动的自然人,是最基本、最直接的著作权主体。由于著作权这一民事权利是基于创作出作品这一事实而依法产生的,所以未成年作者也可以成为著作权人。

迄今为止,只有自然人可以成为从事智力创作活动的主体。其他任何生命体、无生命体和社会组织,都不能从事创作活动。所以客观上,只有自然人是唯一的事实作者。

对于法人作品,英国和美国都承认其权利,在日本,法人作品的权利也得到了承认;按照大陆法系国家作者权法的理论,则作者只能是自然人①,出版商只能是法人,法人不能成为著作权人。德国至今不承认法人为著作权主体,没有法人创作这一概念,《德国著作权法》第7条规定,“作者是指作品的创作者”;第2条第2款规定,“本法律所指的作品只限于个人的智力创作”。法国过去也不承认法人作品,但后来承认。我国则可以将法人视为作者。由

① 如《德国著作权法》第2条第2款规定,著作“仅指个人的智力创作”。

法人或者非法人组织主持,代表法人或者非法人组织意志创作,并由法人或者非法人组织承担责任的作品,法人或者非法人组织视为作者。

(二)原始主体和继受主体

这是按权利来源来分类。著作权原始主体,是指直接基于文学、艺术和科学作品而享有著作权的权利主体,可以是自然人、法人,也可以是非法人单位;可以是作者,也可以是委托、雇佣作者创作作品的委托人或雇主。大陆法系国家一般认为著作权原始主体只能是作者,因为只有自然人的大脑才能创作出作品。英美法系国家则认为版权是一种在商业利用中反映价值的产权,而雇主、委托人对作品的商业利用起到了举足轻重的作用,对作品的创作和传播投入了大量的资金,因而原始版权可归于委托人或雇主。在我国,法人、非法人组织、委托人可以成为职务作品、受委托作品的著作权原始主体。

著作权继受主体,是指基于著作权转让、继承、受遗赠而取得著作权的主体。[①] 在某些大陆法系国家,著作权被视为作者个人的专属专利,不能转让,因而不允许通过权利转让程序继受取得著作权而成为著作权继受主体,但这并不妨碍继受主体通过继承等其他方式继受取得著作权。英美法系国家则允许通过权利转让成为版权继受主体。版权的转让可以是全部转让,亦可部分转让。在

① 《国际歌》的曲作者彼埃尔·狄盖特于1932年逝世。后来《国际歌》的版权的继受主体是德国商人汉斯·巴亚兰,他在1972年以3000美元的价格,分别买下了《国际歌》在瑞士、奥地利和联邦德国的版权,接着又以1000美元买走了民主德国的版权。此后,他相继买下了许多国家的《国际歌》版权,巴亚兰每年都要向全球的使用者收取这首歌的版税——民主德国每天的广播、电视都播放这首歌,而这首歌的收费标准是每分钟350马克(1马克约合0.5美元),所以民主德国支付了高昂的版税。

我国,继受主体只享有著作权中的经济权利,而不享有精神权利。继受主体包括继承人、承受人(原始著作权属于法人或者其他组织的,法人或者其他组织变更、终止后,其作品在保护期内的财产权,由承受其权利义务的法人或者其他组织享有)、受馈赠人、作品原件的合法所有人和国家。

### (三)单一作者和合作作者

这是按主体人数来分类。有的作品,作者只有一个,如曲波是小说《林海雪原》的单一作者。多人共同创作作品的作者为合作作者。国外出现过医学论文、生物信息学论文的署名者成千上万的情况。2014 年,一篇题为《来自大型开放实验的 RNA 设计规则》的论文发表在美国《国家科学院院刊》上,署名作者多达 3.7 万人。一个名为 Foldit 的游戏,是一个实验性的蛋白质折叠电子游戏,结合了众包与分布式计算的思想。2010 年 7~8 月,相关科研团队先后在《自然》和《科学》杂志上发布了这款游戏的研究成果。作者栏处写着“超过 57,000 名玩家”,作者单位写的则是“全世界”(Worldwide)。[①]

对不能分割使用的作品,合作作者共同享有该作品的著作权;对能够分割使用的作品,可分别单独享有本人创作部分的著作权,但行使权利时不可侵犯作品整体的著作权。作者之一死亡后,若无人合法继承或受遗赠,其遗留的著作财产权由其他合作作者享有。没有实际实施创作作品的智力劳动,而仅为作品的创作提供资料、物质条件、咨询意见或者进行组织工作和其他辅助工作的,不能成为合作作者。

---

① 参见李明子:《一篇科学论文有 57000 名“作者”,他们都是游戏玩家》,载微信公众号“中国新闻周刊”2019 年 1 月 11 日。

## 三、作者应具备的条件和确认标准

### (一)作者应具备的条件

作者是作品的创作者。文学创作,是指作家为现实生活所感动,根据对生活的审美体验,通过头脑的加工改造,以语言为材料创造出艺术形象,形成可供读者欣赏的文学作品。这样一种特殊且复杂的精神生产活动,称为文学创作。艺术创作,是指艺术家运用自己的艺术经验、艺术观念以及审美体验,通过一定的艺术媒介和艺术语言,塑造艺术形象,创作艺术作品的创造性劳动。

创作兴趣和热情、意志和毅力是从事创作的前提,一定的知识积累、生活感受和创作能力是作者从事创作必备的基本条件。有人主张,创作能力主要包括感知能力、思维能力和表达能力。第一,感知能力。它是心理学上感觉与知觉的能力的统称。人在实际生活中都是以知觉的形式直接反映事物的,人们的感觉一旦产生,便转化为知觉。创作作为一种复杂的心理活动,它与感知的关系极为密切。任何文章的产生,都是由客观生活材料,经过作家的感知,再内化为作家的认识过程,进而产生某种观念和思想,然后外化为语言文字。第二,思维能力。指的是人们在思维活动中表现出来的能力,主要是抽象思维、形象思维的能力。抽象思维能力也就是逻辑思维能力,从事理论作品的创作必须具备较强的逻辑思维能力;形象思维也叫艺术思维,它的特点是始终不离具体、鲜活的生活材料,始终伴随强烈的感情活动,以联想、想象、幻想为主要表现方式,从事文学艺术作品的创作必须具备一定的形象思维能力。第三,表达能力。指的是运用语言文字、美术手法、音乐表现手法等各种表达方式和手段交流思想感情和传递信息的能力,以及表情达意的能力。

从事创作是一种事实行为,而非法律行为。作者不要求必须具备民事行为能力,但须有创作能力。幼儿园的小朋友画出有特点的个人美术作品,也享有著作权。但如果创作者自己都不知道画的是什么,没有创作意图,胡乱涂几下,这不能叫创作,呈现出来的图画也不是美术作品。只有具备创作能力的自然人才能从事创作活动,只有创作出了可感知的作品才能成为著作权法意义上的作者。没有创意、虽然有创意但没有产生智力成果,无功而返,都不能成为作者。

### (二)作者的确认标准

作者的认定是著作权法中最基本的理论和实践问题之一。这个问题决定了谁是著作权权利主体和作品的保护期限。

判断作品的作者,原则上以作品上的署名为标准,如果没有相反的证据,凡是在作品上署名的人即是该作品的作者。

署名不能确定的,看创作事实证据。出现有相反证据足以否定署名者为作者,或有人发表文章不署名,或多人为署名问题发生争执的情况时,由创作事实证据确定谁是真正的作者。需要审查当事人之间的约定,审查当事人参与创作的事实,分析当事人对作品完成的贡献大小等。

### (三)作者身份注册制度

作者如果不署名或者不署真名,发生纠纷后如何证明他是真正的作者?为了举证的方便,日本、德国等国家实行作者身份注册制度。当作者不署名或者不署真名时,其在发表作品后可以将作品原件送到国家版权局认定的登记机构核实注册,注明作品名、发表日期、地点、刊物名称,作者是谁,署名与否,署什么名。未经作者同意,国家版权局不得泄露作者身份。我国《著作权法》第 12 条第 2 款规定:“作者等著作权人可以向国家著作权主管部门认定的登记机构办理作品登记。”著作权登记证清楚地记载着作者的姓名。

## 四、毕业论文或学位论文的著作权主体

毕业论文和学位论文是学术论文的形式之一。实践中,学校、指导教师与毕业生本人围绕毕业论文、学位论文的著作权归属及其使用权等问题可能产生纠纷。

毕业论文(graduation thesis),是高等专科学校、本科院校、高等教育自学考试本科及研究生学历专业教育的一门课程设计和最后一个教学环节,是在教师指导下对本专业学生集中进行科学研究训练而要求学生在毕业前(相对)独立撰写的科学论文(本科生可以写实验报告)。撰写毕业论文是检验学生在校学习成果的重要措施,是大学阶段具有学习总结性和科研引导性的重要环节,对实现专业培养目标,提高毕业生综合运用理论知识去分析解决问题的科学研究能力具有十分重要的意义。

学位是标志被授予者的受教育程度和学术水平达到规定标准的学术称号。起初,欧洲中世纪大学对符合教师条件的人加以认可,由基督教教会当局批准,授予硕士学位。这种学位仅仅是“教师”的代名词。学位论文是学位制的产物,是学位申请者在导师指导下所进行的科学研究的总结。我国的《科学技术报告、学位论文和学术论文的编写格式》(GB 7713—87)规定:“学位论文是表明作者从事科学研究取得创造性的结果或有了新的见解,并以此为内

容撰写而成、作为提出申请授予相应的学位时评审用的学术论文。”学位论文是高等学校或研究机构的学生为取得学位，在导师指导下完成的研究报告或科学论文，一般分为学士论文、硕士论文、博士论文三个级别。[①] 不同学位的论文代表不同的学识水平，是重要的文献情报源之一。学位论文一般不在刊物上公开发表，只能通过学位授予单位、指定收藏单位和私人途径获得。20 世纪中后期，世界上每年产生的博士和硕士学位论文约 10 万篇。我国于 1979 年恢复实行学位制度。北京图书馆、中国科技情报所和中国社会科学院文献情报中心是指定的博士论文收藏单位。

学生毕业论文和学位论文的关系是：中专、专科学校和没有学位授予权的本科院校的学生在毕业前可能都被要求撰写毕业论文，但这些学校的学生通过毕业论文答辩是不能被授予学士学位的，因而他们的毕业论文不能成为学位论文。[②] 具有学位授予权的本科院校的学生的毕业论文如果答辩通过，即成为学士学位论文。高校和研究机构的研究生毕业论文获得通过即成为硕士学位论文或博士学位论文。以下只讨论学位论文的著作权主体。

2005 年，华中科技大学电信系曾规定，硕士生发表论文，原则上指导教师是第一作者；博士生发表论文，指导教师必须是第一作

---

① 学位论文的性质是学术论文。学术论文是在前人研究基础上的知识创新。学位论文具有如下特征是：第一，学术性。学位论文是通过研究提出学术性见解或结论，具有一定的独创性。第二，科学性。学位论文应努力揭示事物的本来面貌，探寻事物发展的客观规律。第三，专业性。在材料语言方面具有专业性，参考文献多、全面，有助于对相关文献进行追踪检索。第四，创新性。学贵创新，创新性是衡量学位论文价值的根本标准，没有创新性的学位论文就是一堆文字垃圾。第五，规范性。学位论文在形式上有着其固有的格式要求。

② 这些论文中肯地说没有什么学术价值，现在一些学校已经不要求学生撰写了。在大学扩大招生以后，甚至一些具有学士学位授予权的本科院校的本科生的毕业论文质量也不尽如人意，一些高校教师在呼吁取消本科毕业论文答辩过程。有的教师每届需要指导几十名学生撰写毕业论文，力不从心。有的学生基础太差，实在写不出像样的论文。因此，一些教师呼吁应该研究本科生毕业论文教学环节的必要性和现行设计的合理性。

者。当时此事在学术圈内闹得沸沸扬扬。该系有关负责人解释说,这样做主要是让指导教师能够对自己学生发表的文章负责,对文章内容进行把关。这种高校学生毕业论文著作权归属纠纷屡见不鲜,各个学校根据自己对我国著作权法的理解,力图从本校实际情况出发,建章立制,以便防范和及时处理此类著作权纠纷。

### (一)目前关于学位论文著作权主体的三种规定

到底谁是学位论文著作权的主体?是学生、指导教师,还是学校?抑或三者或其中二者共有?对此问题一直仁者见仁,智者见智,不同高校的做法也不尽相同。一些复杂的问题有待深入探讨。

目前,各高校关于学位论文著作权的规定各不相同,总结起来基本可以归纳为以下三种情形。

第一,撰写论文的学生是学位论文唯一的著作权主体。理由是学位论文由学生独立完成。这种观点是我国知识产权法学界的主流观点,并得到过司法判决的支持。2012 年公布的《河南法院知识产权保护十大典型案件》收录了 1 件涉及高校学生学位论文著作权归属的案件。在该案件中,法院判决学生学位论文的著作权应归学生个人所有。

有的高校有类似的变通规定,即一般情况下,学位论文的作者享有论文的著作权。学位论文中涉及的工程设计、产品设计图纸及其说明、计算机软件等作品,如果是利用高校的物质条件创作,并由高校承担责任,其著作权归属高校。

第二,认为学生和指导教师是学位论文著作权的共同主体。理由为导师在学位论文的完成过程中进行了指导、修改,这构成作品的一部分,导师从学生的选题,到研究思路的指导,直至论文的写作完成都付出了巨大的心血,指导教师付出了智力劳动,对毕业论文的质量进行了把关。另外,根据权利义务一致的原则,指导教师要对学生毕业论文的质量负责,出了问题指导教师要负连带责任,那为什么指导教师就不能是论文著作权的主体呢?

第三,认为学生只享有署名权,学校享有著作权的其他权利。一些高校规定,学生的学位论文是学生申请学位的重要依据和重要文献资料。该规定明确排除了学生对学位论文除署名权外的著作权,但该规定没有明确规定学位论文著作权中其他人身权的归属情况,比如发表权和改编权等属于高校还是属于学位论文的作者。

### (二)指导教师不能成为学位论文著作权主体的原因

传统的观点认为:首先,学位论文不属于合作作品。根据《著作权法实施条例》的规定,为他人创作进行组织工作,提供咨询意见、物质条件,或者进行其他辅助工作,均不视为创作。指导教师虽然全程指导学位论文,提供意见和建议,但毕竟论文是由学生独立完成的。其次,提供咨询意见在我国法律上并不属于创作行为,只被界定为辅助活动。指导教师只是给予辅导,提供咨询意见,因此指导教师不应成为学位论文著作权的共同主体,即使仅署名也不行,作者只需在文章后记中对指导教师表示感谢之情即可。

笔者赞同学位论文著作权主体为学生本人而非指导教师的观点,但对否定指导教师著作权主体地位的理由不能完全认同。

第一,指导教师是指导而不是"辅导"学生撰写论文,指导教师不是提供咨询意见。若是咨询意见,学生可以采纳也可以不采纳,而指导教师的意见学生一般得听,指导教师对论文选题范围和题目的确定、对论文基本观点的确立、对论文形式的安排等方面的作用非常重要。

第二,毕业论文并不是毕业生完全独立完成的作品。毕业前的学生如能独自撰写论文,那指导教师的存在便多此一举,个别拔尖的学霸可能确实具有独立完成论文的能力,但绝大多数学生是难以独立完成的。

笔者认为,指导教师之所以不能成为学位论文著作权的共同主体,原因在于:

第一,指导教师对学生毕业论文质量负连带责任未违反权利义务一致的原则,不能由此反推指导教师是著作权的主体。因为指导教师已经领取了单位工资,一些学校还规定教师指导学生撰写毕业论文能拿到另外的补贴。指导教师已经享有了相应权利,因此指导教师对学生毕业论文质量负连带责任并不违反权利义务一致的法律原则。

第二,指导教师履行指导职责,参与学生学位论文撰写修改的过程,这种履行教师职责的行为不是事实行为或受私法调整的民事行为,而是受公法调整的行为,应根据《教师法》和《学位条例》而不是《著作权法》来确定双方的权利义务关系。

第三,学生本不是学位论文完全意义上的作者,不必牵强附会地解释指导教师的作用是“辅导”而不是“指导”。导师确定论文题目和大纲,甚至提供学术观点,参与修改论文,这难道不是参与了写作过程吗?按照司法中许多合作作品纠纷的判决理由来看,指导教师的身份和法律地位就是合作作者,以指导教师在学位论文中只起“咨询”作用的理由否定导师的作者身份,有点自欺欺人之嫌。笔者认为,让只是相对独立地完成论文的学生成为学位论文的唯一主体,并不是从著作权法中得出的结论,而是由国家促进教育事业发展和培养扶植科研后备人才的战略方针和公共政策决定的,这种政策体现了国家对青年学子的关爱。

### (三)学校非学位论文著作权主体,但有使用权,此乃通例

作者权体系国家深受人格理论影响,倾向主张作品是作者人格的外化或延伸,著作权首先是一种人格权,这些国家倾向将法人排除在著作权主体的范围之外,包括投资人、雇主、委托人等非自然人作者原则上不能成为著作权主体。这些国家更侧重保护实际从事创作的自然人作者。而作品的投资者原则上不能成为原始的著作权人,他们的利益可以通过当事人约定的方式来满足,如以合同来取得著作财产权。但著作人身权作为一种与自然人作者不可分离的权利,始终是由自然人作者拥有。

英美法系不少国家也有类似做法。美国很多大学也规定学位论文的著作权归于学生,但作为授予学位的条件,学生必须书面同意学校可以以包括网络传播在内的各种形式使用其论文。

在我国,随着著作权法的普及,著作权法观念在高校和其他研究机构深入人心。虽然实践中仍有少数高校要求学生在提交毕业论文时出具使用授权委托书,利用学校的强势地位要求毕业生签订类似"知识产权保护声明"之类的书面承诺,在事先印好的"本人深知该学位论文的著作权属于学校"格式条文下签上学生的姓名,明里暗里剥夺学生对毕业论文和学位论文的著作权,但值得欣喜的是,原来那种规定学位论文归属于培养单位的约定已经逐渐退出历史舞台,撰写论文的学生基本上获得了著作权主体的法律地位。

作为公益法人的高校和其他培养机构,在著作权管理中不仅要行使行政管理权,同时,其作为平等的民事主体,应按照公平合理的原则处理著作权法律关系。学校和其他培养机构为学生撰写

论文提供了查找资料、进行试验、提供场所等条件,安排论文指导教师也为确保论文质量提供了学术人力资源保障,因此,出于公益目的,学生所在高校和其他培养机构对毕业论文或学位论文享有优先使用权、推荐评奖权、向国家指定馆藏单位寄送样本权等权利。当然,学校和其他培养机构不得出于商业目的而使用学位论文。

(四)宜单列学位论文作品形式并规定其权利归属

学位论文不同于普通的学术论文,但笔者尚未发现有国家将之作为单独的一类作品规定在著作权法或版权法中。有关规定往往是各高校的内部规定,远没有提升到法律层面。

分析谁有资格成为学位论文著作权主体时应充分考虑高校是产生新思想和新理论的学术殿堂,要落实鼓励创新的立法精神,立足激发学生的创新热情,鼓励学生创作有学术价值的学位论文,而不是仅仅为学位而创作,要体现《著作权法》总则中促进社会主义文化和科学事业的繁荣和发展的立法宗旨。

笔者认为,根据现行的法律规定和相关理论,学位论文著作权主体是否只是学生尚存争议,可考虑将毕业论文和学位论文作为独特的一类作品,明确规定其著作权主体为撰写论文的学生,并建立学位论文数据库和学位论文著作权集体管理制度。

## 第三节　著作权归属制度

著作权的归属问题是著作权法的核心问题之一,作品著作权归属实际上是从作品类别进一步明确著作权的主体。根据著作权自动产生原则，完成创作作品这一法律事实一出现，相应的著作权法律关系就应运而生，作者依法成为著作权人。

作品是无形的精神产品，作者不能在物理上占有它，只能通过法律赋予的垄断手段控制作品，成为享有作品著作权的民事主体。著作权属于作者，是著作权归属的一般原则。

图书著作权归属可以从版权页获悉。图书版权页，是一种行业习惯称呼，是指图书中载有版权说明内容的书页。版权页上载明的作者名表明了图书作品著作权的归属。

## 一、演绎作品的著作权归属

### （一）演绎方式与演绎作品的种类

演绎是从前提必然地得出结论的逻辑推理方法和思维过程。演绎推理是由一般到特殊的推理方法。利用他人的作品创作出来的新作品叫"演绎作品"，又称派生作品。演绎的方式，在理论上有改编、翻译、注释、整理等，[①]笔者认为，还有"表演"。《著作权法》第13条规定："改编、翻译、注释、整理已有作品而产生的作品，其著作权由改编、翻译、注释、整理人享有，但行使著作权时不得侵犯原作品的著作权。"这里实际上将演绎方式局限于改编、翻译、注释、整理，将演绎作品局限于改编作品、翻译作品、注释作品和整理作品。

第一，改编，是指根据某一著作重新编写。改编作品，是指以

---

① 笔者认为，对演绎作品著作权归属的规定，我国《著作权法》的立法技术有待提高。对于演绎方式，第10条第13款规定"摄制权概念"时规定了"摄制"方式。对于原创作品作者的演绎权，《著作权法》第10条分别规定了摄制权、改编权、翻译权和汇编权。演绎作品的相关规定，没有包括"摄制作品"，以摄制方式产生的作品属于视听作品。《著作权法》第10条第13款实际上规定了"改编作品"；第10条第1款第16项实际上规定了"汇编作品"，第15条也规定了"汇编作品"；第13条规定了改编、翻译、注释、整理的作品。

原有作品的表达形式为基础,并通过改变原作品的表达形式或者用途,创作出具有独创性的新作品,如将小说《红岩》改编成话剧《红岩》。改编作品的著作权属于改编人。但改编作品不能歪曲、篡改原作品的精神内容,否则会侵犯原作品的修改权或保护作品完整权。

著作权法规定的"摄制",也称拍摄,是指通过新的创作和相应的技术加工,将原作品演绎表现为视听作品的行为,包括摄制电视与摄制录像作品,如将电视剧本拍摄成电视剧,其实是一种典型的"改编"形态。将他人作品拍摄成照片的行为是复制行为而不是摄制行为。目前我国《著作权法》中没有"摄制作品"的概念。通过摄制方式产生的视听作品的著作权归属问题按《著作权法》第 17 条的规定处理。

第二,翻译,是指把原作品从一种语言文字转换成另一种语言文字;包括把本国文字翻译成外国文字或少数民族文字,以及将外国或少数民族文字译成本国通用语气文字。翻译作品,是指将原作品由一种语言文字转换成另一种语言、文字产生的作品,如将汉语作品译成英语作品。翻译作品的版权归属于翻译者。翻译他人作品时应取得原作版权人的许可;利用翻译作品进行出版、演出等时,除法律另有规定的外,应当取得原作和翻译作品的版权人的许可,并支付相应报酬。

第三,注释,是指对文字作品的字、词、句及内容、引文、出处等进行解释或说明。因对原创作品进行注释而产生的便于使用者充分理解和利用的新作品是注释作品,如湖南师范大学出版社出版的《〈三国志〉今注今译》。注释作品的著作权由注释者享有。注释仍在保护期内的作品,注释者应征得原作者同意并支付报酬。

第四，整理，是指对内容零散、层次不清的已有文字作品或材料进行条理化、系统化的加工。[①] 如恩格斯整理马克思的《资本论》第2卷、第3卷的手稿形成整理作品。整理作品对某些内容零散、层次不清的已有文字作品进行删节、编排、组合等条理化、系统化的加工后形成的，可阅读、演奏、理解等的作品。整理作品的著作权由整理人享有。

演绎作品与现行法律中的"汇编作品"有所区别，演绎作品都是从已有版权作品中产生出来的，但汇编的逻辑方法是归纳，汇编的智力成果是在原有若干版权作品、版权作品的片段、已经进入公有领域的作品或数据的基础上，通过选择或者编排，构成有独创性的数据库。

原创作者对自己的作品享有汇编权，即将作品或者作品的片段通过选择或者编排，汇集成新作品的权利。汇编作品的著作权则是汇编者对汇编作品享有的著作权。演绎已有作品而产生的作品，其著作权由演绎者享有，但行使著作权时，不得侵犯原作品的著作权。

### （二）未经原作著作权人许可而演绎的作品的可版权性

对于没有经过原作品的著作权人许可而演绎的作品是否受著作权保护，存在争议。一种观点认为，不受著作权保护，因为其本身是侵权作品。《美国版权法》倾向于这种观点。我国司法实践中

---

① 王迁教授认为，"整理"一词直接源于《伯尔尼公约》，该公约第12条规定，文学艺术作品的作者享有授权对其作品进行改编、arrangements 和其他变动的专有权利。arrangement 一词，在日常英语中有时被译为"整理"。这应是我国《著作权法》第12条中"整理"一词的来源。而《伯尔尼公约》中的 arrangement 并非"文献整理"意义上的"整理"，而是特指能产生新作品的"改编"或"编排"。参见王迁：《古文点校著作权问题研究——兼评"中华书局诉国学网案"等近期案例》，载《华东政法大学学报》2013年第3期。

有许多人认为,应对其予以保护,尽管演绎过程中侵犯了原作者的著作权,但是这种演绎作品仍然具备版权作品的构成条件。

### (三)演绎者不得损害原著的版权

演绎者的著作权不是独立的,而是有限制的。划分演绎作品与原作的界限在于新作中保留原作情节或结构的量的多少。对演绎作品的保护不得损害原著的版权。

翻译家对翻译外文小说而形成的翻译作品享有著作权,但未经外国小说著作权人许可,翻译家不得出版该翻译版。漫画家将他人创作的小说改编为漫画,漫画家对演绎作品漫画享有著作权,但未经小说著作权人许可,不得出版该漫画。

演绎权是著作权中的权能之一。它是原作者的财产权利。作者既可自行对其作品进行改编、翻译、注释、整理等,也可以许可他人以上述方式使用作品,使被许可人成为演绎者。对已有原作品进行演绎创作,应当事先取得原作品作者的同意。当然,对已过保护期的已有作品进行演绎的除外,例如,历代名作、古文,任何人都可以对其进行演绎。

演绎时不得侵犯原作者的保护作品完整权。无论以何种方式演绎他人作品,都应忠实于原作品的主题,不得歪曲、篡改原作的内容。

## 二、合作作品的著作权归属

### (一)合作作品的概念和种类

合作作品是两人以上合作创作的作品。电影作品、软件程序属于典型的合作作品。对于合作作品不能仅从物理上能否分开来认定,如高校法学统编教材多为数位学者合著,属合作作品,虽然每章都能区分开，但区分出来的部分没有独立存在的意义。

对合作作品，一种理论认为，创作者所完成的内容水乳交融，完全有机地成为一体，无论是从整体，还是从局部，都无法将其中任何一个作者完成的成果从作品整体中分割出来的作品，才是合作作品。一些国家的著作权法要求合作作者各自的贡献在整体合作作品中无法被单独辨认或相互加以区分。另一种理论则认为，除了上述典型的合作作品之外，虽然是共同创作，但可以把每个作者创作的部分从整体中分割出来单独使用的作品，也认为是合作作品。我国著作权法采用此说。例如，词曲作者共同为电视剧创作主题歌，词曲并茂，交相辉映，但二者又可以分别作为诗歌作品和音乐曲调单独使用。

### （二）合作作品不是结合作品

为他人已有的词谱曲，比如生茂、唐诃为毛主席创作的《沁园春·雪》谱曲，词曲可以通过演唱同时表现，这个音乐作品属于“结合作品”而不能构成合作作品。“结合作品”是德国著作权法上的概念，是指与合作作品接近的一个概念，也称为合成作品，即两个以上可以独立利用的作品，征得各自作者的同意后，结合在一起。这个概念接近于我国著作权法理论中的“可以分割的合作作品”。

### （三）合作作品著作权归属的争议焦点

#### 1.“创作”内涵以及“辅助”和“直接”参加创作的争议

合作作品的概念本身十分清楚。现实中有一些凭借经济实力或社会地位而获取的徒有虚名的“挂名主编”或“挂名作者”，也不难辨别。但是合作作品容易产生纠纷，解决起来也较困难。在这些纠纷中，最基本的问题是要解决什么是创作，什么是作者。1988

年最高人民法院《关于贯彻执行〈中华人民共和国民法通则〉若干问题的意见》(已失效)中规定,“二人以上按照约定共同创作作品的,不论各人的创作成果在作品中被采用多少,应当认为该项作品为共同创作”。但这一规定未被吸收入法。根据这一观点,可以排除那些看似属于合作作品,实际上并非合作作品的情况。例如,画家为现有文学作品绘制连环画、文学家为纪实影片撰写解说词,即使分别取得文学作品作者或摄影者的同意,绘制连环画和撰写解说词的行为也不属于合作创作行为,因为这是分别创作而不是共同创作。

为他人创作进行组织工作,提供咨询意见、物质条件或者进行其他辅助活动,均不视为创作。但何为“辅助”,众说纷纭。如前文所述,为学位论文提供指导的工作实际上具有“引领”意义,有的学者将之视为“辅助”工作,有的学者对此颇有微词。

“直接参加创作活动”,并不一定亲自执笔写稿,诸如共同研究写作提纲、口授作品的基本内容等属于分工不同,但也是参加了创作活动。

**2.“可以分割使用”和“不可分割使用”的争议**

司法实践中,关于“合作作品”的纠纷多集中于各方对“合作作品”的认知理解不同。一方作者认为该合作作品属于“可分割使用的合作作品”并单独行使该部分的著作权,而另一方作者则认为该合作作品属于“不可分割使用的合作作品”,单独行使著作权的一方侵害了其权利。

**3.口述传记记录者的法律地位争议**

《我的前半生》一书原由末代皇帝溥仪口述,其弟溥杰执笔。群众出版社指派李文达与溥仪一起修改,李文达做了大量的调查,二人在新的主题思想指导下重新撰写。后李文达以合作作者的身份对外宣传《我的前半生》，溥仪的遗孀李淑贤起诉李文达。最高人民法院《关于审理著作权民事纠纷案件适用法律若干问题的解释》第 14 条规定："当事人合意以特定人物经历为题材完成的自传体作品，当事人对著作权归属有约定的，依其约定；没有约定的，著作权归该特定人物享有。执笔人或整理人对作品完成付出劳动的，著作权人可以向其支付适当的报酬。"对此司法解释，一些学者认为值得商榷，自传作品的版权归属应分三种情况。第一种情况，"事实无版权"。特定人物只提供事实，执笔人以自己的语言独创作品，应按委托作品处理。第二种情况，特定人物和执笔人共同参与创作应为共同作者。第三种情况，特定人物在脑海中构思好自传，执笔人起到的作用如同录音机或录音笔的机械记忆、录制功能，这种情况下版权归属特定人物。

**4. 部分合作作者对外许可的效力问题**

司法实践中因这种问题而发生的版权纠纷较为普遍。相关问题，有待相关司法解释进一步说明。

## 三、视听作品的著作权归属

### （一）视听作品著作权归属的不同立法体例

视听作品的概念本书将在第六章详细论述。可以将一切动态视觉配合声音呈现的作品囊括到视听作品中。由于视听作品较为特殊，在确认其著作权人是谁的问题上，历来存有争议，各国法律规定亦有所不同。例如，美国等国家的版权法规定，影视作品的著作权归制片人所有；《法国著作权法》规定，电影作品的原始版权属于参加电影创作的每一个自然人，参加创作的各个自然人可能只是对其创作的成果享有单独的著作权。

### (二)分类规定视听作品及其著作权归属的问题

电影电视剧作品并不是“法人或者非法人组织视为作者”的作品。我国2020年修正的《著作权法》第17条对视听作品权利归属规定如下:视听作品中的电影作品、电视剧作品的著作权由制作者享有,但编剧、导演、摄影、作词、作曲等作者享有署名权,并有权按照与制作者签订的合同获得报酬。① 其他视听作品的著作权归属由当事人约定;没有约定或者约定不明确的,由制作者享有,但作者享有署名权和获得报酬的权利。视听作品中的剧本、音乐等可以单独使用的作品的作者有权单独行使其著作权。

第一,编剧、导演、摄影、作词、作曲等作者是“电影电视剧作品”的作者,且享有署名权;“电影电视剧作品”的制作者即使是法人或非法人组织,也并不是著作权法意义上作者。

第二,“电影电视剧作品”虽然通常是由编剧、导演、摄影、作词、作曲等作者基于合意合作完成的合作作品,但其著作权归属并不根据《著作权法》有关合作作品著作权归属的一般规则由他们共同享有,而是归属制作者(署名权除外)。当“电影电视剧作品”被他人未经许可利用时,只能由制作者作为著作权人起诉他人侵犯著作权,编剧、导演、摄影、作词、作曲等作者无权对外维权。现行《著作权法》第17条第2款对“其他视听作品”著作权归属的规定

---

① 2020年修正的《著作权法》将“制片者”改为“制作者”,原因在于:第一,《著作权法》对“电影电视剧作品”与“其他视听作品”进行了明确区分,立法者认为电影和电视剧存在“制片者”,但短视频等“其他视听作品”未使用“制片者”的用语,因此改用包容性更广的“制作者”。第二,2020年4月生效的《视听表演北京条约》将“the producer of audiovisual fixation”译为“视听录制品的制作者”,而“视听录制品”包括了视听作品,这也对《著作权法》用语的选择产生了影响。

可谓高度创新，规定了约定优先，无约定时归制作者的规则。但这并没有从根本上解决分类规定视听作品及其著作权归属所造成的问题。

### （三）网游作品的构成及其著作权归属

网络游戏的作品属性及其权利归属问题在理论界和司法界争论得热火朝天。网络游戏产业作为新兴产业，已成为数字经济的重要增长点。[①] 网络游戏涉及商标、专利、著作权、不正当竞争等，引发了诸多法律问题。目前对网游产品进行的法律保护是很碎片化和杂乱的，有的将网络游戏中特定部分元素作为美术作品、音乐作品及其他类型作品等加以著作权保护；有的将网络游戏连续动态画面作为类电影作品加以保护；有的以《反不正当竞争法》对网络游戏相关权益加以保护；还有的将网络游戏视为计算机软件加以保护。2020年修正的《著作权法》施行以后，将网络游戏作为视听作品加以保护成为多数学者的观点。

网络游戏的可玩性是其吸引玩家的核心要素，体现为设定目标和规则、制定合适的挑战以及给予玩家适当的奖励。游戏玩法的内容包括游戏剧情设定、任务设置、逻辑架构、玩法规则、数值设计以及游戏内交互方法。游戏玩法中有不受著作权保护的基础规则，也有受保护的具有独创性的游戏作品形式和游戏作品内容。在司法实践中，法官必须区分抽象的基础玩法和具体的游戏规则。一般同类游戏的基本玩法属于基础规则，不受著作权保护；具有独创性的游戏设计（具体规则）受著作权保护。具体规则系在基础规

---

① 以广东省为例，2019年全省游戏营收规模达1898亿元，占全国游戏市场份额的近八成，占全球游戏市场份额的近1/5。2020年4月13日，广东省高级人民法院发布《关于网络游戏知识产权民事纠纷案件的审判指引（试行）》，对网络游戏纠纷案件的权益保护、侵权认定和赔偿原则作出明确规定。

则之上指引玩家行为的一系列机制及机制的组合,使整个游戏的玩法与其他游戏相比具有个性或特质。[①] 抽象的基础玩法虽然不受《著作权法》保护,但可能受到其他法律如《反不正当竞争法》保护。

笔者认为,游戏著作权多数情况下应归属于游戏开发者和投资商。游戏作品著作权归谁要依据具体情况而定,如果是职务作品,除署名权归作者外,著作权由游戏开发商享有。原则上,网络游戏作品的著作权归属按《著作权法》第17条第2款、第3款认定,即"由当事人约定;没有约定或者约定不明确的,由制作者享有,但作者享有署名权和获得报酬的权利。视听作品中的剧本、音乐等可以单独使用的作品的作者有权单独行使其著作权"。作者、游戏开发商、游戏主播和参与游戏的普通消费者之间的利益关系如何平衡,有待进一步研究。如有人曾主张,对某些预留了较大自由空间(创作空间)的游戏,游戏玩家可以成为游戏画面或直播画面的著作权人。

## 四、职务作品的著作权归属

职务作品是依据著作权主体来划分的一类作品,是指自然人为完成法人或者非法人组织的工作任务并利用单位的物质技术条件所创作的作品,也叫雇佣作品。这里的"工作任务",指的是自然人在该法人或者该组织中应当履行的职责;"物质技术条件",是指该法人或者非法人组织为自然人完成创作专门提供的资金、设备或者资料。例如,记者为其所在的报社、杂志社、电台、电视台撰写

① 参见窦新颖:《〈拳皇〉诉〈数码大冒险〉侵权二审有果》,载中国知识产权资讯网2021年3月23日,http://www.iprchn.com/Index_NewsContent.aspx?newsId=128083。

的文稿、摄影照片；文艺团体的专业创作人员创作的电影、电视剧本、曲艺脚本、舞蹈或其他作品；教育部门组织教师编写的教材等。职务作品有以下特点：

第一，作者与所在单位具有实质意义上的劳动关系（雇佣关系），或至少具有临时的雇佣关系。实际从事创作的自然人作者是机关、企业事业单位、部队的在编固定工作人员、临时招聘的工作人员、实习生或试用人员，一般而言，在该单位领取薪金。总之，创作作品的人与下达创作任务的法人或非法人单位具有某种从属关系。

第二，创作作品应当属于作者的职责范围。因履行职务行为的需要而创作，即作品为了完成单位工作任务而产生。例如，某医院护士写了一本《护理知识大全》，写书不是护士照顾病人的职责，所以该作品不是职务作品。西安事变后，蒋介石出版《西安半月记》，此书是陈布雷写的，与陈布雷的职务风马牛不相及，不属于职务作品。苏联时期，苏共政治局为了提高勃列日涅夫的威望，召集一批作家潜心撰写，以其名义出版《小地》《复兴》《处女地》，发行4亿册，得了18万卢布稿酬，这些作品也不是职务作品。

职务作品分为一般职务作品和特殊职务作品。

### （一）一般职务作品著作权的归属

公民为完成单位工作任务而又未主要利用单位物质技术条件创作的作品，称为一般职务作品。受劳动关系的制约，职务作品在完成以后，著作权关系也受到劳动关系的影响。一般职务作品的著作权由作者享有，但法人或者其他组织有权在业务范围内优先使用。作品完成两年内，未经单位同意，作者不得许可第三人或者其他组织以与单位相同的方式使用该作品。作品完成两年内，经单位同意,作者许可第三人以与单位使用的相同方式使用作品,所获报酬,由作者与单位按约定的比例分配。作品完成两年的期限,自作者向单位交付作品之日起计算。

(二)特殊职务作品著作权的归属

特殊职务作品,是指利用法人或其他组织的物质技术条件制作,并由法人或其他组织承担责任的工程设计图、产品设计图、地图、示意图、计算机软件等职务作品,或法律、行政法规规定或合同约定著作权由法人或者其他组织享有的职务作品。《著作权法》第18条第2款规定:"有下列情形之一的职务作品,作者享有署名权,著作权的其他权利由法人或者非法人组织享有,法人或者非法人组织可以给予作者奖励:(一)主要是利用法人或者非法人组织的物质技术条件创作,并由法人或者非法人组织承担责任的工程设计图、产品设计图、地图、示意图、计算机软件等职务作品;(二)报社、期刊社、通讯社、广播电台、电视台的工作人员创作的职务作品;(三)法律、行政法规规定或者合同约定著作权由法人或者非法人组织享有的职务作品。"笔者认为,将电台、电视台和报刊通讯社员工的职务作品定为特殊职务作品,可能产生其员工离职后无法获得出版其职务作品文集所需授权的问题。

(三)职务表演的权利归属

2020年修正的《著作权法》第40条新增规定:"演员为完成本演出单位的演出任务进行的表演为职务表演,演员享有表明身份和保护表演形象不受歪曲的权利,其他权利归属由当事人约定。当事人没有约定或者约定不明确的,职务表演的权利由演出单位享有。职务表演的权利由演员享有的,演出单位可以在其业务范围内免费使用该表演。”

影视剧剧照演员肖像权与职务表演的著作权发生冲突应如何处理?有待研究。演员肖像权,是指作为自然人的演员以在自己的肖像上所体现的人格利益为内容,享有的制作、使用、公开以及许可他人使用自己肖像的具体人格权。演员在职务表演中,所在单位为了进行宣传广告,往往将其在演出中的特定剧照进行商业性使用,登在报纸或户外广告牌上。在演出和拍摄视听作品时,演员的动态肖像也被连续使用和公开。职务表演者有权“表明表演者身份”,表明剧照是其职务表演的形象,有权要求区分职务表演形象和本人真实自然肖像,不能把因演出需要故意化妆丑化的剧照当成其本人的自然肖像,有权要求其表演形象不受歪曲。从理论上讲,演员不能将其职业表演形象进行商业性使用,演员所在单位也不得以行使职务表演的著作权为由侵犯演员的肖像权。

值得一提的是,职务表演也是表演,按照传统的著作权法理论和现行的《著作权法》的规定,“职务表演”不是著作权客体而是邻接权客体。一些学者对此颇有微词,因为一些名家的艺术表演的独创性并不低,将之排除在狭义著作权客体即作品之外,显失公平,在逻辑上也难以自圆其说。笔者在《著作权法理论新探索》(下册)第三章会论及表演应视为演绎作品,职务表演相应地应视为特殊职务作品。

### 五、委托作品的著作权归属

委托作品,是根据他人委托而创作完成的作品。在出版界习惯上把应人之约创作的作品称为委托作品。也有人称为“定作作品”,如广州亚运会组委会请音乐家为运动会撰写的会歌、新婚夫妇到照相馆拍的结婚纪念照。其特点是:第一,它不完全是依据作者个人的自由意志创作的,要受委托人特定要求的约束;第二,作品的原件所有权一般归委托人,而著作权归属可另行约定;第三,它一般不是本单位工作人员为完成本职工作而创作的,而是由本单位以外的人创作完成的。例如,某大学出版社没有美术编辑或美术编辑忙不过来,委托本校美术系教师设计了某本图书封面。设计者虽是本校教师,但不是出版社职工,所以其设计的封面如果具有独创性,应属于委托作品而不是职务作品。

(一)委托作品的著作权归属以约定优先

委托作品之著作权的归属,由委托人和受托人通过合同来约定。没有约定或约定不明的,著作权属于受托人。这一规定体现了两个原则:第一,委托创作的合同性质属于民事合同,遵照民法意思自治、平等协商的原则,委托作品之著作权归属首先遵从当事人约定。既可以约定归受托人,也可以约定归委托人。第二,合同没有明确约定时,著作权归于受托人,即实际从事创作的作者。委托作品的产生过程中,委托人提供了资金、设备或资料等创作条件,并对受托人的智力劳动给予一定报酬。但是作品毕竟是受托人实际创作的,是受托人智力劳动的产物。因此,在没有约定的情况下,基于保护作者权益的基本原则,应规定著作权属于受托人。

(二)人像摄影作品的著作权归属与使用

如果没有约定权利归属,则人像摄影作品的著作权应由受托人享有,被拍摄者只能在委托创作的特定目的范围内使用照片,但摄影作品体现被拍摄者的肖像,甚至涉及被拍摄者的隐私,因此受托者也不能对照片进行商业性使用。实际生活中存在一种用物权控制著作权的误解:近年来,一些为客户提供各种纪念摄影作品的服务公司,以著作权为由扣留客户的底片,这种用控制物权对象来维护著作权的做法,是不合适的。其一,客户以高昂的费用为自己摄影,他们有理由要求照片的底片物权归自己;其二,即使照片著作权约定属于摄影作者所在的单位,被拍照者的照片不是作为商品出现的,不能进入流通领域,摄影作品的复制权的行使受到肖像权的制约。底片应当归还客户,但可以约定客户只能在合理的范围内复制和展示照片,不得做任何商业性使用。这样,既方便了客户,又尊重了著作权。摄影公司的上述做法,无非是以著作权为名,垄断客户日后的加印或扩印照片生意,这是违反诚实、公平原则和职业道德的行为。

如果客户让美术家为自己制作一幅肖像(素描、绘画、摄影、浮雕、半身塑像),那么,尽管该肖像的所有权归客户,但是肖像的著作权归制作肖像的艺术家。有观点主张,尽管允许定作人或者其权利继受人依照肖像制作复制件,或者让他人复制并且发行这些复制件,但是这种发行行为必须以无偿的方式来进行,而不能用于营业性的商业活动。在德国,如果某肖像属于摄影作品,那么,人们对该摄影作品既可以以照片的方式进行复制,也可以临摹的方式进行复制。在这种情况下,肖像者本人无权要求艺术家返还照片的底片。①

现在的数码相机没有底片,顾客的相片经过数字化处理后存储在相机内的存储卡或从相机传输到电脑硬盘等设备中。为了防止拍摄者对照片进行商业性使用,或防止日后隐私权被侵犯,顾客是否有权要求拍摄者消除相机或电脑等设备中存储的本人照片,

---

① 参见[德]M. 雷炳德《著作权法》,张恩民译,法律出版社2005年版,第382~384页。

有待研究,笔者认为,可以按照约定处理,没有约定或约定不明的,由拍摄者决定是否保留。

### (三)"枪手"作品的性质及其权利归属

"枪手"原指射击手,现多指代替别人参加考试或撰写论文并获取相应报酬的人。在著作权意义上,"枪手"指代写文章之人,古时叫"捉刀",专指那些为别人写文章的人。现在凡是以别人的身份来顶替并为别人做事的人,都可以称为"枪手"。

"枪手"作品是受他人委托,冒名顶替为委托人创作并收取报酬而创作的作品,如大学教师或毕业生出资雇佣他人为"枪手"替自己撰写的职称论文或毕业论文。

"枪手"作品是否属于合法作品,著作权归谁,涉及著作人身权能否转移的问题。笔者认为,理论上,"枪手"作品属于委托作品,"枪手"作品只要符合著作权法规定的作品的条件,也会成为著作权的客体。那种认为"枪手"作品没有著作权的观点是不符合著作权法规定和著作权法原理的。"枪手"作品可按照委托作品判定著作权归谁享有。但是,"枪手"作品产生著作权,并不等于"枪手"行为合法,也不能证明有关人员行使著作权具有正当性。在法律上,应该否定"枪手"作品。第一,它割裂了作品与作者的"血缘联系",这种"名义作品"掩盖了作品的真实来源,承认购买这种作品者的著作权人地位不符合著作权法的立法宗旨。第二,"枪手"作品往往是应急之作、"水货","枪手"作品东拼西凑,作品质量不可靠,属于劣质产品。第三,"枪手"作品大多属于假冒产品。"枪手"和使用"枪手"作品者违背了诚信原则,其后续行为可能属于无效行为,在查明真相后,依靠"枪手"作品取得的利益也会被取消,如撤销已经晋升的职称或取得的学位。第四,"枪手"作品现象扰乱了大学毕业论文的教学环节、文化市场的正常秩序和工商管理秩序，干扰了职称评定、科研成果评审工作，助长了校园和学术圈的文化腐败现象。

现在社会上出现了"论文公司"，专门替他人代写代发论文。2009年武汉曾查处了武汉佑达科技有限公司，该公司拥有80多名"枪手"。短短不到4天的时间，该公司就有152笔成交业务，业务大致分为3类：代写代发、只写不发、代发。[①] 对此有两种观点：意思自治论认为署名权可以转移；公共利益论认为该行为系非法。

## 六、原件所有权转移的作品的著作权归属

### （一）作品原件所有人对原件享有所有权

美术、摄影、雕塑、模型等作品，当它们的原件、原物以出售、赠与等方式转移给作者以外的人后，该持有人对作品原件享有所有权，表现为所有人有权对作品物进行占有、使用、收益和处分。这些权利随着作品物的转移而转移，随着作品物的消失而消失。

### （二）除展览权外作品的著作权仍属于作者

作品原件所有权的转移，不改变作品著作权的归属，展览权除外。该作品的著作权并不随着作品载体转移而转移，而仍然属于作者。只有作者可以行使署名、发表、修改等著作人身权和使用权、获得报酬权等全部著作财产权。

### （三）著作权中的展览权由原件所有人享有

物权与著作权难舍难分。美术摄影作品著作权中的展览权本应由作者享有。但当作品原件转移后，作者行使展览权会受到原

① 参见柯锐、徐永峰：《江城最大"论文枪手公司"现形》，载长江网2009年6月5日，http://news.cjn.cn/tbbd/200906/t941924.htm。

件物权人的限制。同时,若法律不赋予原件物权人展览权,将不利于作品的传播。为了协调作品原件物权与作品著作权之间的关系,保证物权的正常行使以及作品的顺利传播,著作权法将美术等作品原件的展览权赋予原件持有人享有。当然,著作权人仍然享有对复制品的展览权。《俄罗斯联邦民法典》第 1291 条规定,“合同未作另外规定的,作者转让作品原件(手稿、绘画及雕塑作品原件等),包括依著作权预约合同转让作品原件的情形下,作者保留作品的专有权。在作品专有权未转归其原件获得者的情形下,获得者有权不经作者同意,不向其支付报酬,而展示所得并归自己所有的作品原件,在针对其收藏品的展览会目录和出版物的目录中复制该作品原件,并将该作品原件转至他人组织的展览会上展示”。

作者将未发表的美术、摄影作品的原件所有权转让给他人,受让人展览该原件不构成对作者发表权的侵犯。此外,网络拍卖究竟涉及展览权还是信息网络传播权,目前仍然未有定论。

## 七、无人继承的著作财产权的归属

### (一)一方死亡又无人继承的合作作品著作财产权的归属

《著作权法实施条例》规定,合作作者之一死亡后,其对合作作品享有的财产权利无人继承又无人受遗赠的,由其他合作作者享有(而非归国家所有)。这是著作权制度与继承法的区别之一。

### (二)其他无人继承作品著作财产权的归属

以下情形原则上按《民法典》继承规范确定归属。

第一,自然人死亡后其著作财产权无人继承则归属国家或集体组织。作为自然人的著作权人死亡后,如果出现以下情形之一,则著作财产权归国家所有,死者生前是集体所有制组织成员的,则归所在集体所有制组织所有:其一,死者无法定继承人,也未立遗嘱指定受遗赠人,生前未与他人订立遗赠扶养协议;其二,被继承人的法定继承人、遗嘱继承人全部放弃继承,受遗赠人全部放弃遗赠;其三,被继承人的法定继承人、遗嘱继承人全部丧失继承权,受遗赠人全部丧失受遗赠权。

第二,法人或非法人组织无人承受的著作财产权归属国家。著作权属于法人或者非法人组织的,法人或者非法人组织变更、终止后,《著作权法》第 10 条第 1 款第 5~17 项规定的权利在保护期内,由承受其权利义务的法人或者非法人组织享有;没有承受其权利义务的法人或者非法人组织的,由国家享有。

以下以末代皇帝溥仪自传《我的前半生》的著作权归属问题为例,进行分析。《我的前半生》的著作权为溥仪本人享有。溥仪于 1967 年去世,其妻李淑贤继承《我的前半生》著作权中的财产权。李淑贤于 1997 年去世,死后无儿无女,也没有其他继承人。2007 年 8 月,该书出版单位群众出版社向北京西城区人民法院递交了请求认定该书在李淑贤去世后为无主财产的申请。西城区人民法院于 2007 年 9 月 25 日发出财产认领公告,自公告之日起 1 年内,如果无人认领,法院将依法判决。

对于《我的前半生》的著作权最终归属谁,有三种观点。第一种观点认为,《我的前半生》的著作财产权应归作品原作者溥仪的第二顺序继承人,即在世的弟弟溥任所有;第二种观点认为,《我的前半生》应视为无主财产,归国家所有;第三种观点认为,《我的前半生》应进入共有领域。

对于第一种观点,溥仪死亡后,溥仪的唯一第一顺序继承人是其配偶李淑贤,溥任只是第二顺序继承人,存在第一顺序继承人的情况下,第二顺序继承人就没有继承权。当李淑贤死亡后,其无儿无女,也无相关遗嘱继承人或遗赠人,《我的前半生》依法应作为李淑贤的遗产,而溥仪的弟弟溥任不是李淑贤遗产的法定继承人。

对于第三种观点,赞同者认为,如果归国家,那就会有出版社请求出版,而给任何一个出版社,就是给了其用来生财的私权,这对于其他人是不公平的。如果让作品进入公有领域,则大家都可以出版,有利于全社会。反对者认为,进入公有领域,作品就成了全人类的共同财富,人人得以自由无偿地使用,这样不利于保护本国的文化产业,不利于维护本国的利益。

按照现行《著作权法》《民法典》的有关规定,只有第二种意见是于法有据的。当然,无人继承又无人受遗赠的著作财产权有其特殊性,它不像其他有形财产一样可以直接进入国库,由国家进行再分配,它是一种无形财产,如何控制、管理、使用和分配值得研究。①

## 八、孤儿作品的著作权归属

我国对孤儿作品的研究起步比较晚。有关孤儿作品的概念目前还没有达成共识,国内外各有不同的定义。国际图书馆协会和机构联合会将孤儿作品定义为,“在需要使用作品并取得许可的同时,图书馆无法确定和联系相关作品权利人的作品”。有的学者称为“作者身份不明的作品”。一般认为,孤儿作品,是指在著作权保护期内,需要使用却无法找到著作权人的作品,即不知作者真实姓

---

① 参见卢金:《试论无人继承的著作权的归属》,载法律资讯网,http://www.dyzxw.org/html/article/201410/23/185612.shtml。

名，作者生死不明，但作品手稿、美术等作品原件被特定人持有。

孤儿作品产生的原因是什么？一些学者认为，孤儿作品现象存在的直接原因主要是发表的作品信息不详或不明确，例如，网络作品、设计作品等，没有标明版权人的姓名、联系地址等信息。作品的版权信息不明是由于署名或联系地址等发生了变动，而未及时作相应变更。

我国现行《著作权法》对孤儿作品的保护没有整体设计，只有个别条文涉及。[①] 在我国，孤儿作品的问题实际上一直存在。孤儿作品有以下特点：第一，仍属于受著作权保护的作品，并非已进入公共领域。第二，其著作权权利主体不明确或无法联系上。第三，孤儿作品的不明确状态并非永久性的，著作权人可能会随时出现或被联系到。

### （一）孤儿作品纳入作品法定类别的理由

20 世纪 90 年代末以来，基于历史与文化价值的考虑，收集有大量作品的图书馆、档案馆等希望对许多市面少见而社会需要的作品进行展出、汇集出版或以其他多种方式使用，特别是进行数字化处理、在网络上发布。文化事业的发展需要"唤醒沉睡的孤儿"；但因找不到孤儿作品的著作权人而无法获得许可，其作品开发计划便无法实施。欧盟《绿皮书：知识经济中的版权》认为，孤儿作品现象是在大规模数字化过程中引起关注的。为鼓励人们使用那些长期尘封的作品，重新发掘其商业和文化上的价值，就必须通过立法解决孤儿作品版权问题。

① 参见黄子倩：《"孤儿作品"著作权保护研究》，载参考网，https://www.fx361.com/page/2017/0901/2236490.shtml。

### (二)孤儿作品除署名权外著作权由原件持有人使用

孤儿作品的著作权处于待定状态,归属问题只能暂时搁置。但借鉴经济学上所有权与经营权分开的做法,孤儿作品的著作权的归属问题与行使问题可以分别处理。著作权中各项权能除了署名权以外都可以由原件持有人行使。一旦作者身份确定,其著作权归属确定的作者或者其继承人,并由其行使。这样既不会侵犯著作权人的著作权,也不会因为作者不明而阻却作品的传播和使用,有利于发挥作品的社会效用。

## 九、外国人作品在中国的著作权

### (一)保护外国人作品的原则

我国政府于 1992 年 9 月 25 日发布了《实施国际著作权条约的规定》,该文件根据当时的情况,就外国人作品在中国的著作权问题,作出了符合国际公约的保护规定。我国采取了国际通行的做法,实行以下原则:

第一,"国民待遇原则"。《伯尔尼公约》和《世界版权公约》的这一原则,体现在对于凡是属于《伯尔尼公约》或《世界版权公约》成员国的国民,无论其作品是否已经出版,都应享有各成员国法律规定的对其本国国民提供著作权保护的同样权利,并且保护水平不应低于公约规定的最低要求。[1]

---

① 一个值得引起重视的现实问题是,我国对外国人的著作权财产权的保护严格实行国民待遇原则,但对外国人的著作人身权的保护水平不但高于 TRIPs 最低标准,也高于许多国家的一般水平,实际上形成了对著作人身权的超水平保护。因为英美法系国家以对财产权利保护为主,在人身权利方面往往没有规定或仅作较低保护程度的规定;而大陆法系国家虽然因其历史传统而注重人身权利,但多数亦未立法规定很高的人身权利保护水平。然而加入世界贸易组织后,依"国民待遇"条款的规定,我国作为发展中国家,却按照我国现行《著作权法》给予涉外案件中的外国国民"国民待遇",即对其有关著作人身权进行高出一般水平的保护;而在其他成员适用该国家、组织或地区法律解决著作人身权纠纷的时候,我国国民却极可能享受的是差别待遇。

第二,互惠原则。根据国与国之间所签订的协议或者共同参加的国际条约来确定给予著作权保护。外国人、无国籍人的作品根据其作者所属国或者经常居住地国同中国签订的协议或者共同参加的国际条约享有的著作权,受我国《著作权法》保护。适用该规定有三个条件:首先,外国人的所属国或者经常居住地国、无国籍人的经常居住地国同中国签订了有关著作权的协议或者共同参加了有关著作权的国际条约。这里所说的"外国人",包括外国的自然人、法人和不具备法人资格的外国组织。其次,该协议或者国际公约承认该外国人或者无国籍人的作品具有著作权。最后,该协议或者国际条约要求协议国或者参加国相互保护其承认的著作权。

第三,地域原则。根据著作权主体所创作的作品首先出版地来确定给予著作权保护。地域原则在我国《著作权法》中体现在两个方面:一方面,外国人、无国籍人的作品首先在中国境内出版的,依照该法享有著作权。这里的"首先在中国境内出版的",是指外国人、无国籍人的作品的第一次出版是在中国境内,不是已在中国境外出版过的作品。如果外国人的作品第一次发表是在中国境内的,我国按照《著作权法》规定的标准保护其作品的著作权。另一方面,未与中国签订协议或者共同参加国际条约的国家的作者以及无国籍人的作品,首次在中国参加的国际条约的成员国出版的,或在成员国和非成员国同时出版的,受该法保护。这里的"同时出版",是指一个作品在首次出版后30天内在两个以上国家内出版,则该作品应视为在这几个国家内同时出版。

### (二)对外国人作品保护的主要内容

第一,对未发表的外国作品的保护期,给予同中国作品同样的保护。这体现了国民待遇原则。

第二,对外国实用艺术作品的保护期,为自该作品完成起25年。根据《伯尔尼公约》的规定,成员国有义务对外国实用艺术作品予以保护,但将保护模式留给成员国选择(第2条),保护期至少为25年(第7条)。而我国现行《著作权法》及《著作权法实施条例》都没有将实用艺术品列入法定作品类型中,实践中,该类作品可能归入美术作品而获得著作权法保护。①

第三,报刊转载外国人作品,应当事先取得著作权人授权。对中国人,除了作者声明不得转载之外,其他报刊不必事先取得著作权人同意就可以转载已发表的作品。

第四,表演、录音或广播外国人作品,适用《伯尔尼公约》的规定。有著作权集体管理组织的,应当事先取得该组织的授权。

① 《伯尔尼公约》把实用艺术作品明确作为文学艺术作品的一种。我国1992年7月加入了《伯尔尼公约》,但由于当时我国的《著作权法》没有明确规定保护实用艺术作品,而《伯尔尼公约》又要求我国履行保护实用艺术作品的义务,故国务院于1992年9月25日发布了《实施国际著作权条约的规定》,它适用于保护外国著作权人的作品,不适用于保护我国著作权人的作品。2001年,我国重新修正了《著作权法》并于2002年发布了《著作权法实施条例》,但均未对实用艺术作品给予明确的著作权保护。实践中,某些实用艺术作品可能归入美术作品而获得著作权法保护。

# 第六章　著作权客体论

客体是人类认识活动和实践所指向的对象。

——无名氏

## 第一节　作品的法律概念、条件与作品量的规定性

### 一、著作权法意义上的作品

#### （一）著作权客体与著作权对象的争议

有的学者认为，权利客体分三个层次：第一层次，指狭义的权利客体，指支配权或利用权的标的；第二层次，指权利主体可以通过法律行为处分的标的（权利和法律关系）；第三层次，指作为一个整体并且可以一体处分的某种财产的权利。著作权客体、著作权对象与著作权标的的"混同说"是法学界的主流观点，认为三者是一回事。但有的学者认为，著作权客体不是作品，而是作品上体现的作者人格利益和财产利益，著作权对象是作品，法律关心的不是只有工具价值的著作权对象，即作品，而是作品上承载的利益关系。著作权保护并不是保护作品（作品本身是无形的，损坏不了），而是保护作品上承载的作者权益和法律关系。笔者认为，后者言

之有理,但主流观点已经确定作品就是著作权客体,故本书暂且沿袭传统的主流观点。

### (二)版权作品的法律定义

在司法实践中,对于侵犯著作权的案件,法院首先要审查涉案"作品"是否属于著作权法意义上的作品(版权作品),再确定其属于《著作权法》第3条所列举的哪一类作品,然后才能对是否构成侵权等问题进行进一步的分析。

概念或定义是人们主观意识对客观事物本质的反映。作品是离开人的大脑的一种客观存在,怎么给其下定义带有主观上的目的性(这就是学者们探讨的著作权法旨趣)。著作权法给"作品"下定义的目的不外乎两个方面:区分著作权法和其他知识产权法保护的智力成果的类别,区分著作权法保护的对象和不保护的对象。作品是人类智力成果的外在表达,但人类的智力成果及其表达形式极其丰富,绝不是所有能以一定形式表现的智力成果都属于版权作品。智力劳动的成果都可以被称为与物质产品相对应的精神产品,即"智力成果"。首次对前人没有认识的客观事物的性质及其运动规律的正确认识称为"科学发现";利用自然规律解决技术领域中特定问题的方案表现为"发明创造";区别商品的不同来源,具有识别作用的标志则表现为"商标";而表现人类思想或情感的智力成果称为"作品"。在整个知识产权领域,只有作品才能成为著作权的客体。此外,作品还应具备独创性。明确了立法目的以后,就可以来讨论作品的法律定义了。

版权制度是公共政策的制度选择,什么可以成为著作权的客体,各国著作权法的规定不尽相同。《美国版权法》列举过作品的类别。[1] 在美国和英国，录音物（唱片）被看作作品。在英国，为了保护印刷出版业者，还承认所谓的印刷版面的权利。在日本、德国、法国，唱片制作人的权利虽然得到承认，但却是以著作邻接权予以保护的。在美国，有许多人甚至把汽车的徽标看作作品——而在日本，一般都认为这充其量只不过是应用美术品，而不是版权作品，因此不能成为著作权保护的对象。[2]

世界知识产权组织专家委员会将作品视为“智力创造成果”的同义词[3]。《日本著作权法》第2条规定，“作品，指文学、科学、艺术、音乐领域内，思想或者情感的独创性表达形式”。《德国著作权法》《法国著作权法》《英国版权法》《美国版权法》《俄罗斯联邦民法典》均没有规定作品的完整定义。

我国《著作权法》第3条规定，作品，是指文学、艺术和科学领域内具有独创性并能以一定形式表现的智力成果。这实际上是给版权作品下的定义。将“能以某种有形形式复制”修改为“能以一

① 《美国版权法》第102条规定，版权客体是“一般规定（a）以任何现在已知的或者以后出现的物质表达方式——通过此种方式可以直接或借助于机械或装置可感知、复制或以其他方式传播作品——固定的独创作品，依本篇受版权保护。作品包括以下各类：（1）文学作品；（2）音乐作品，含配词；（3）戏剧作品，含配曲；（4）哑剧及舞蹈作品；（5）绘画、图形及雕塑作品；（6）电影及其他音像作品；（7）录音作品；（8）建筑作品。（b）在任何情形下，对作者独创作品的版权保护，不得扩大到思想、程序、方法、系统、运算方式、概念、原理或发现，无论作品以何种形式对其加以描述、解释，说明或者体现”。

② 参见［日］阿部浩二、朱根全：《各国著作权法的异同及其原因》，载《环球法律评论》1992年第1期。

③ 智力成果的概念及其特征，是指人们通过智力劳动创造的精神财富或精神产品，依靠智力成果产生的权利叫知识产权。智力成果只要具有独创性并能以一定形式表现即可被认定为作品。

定形式表现”避免了有形与复制的重复表述;[①]解决了网络时代作品信息化、信息数字化给传统作品概念带来的窘境;[②]给网络文学、艺术、科技作品的繁荣打下了坚实的理论基础。该条第9项的“符合作品特征的其他智力成果”这一开放性条款也是一大突破。这两点是作品概念在著作权法上历史性的突破。但是,该作品定义并非尽善尽美,并未彻底解决著作权保护对象的问题:如作品邻接权的范围仍不清晰;短视频、网络游戏直播、体育赛事直播、人工智能生成物等仍面临作品属性争议;作品的领域限制的必要性也存在争议。

### (三)作品与作品载体的区分及其意义

本书在第二章已经初步探讨过这个问题。作者利用一定的客观材料或符号,如语言、声音、线条、造型或色彩等形式,并借助各种物质载体,把经过深思熟虑的思想或情感表现为客观的事物,从而为人所感知,作品与作品载体是不可分离的,但载体本身并不是

① 王迁教授认为,之所以要做这样的改动,是因为“能以某种有形形式复制”的表述含义不明,在国外立法中也很难找到类似表述。对“能以某种有形形式复制”,有人理解为是“作品可以以某种形式固定”,意蕴在于那些无法被固定的表达是不能作为作品受保护的,比如香水气味、食品味道,皆因不可被固定而不能成为作品。还有学者对此理解为“作品是外在表达”,意蕴在于强调作品不能是停留在自然人头脑中的思想,因为内心的思想无法以某种有形形式复制,2020年修正的《著作权法》基于这种思路,将“以某种有形形式复制”改成了“能以一定形式表现”。但“能以一定形式表现”中的“能”字是多余的。因为思想也是“能”以一定形式表现的,比如作家对小说的构思,完全“能”以文字组合的形式表现出来。删除“能”字就意味着作品必须已经以一定形式表现了,也就是作品只能是外在表达,而不是腹稿;鉴于《著作权法》将“作品类型法定”模式改为“作品类型开放”模式,将“能以某种有形形式复制”改为“能以某种有形形式固定”更为可取。参见王迁:《〈著作权法〉修改:关键条款的解读与分析》(上),载《知识产权》2021年第1期。

② 进入互联网时代,越来越多作品的传播基于互联网,并无所谓的“有形形式”,而是代之以无形、数字化的传播方式,一切作品都以0和1两个数字表达。例如,网络上的短视频、网络小说、音频等,均以数据流的形式出现,并无“有形形式复制”的必要,因此,此次修法将“作品”概念调整为“以一定形式表现的智力成果”,将数字作品“纳入麾下”,很好地解决了数字作品的身份困境。

作品,载体是载有某种作品的有形物体,作品则是无形的智力成果。如一件美术作品水彩画,作品载体是水彩画所附着的画布或纸张。著作权法保护的是作品,作品的载体受物权法保护。

对于作品表达形式与物质载体的关系,英美法系和大陆法系有不同的规定。英美法系强调作品必须以物质载体固定,因而不保护口述作品;大陆法系和《伯尔尼公约》则相反,承认口述作品的版权,如即席演说、课堂讲授、法庭辩论等也受著作权的保护。所以口述作品只是没有物质载体固定之,但口述作品的表达仍然离不开物质载体,没有发声器官或器材,没有声波,口述作品就不能被他人感知。

区分作品和作品的物质载体的意义在于,著作权权项中的复制权、发行权、出租权的行使对象与作品的物质载体紧密相关。只有发行权才因此存在权利穷竭即用尽问题,著作权其他权项不存在权利用尽问题。①

## 二、版权作品的构成条件

主流观点认为,作品要获得著作权法保护,必须满足一定的条件:领域性、原创性或独创性(核心要件)、可复制性和能感知性。著作权法理论将具备这些条件可以获得著作权保护叫作“可版权性”。笔者认为,版权作品必须具备四项构成条件,即人工性、知识性、可感知性和独创性(见图 6-1)。人工性将作品与自然物区分开来,知识性将作品与物质产品区分开来,可感知性将作品与停留在自然人大脑中的思想区分开来,独创性将作品与其他智力成果区分开来。

① 参见李扬:《著作权法基本原理》,知识产权出版社 2019 年版,第 5 页。

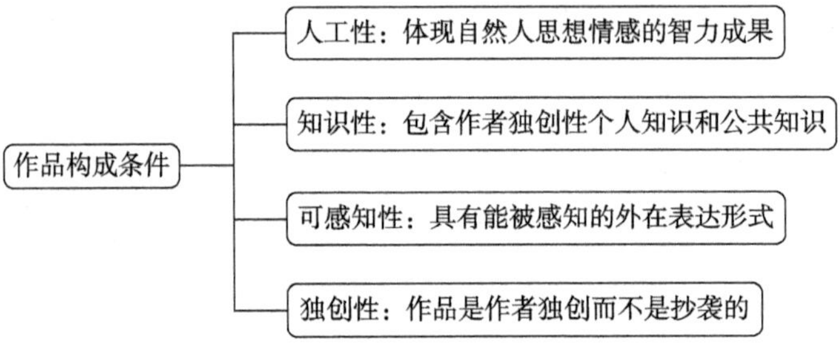


**图 6-1　版权作品的构成条件**

### (一)人工性:体现自然人思想情感的智力成果

作品都是自然人创作的,没有自然人就没有创作和作品。纯自然现象不构成作品。有时,大自然会在人们眼前呈现鬼斧神工,美轮美奂的图像,但其中没有人为因素介入,这种自然图像不是作品①;非自然人的猴子拍的照片也不是作品②。

一件作品,无论是抽象的文字作品、视觉性的艺术作品、听觉可以感触的内容(比如声音艺术方面的作品),还是其他形式的作品,一般都应反映作者的某种思想情感或精神内容。不具有思想情感的作品不受著作权法保护,即使是自然人创作的,如果不体现作者的思想情感,也不是受著作权法保护的作品。例如,路标只具有指示作用,没有体现设计人的思想情感,不能成为作品。我国出

---

① 1982 年,原商丘地区行政公署拨款重修“汉高祖断蛇之处”纪念碑。1984 年,经过过往车辆照射,在石碑上发现人像显影,人像似拔剑斩蛇,栩栩如生。后来,当初的雕刻家的后人提起诉讼,要求确认该石碑显影人像的著作权归属。法院判决认为,石碑显影人像是在人工物上出现的自然现象,并非人工智力成果,遂驳回其起诉。因此可以说,作品作为智力成果,是包含了新知识的一种人造出来的信息。

② 2011 年,英国摄影师斯莱特在印度尼西亚拍照,一只猴子抢了他的相机按了快门,拍下一些照片,后有人将这些照片发在维基百科的网站上。斯莱特认为自己拥有这些照片的版权,并要和维基百科对簿公堂。这些照片没有“人工性”,版权的拥有者应该是自然人,猴子不能称为自然人,所以没有人拥有这些照片的版权。维基百科的一位编辑说:“这张照片为公众所有,因为它是动物的作品,没有人享有它的版权。”

现过单独为标点符号提起版权诉讼的案例。标点符号属于公共领域的公共知识,不属于作者独创性个人知识。

### (二)知识性:包含作者独创性个人知识和公共知识

2016年3月10日起施行的《网络出版服务管理规定》的第2条第3款规定:“本规定所称网络出版物,是指通过信息网络向公众提供的,具有编辑、制作、加工等出版特征的数字化作品,范围主要包括:(一)文学、艺术、科学等领域内具有知识性、思想性的文字、图片、地图、游戏、动漫、音视频读物等原创数字化作品……”当代西方自治主义流派认为,非物质劳动生产的是知识、信息、情感、文字等。一切精神产品均为人类从各个途径中获得的,经过提升总结与凝练的系统的认识。智力成果与精神产品几乎是同等概念,而作品是智力成果的一种类型,知识是智力成果的实质,版权作品的实质内容是作品中的独创性知识。

进一步讲,版权作品的实质是自然人通过智力劳动在公共知识和他人私有知识的基础上独创的个人知识。

某个人的作品中包含的公共知识和他人私有知识不能成为该个人作品的实质部分。在自己作品中引用他人作品,不能成为自己作品的实质部分,并且要注明出处,否则会侵犯他人著作权。作者的个人知识是著作权的客体。

### (三)可感知性:具有能够被感知的外在表达形式

反映特定思想或情感的文学艺术创作或理论创作,若还处于构思阶段,即存于思想者的头脑之中(腹稿),则还是“意象”的或抽象的,属于主观的、外人无法感知的,不能成为作品。

我国著作权法理论过去对这一条件的提法是“可复制性”。创作行为不具有可复制性,但作品具有可复制性。2020年以前的《著作权法》的作品定义中,"以某种有形形式复制"含混不清,构成作品的成果必须能够被作者再次创作出来,即具有可重复性吗?许多作品是作者灵光一闪的产物,作者未必能再次创作出来。不能被以某种形式再次创作出来的作品就不是作品吗?如果构成作品的成果必须能够被复制,则任何外在的表达都可以通过某种手段进行复制。长期以来,理论界和实务界关注的是作品的独创性,作品的可复制性几乎无人问津,有学者认为,该要件实际上名存实亡。

笔者认为,在传统版权制度时代,可复制性是作品的必备条件之一。在后现代版权制度下,许多作品主要不是通过复制传播的,如在网络上通过电脑下载构成复制,但暂存不是复制,而网络作品暂存后读者就可以直接阅读。在后现代版权时代,复制在著作权法上的意义日趋式微,权利体系中心由传统版权制度时的复制权转成传播权。因此,"可复制性"应改为"可感知性"。可感知性,是指作者的创作构思不是停留在大脑中,而是表达出来成为一种自然人大脑之外的客观存在,其他人通过感觉、知觉可以领悟理解。

作品只有具备能够被感知的表达形式才能被传播。作品的创作是一个极为复杂的心理和实践活动过程,人们了解他人通过智力活动创作出来的作品的基本要求是,作者必须提供一个具体的表达形式让人感知。

(四)独创性:作品是作者独创而不是抄袭的

本书在第四章曾谈论过独创性问题。独创性也叫"原创性",

是作品受保护的实质要件。[①] 作品必须体现个人的智力成果,至于这种智慧体现在内容上、表达形式上,还是二者兼备,在法律上具有同样的意义。那些人人均可为之的东西不具有独创性。同样,著作权法也要求作品必须是个人智力创作成果,并不取决于新颖性或者统计学上的一次性,而是取决于独创性。每部作品在具有独创性的部分之外,还包括属于公共精神财富的组成部分,后者不属于著作权的保护范围,人人可以自由使用。

英美法系国家实行"额头流汗原则",独创性标准很低。每周电视节目表也可构成视听作品并获得版权保护。在大陆法系国家,仅仅体现了作者的劳动、技能、判断、汗水和辛勤收集,不具有智力创造的表达,如广播节目表、电话号码簿等,被认为没有独创性,不能成为版权作品。

显然,在独创性的问题上,作者权体系采纳了一个高于版权体系的标准。然而,随着作品传播技术的不断发展,尤其是计算机技术的发展,这种较高的独创性标准,也给作者权体系带来了一些问题,其难以将某些客体纳入著作权保护的范围。例如,德国联邦最高法院在 1985 年 Inkassaprogram 案中判决,由于计算机程序没有体现编程人员的精神、情感、人格,不符合作者权法的独创性要求,不能作为作品获得保护。其还指出,对于数据的选择、编排、展示,只有在符合《德国著作权法》要求的独创性,即体现了汇编者的精神、情感、人格时,才可以作为作品获得保护。[②]

为了应对保护计算机软件和数据汇编的需要,欧盟于 1991 年

---

① 值得注意的是,出于遵守国际惯例的考虑,对一些基本的功能性作品,如工程设计图、产品设计图、地图、示意图等图形作品和模型作品在当时的《著作权法》中直接予以了认可;并没有明确将独创性作为这些功能性作品的构成条件。

② 参见李明德:《两大法系背景下的作品保护制度》,载《知识产权》2020 年第 7 期。

发布《欧盟计算机程序保护指令》,于 1996 年发布《欧盟数据库保护指令》,在作品的独创性问题上提出了一个“作者自己的智力创造”(author’s own intellectual creation)的标准。例如,《欧盟计算机程序保护指令》第 1 条第 3 款规定,计算机软件只有是独创性的,是作者自己的智力创造的时候,才可以获得保护。在确定计算机软件受保护的合法性方面,不应当适用其他的标准。又如,《欧盟数据库保护指令》第 3 条规定,根据该指令,通过选择和编排其内容而形成的数据库,只有在构成作者自己的智力创造时,其本身才可以获得版权保护。显然,“作者自己的智力创造”,既不同于作者权体系“精神、情感、人格”的标准,又不同于版权体系“技能、判断、劳动”的标准,而是一个介乎二者之间的标准。按照该标准,德国、法国、西班牙等作者权法体系的国家,就可以降低原有的独创性标准,将计算机程序和数据汇编作为作品予以保护。①

独创性标准很低的《美国版权法》,也从来没有将字体,包括计算机字体,作为作品予以保护。例如,美国版权局的注册规则规定了一些不予注册的客体,其中就包括了“作为字体的字体”(typeface as typeface)。

**1. 独创性的定义**

独创性一般是指作品系作者独立完成并能体现作者特有的选择与安排,即作品在选择和安排文字、音符、颜色、形状等方面是作者自己完成的,而不是抄袭他人的现成之作,即使与其他作品近似或雷同,也被认为具有独创性。只要是独创的,即使与已有的某个作品相同,也是新出现的“另一个”,因而依旧可以认为是先前不存在的,或者说,独创性是一种最低限度的创新性。

---

① 参见李明德:《两大法系背景下的作品保护制度》,载《知识产权》2020 年第 7 期。

独创性意味着:第一,作品的完成是该作者自己选择、取舍、安排、设计、综合的结果;第二,不是依已有的形式复制来的;第三,不是依既定的程式或程序(又称手法)推演而来。凡是经过同样训练和具备同样能力的人,只要其运算方法和过程不出现错误,所有人都会做出同样的成果。广西壮族自治区发生的一周广播电视节目表纠纷案就是这种类型:在每周的时段栏目确定和一一对应的节目内容确定的前提下,只要有一定的文字识别能力,只要不出差错,100个人排列填充该表格,都会得出同样的结果,该结果不体现制表人的独创性,因而节目表不是作品。

作品,是指以前未曾出现过的智力劳动成果,具有创新和突破的特点。人类的智力成果虽具有继承性,但智力成果要成为权利标的应具有创造性。一般认为,天气预报没有独创性(有争论),只是一种有用的信息,不受著作权法保护。各项具体的智力成果要求的创造性不同。

有人指出,在文字作品中,著、编、编著所体现的独创性高低不同。一般而言,著的独创性最高,如原始作品。如果一件作品是不基于任何已有作品而原始产生的,通常就可以视为著。编的独创性最低,产生的是演绎作品。编著的独创性介于二者之间,编译类似于编著,但独创性略低于编著。如果作者的作品中的引文已构成对已有作品的实质性使用,或者包含对已有作品的汇集或改写成分,作者的创作行为应该视为编著。

**2. 表达形式要符合法律规定**

第一,作品的表达形式多种多样,异彩纷呈,知识产权法是一国公共政策的产物。保护什么不保护什么,法律有选择。第二,法律是对某种普遍存在的社会关系进行规范性调整的工具,是对一般行为的规制。如果某种作品的表达形式在社会上极为罕见,不是普遍现象,那么著作权法将不会去规制。第三,有的国家认为口述作品没有固定的形式,不便于保护,因而不提供著作权法保护。

**3. 作品的独创性不同于专利法上的创造性、新颖性**

作品的独创性要求创作成果与已有成果相比,在作品内容和表现形式上存在差别。独创性不要求独一无二。独创性只在发生权属争议或侵权纠纷的时候才要进行认定。对作品独创性的认定是非常复杂的技术问题和实践问题。专利法上所称的创造性,是指创造前所未有的新事物。而著作权法上的独创性与之有所不同,著作权法允许“巧合”或“偶合”的现象。作品所表达的思想或情感以及它们的文学、艺术形式,并不要求一定是前所未有的。在文学、艺术作品中,思想、观点、情感以及它们的表现形式并不具有排他性和独占性。

**4. 独创性并不排斥合理引用**

作品的独创性,并不意味着在作品中不能引用或借鉴其他作品的写作技巧和创作风格。哪怕直接引用他人作品中的词句,只要符合合理使用的要求,都是著作权法所允许的,并不妨碍作者对作品享有著作权。

**5. 作品独创性是否仅指作品表达形式的独创性**

表达包括表达内容和表达形式。有的学者误认为独创性仅指形式的独创性。作品的法律定义中没有标明受保护的作品只要求形式的独创性。

**6. 我国著作权法对作品独创性中“创”的高度没有任何规定**

受保护作品的独创性只要求有个性而无论高低。是不是作品,应以有无独创性为标准,而不是以独创性的高低为标准。如有人曾举例:一个 5 岁的顽童,天真烂漫,尽管他的表现手段极为初始、朴拙,如果他能以构思一种独特的画面设计,来表现对生活的理解或对朦胧理想的追求,并用他生硬、朴拙的画笔表达出来,能使读者产生某种情感上的共鸣,该绘画就是一件有独创性的作品。

著作权法对作品的成立要件,仅要求是个性的表现,并没有优劣的要求,也不要求艺术价值、学术价值和社会价值。创作行为是事实行为,不是法律行为,事实行为不需要当事人具有行为能力,3岁小孩画画也可能产生作品。列举某地自己最喜欢的20家餐厅,这项列举可以获得版权保护;按字母顺序排列某地的20家餐厅则不能获得版权保护。

有的学者认为,对"独创性"的认定标准原本不宜在立法中规定,而应交给司法机关去裁决。著作权的取得采取自动取得原则,即使实行版权登记制也不审查作品的独创性。各国通行的做法是在诉讼中由法官给予认定,这是出于节约成本的考量。一件作品只要是"值得"剽窃的,它就应该是具有独创性的,这可由预期读者的信赖是否遭到损害而得到间接证明。在争议发生之前论著是否具有独创性,不容易界定,不宜庸人自扰,无事找事。独创性的判断,不是或不仅仅是法律问题,很大程度上是一个事实问题。①

**7. 临摹悖论**

临摹别人的作品,越逼真越没有独创性。有人主张,临摹水平不高的,差别大,受到版权保护;临摹水平高的,差异小,似乎没有独创性。② 在我国书画传统中,艺术大师临摹前人作品,乃是书画界之常事。因此,张大千作为大艺术家,无论他的绘画水平多高,

---

① 参见吴义龙:《剽窃、学术规范与版权侵权》,载《河南财经政法大学学报》2012年第1期。

② 冯忠莲(1918~2001年),古画临摹师,著名女画家,祖籍广东顺德。1980年冯忠莲临摹北宋张择端的《清明上河图》,惟妙惟肖,以假乱真,后其临摹的画作被鉴定为国家一级文物。

他临摹的作品,也只能是复制品。郑成思先生力排众议,认为精确临摹增加了创造性劳动,创作出了新作品,但多数学者对此观点并不赞同。

笔者认为,不能将独创性与差异性捆绑在一起,应回到作品的本质上来分析,看临摹的东西是否属于创造性智力成果。

## 三、从版权作品构成条件中剔除领域性

### (一)作品领域的含义与作品领域限制的理由

领域本来是一个生物学概念,原指一个被动物所占有和保卫的空间;现指某一专业性范围或区域,也指一种专门活动或事业的范围、部类或部门,在这里是指意识形态和社会活动的范围,如生活领域、思想领域、科学领域。例如,生活领域的菜谱,没有著作权,但菜谱可以作为一种新方法、技术发明申请专利。竞技体育活动不属于文学艺术和科学领域,所以竞技体育活动中产生的智力成果不是著作权法意义上的作品,不受著作权保护(两大法系对此有不同主张)。

著作权法保护的范围很广,但也不能漫无边际。我国《著作权法》在第 3 条、《德国著作权法》和《日本著作权法》均在第 2 条规定,著作权法将受保护的作品局限在文学、艺术和科学三大领域。是否应该限于文学、艺术和科学领域,这种定语有无意义?学者们莫衷一是。文学、艺术和科学领域怎么界定?为什么其他领域的智力成果不属于著作权法意义上的作品?这些问题问津者不多,有待深入研究。

文学是属于人文学科的学科分类之一,是一种用口语或文字作为媒介,形象化地反映客观现实、表现作家心灵世界的人文学

科,一般包括诗歌、散文、小说、剧本、寓言、童话等,是文化的重要表现形式。[①] 当文字不单单用来记录(史书、新闻报道、科学论文等),而被赋予其他思想和情感,并具有了艺术之美,才可称为文学艺术。

艺术,是通过塑造形象来反映社会生活、寄托情感的一种社会意识形态和人文学科。与科学相比,艺术离不开情感的表达。在中国古代主要指六艺,以及术数方技等各种技能或特指经术。艺术通常会借助语言、文字、绘画、音乐、形体等表达。现代艺术包括造型艺术(绘画、雕塑、建筑)、表演艺术(音乐、舞蹈)、综合艺术(戏剧、电影)等。

科学,是建立在可检验的解释和对客观事物的形式、组织等进行预测的基础之上的有序知识系统,是已系统化和公式化了的知识体系。科学主要分为自然科学、社会科学、思维科学、形式科学和交叉科学。并不是科学领域的所有智力成果都能作为作品受保护。[②]

版权作品实行领域限制的理由如下:

第一,著作权法将"作品"限于文学、艺术和科学领域,与创造性有关系,人们曾认为这三大领域的作品才具有独创性。西方有

---

① 文学按载体分为:口头文学、书面文学、网络文学。按作者所在的时代分为:古代文学、近代文学、现代文学和当代文学。按产生地域分为:欧美文学、中国文学、日本文学、拉美文学等。按读者分为:儿童文学、成人文学或严肃文学、通俗文学、大众文学、民间文学、少数民族文学、宗教文学等。按内容分为:史传文学、纪实文学、奇幻文学、报道文学等。按表达体裁分为:小说、散文、诗歌、报告文学、新韵文、剧本、民间传说、寓言、笔记小说、野史、童话、对联和笑话等。按创作理念分为:浪漫主义文学、现实主义文学等。

② 例如,爱因斯坦的质能方程式"E=MC2"这类数学概念属于国际条约明文排除保护的对象。同时,著作权法并没有将广义上技术领域中所有智力成果的任何表现形式都排除出受保护的范围,如描述技术方案的论文因为采用了文字形式这种法定表达形式,就可以作为文字作品受到保护。在这种情况下,该论文只有经过转化,变成具有直接功能性的产品或方法,才能真正具有技术性。因此,通常会将这篇论文称为"科学作品",而不是"技术作品",以免混淆。

将创造性与神灵联系起来的传统。柏拉图认为,诗人被神圣灵感所附身,诗人的作品完全是缪斯女神的创作。直到现在,创造性被视为超人的力量。文艺复兴以后,欧洲的贵族开始重视艺术,艺术家的社会地位空前高涨,艺术的价值得到社会承认,“艺术家传达有特殊价值的信息”,艺术不再被认为仅仅是模仿,而是具有独创性的作品。人文主义启蒙运动时期,“人类是有意识的创造者”的观念开始流行。

第二,其他领域的智力成果不宜用著作权法来保护,更适合用专利法、商标法、反不正当竞争法或其他法律来保护。

第三,历史传统约定俗成。著作权法保护的作品历来为文学艺术和科学领域的作品。《德国著作权法》《俄罗斯联邦民法典》将之限制为科学、文学和艺术领域。《日本著作权法》第 2 条规定,“作品,指文学、科学、艺术、音乐领域内,思想或者情感的独创性表达形式”。

第四,其他领域的作品不具有著作权法保护对象的四个条件。例如,体育中的技巧、动作、阵势排列等均不属于作品,2006 年中超联赛将“中国足协,版权所有”改为“未经中国足协许可,不得转播”,因为足球比赛不是“作品”,中国足协对足球联赛没有著作权。再如,对生活领域的菜单按照笔画或音序排列,不具有独创性。另外,作品历来是通过视觉、听觉器官感知的智力成果,如果扩大到其他器官可感知的智力成果,会造成传统法律体系的不和谐。例如,荷兰最高法院认定兰蔻公司独创的香水气味具有独创性,带有制作者的个性烙印,应作为作品受保护。欧盟法院的法官则认为,应当对可构成作品的智力成果的范围做限制解释,仅指可以通过视觉或听觉感知的作品如书籍和乐曲,不包括通过其他感官如味觉、嗅觉、触觉感知的成果。

（二）反对领域限制的理由

第一，我国《著作权法》将版权作品限制在文学、艺术和科学领域，属于列举性的限制，没有穷尽一切版权作品存在的领域。

第二，有的国家并没有作品领域的限制，说明作品领域限制是人为的结果或公共政策的制度选择，不具有客观必然性，不是非有领域限制不可。《英国版权法》《美国版权法》没有提到领域限制。《法国著作权法》第L. 112-1条明文规定："本法典的规定保护一切智力作品的著作权，而不问作品的体裁、表达形式、艺术价值或功能目的。"我们应该分析他们为什么是这样规定的，以及针对我国具体情况应怎样规定。

第三，为了全面保护精神财富，作品的领域或范围不应限于著作权法规定的"文学、艺术和科学领域"。

第四，这种领域限制未必能将著作权的保护对象与专利权、商标权的保护对象区分开来。著作权与其他知识产权保护对象之间具有交叉关系，不完全是对立的。例如，我国曾有法院认为，线路板属于工业产品，不属于"文学、艺术和科学"领域的作品，不属于著作权保护的客体。有学者认为，中文字体不属于文学、艺术和科学作品的领域。工业产品与文学作品的区别是相对的，一本小说对版权人而言是文学作品，对于印刷厂、发行商来说就是一种工业产品和商品。

第五，我国现行《著作权法》的一些规定实际上存在自相矛盾之处。计算机软件用毫无情感的0和1两个数字写成，按理应由专利法来保护，但也一直作为作品保护。在国外，各种宗教著作不在科学领域，有些也算不上文学作品，但它们不受著作权法保护吗？

笔者认为,在知识经济时代,应拓宽著作权保护的作品范围,取消版权作品构成条件中的“领域性”要求。

## 四、版权作品量的规定性及其产生标志

### (一)版权作品量的规定性

作者新创作出来的作品原则上是“可版权作品”。可版权作品是指可以产生版权的作品。但只有符合著作权法规定的条件的作品才最终成为版权作品。凡是可以受到著作权保护的作品,在完全具备了人工性、知识性、感知性和独创性后,即为版权作品,成为著作权客体,受到著作权法保护。

上面讲的条件实际上是就作品的“质”而言的。任何事物都有质和量两个方面。作品量的规定性宜由各专门学科判定,例如,作家写了一段文字,是否构成一篇小说,应由文学理论来判定。目前这方面的认识并不统一。有的学者认为,标题不受保护,与其字数太少不能称为作品有关。诗人北岛有首名为《生活》的诗,正文只有一个字:“网”,却被认为是作品。在美国的 Exxon Crop 案中,对于单个臆造的词“Exxon”,尽管具有独创性,然而由于该词无法给予任何信息、指引或文学鉴赏性,美国法院否定了该词语的著作权。

从量的方面来说,新作品要反映与已有作品的区别,需要作者在作品中加入一定量的创作新元素,从而使作品区别于公有领域的表达或已有的作品。可以说,作品表达量的多与少,直接影响到对作品独创性和可版权性的认定。但硬性划定版权作品表达量的下限,却颇为困难。因为尽管较少的表达量难以体现出独创性,但表达量少并非否定独创性的必然原因。篇幅的大小与独创性并

不绝对成正比。长篇大论的作品可能只是无病呻吟,短小精悍的作品可能一针见血。正是基于此,近年来美国法院在审判中开始给予某些短小的边缘作品独立的版权保护。实际上各国立法机关和司法机关无法也不会为作品在表达上确定一个最低限度的量。

(二)版权作品产生的标志

就像独立呼吸说认为没有离开母体的胎儿不叫婴儿一样,作品作为精神产品必须是人大脑之外的东西。作品产生的标志是什么,如作者写出了初稿,尚未杀青定稿,算不算作品"诞生"了?精神产品由初创到成品分为两个阶段。前一个阶段严格地讲属于完全的精神活动,人的认识成果在没有借助物质形式呈现之前,没有可感知性,客观地说,这时其还属于精神层面的思维活动。后一个阶段借助物质载体或人类可感知的方式表达出来。从理论上说,"创作完成"可以作为版权作品产生的标志。但作品产生的标志到底如何判定,没有统一的标准,似乎仍然需要留待各门具体学科去解决。

## 第二节 版权作品的法律分类

《法国知识产权法典》列了 14 类作品,《德国著作权法》列了 7 类。我国 2020 年修正的《著作权法》列了 8 类,另有一个兜底条款;《著作权法实施条例》列了 13 种。下文将对各版权作品分类作简要分析。

## 一、文字作品

### (一)文字作品的概念

文字作品,是指用文字或等同于文字的各种符号,包括数字符号来表达思想或情感的形式,包括小说、诗歌、散文、论文、剧本、乐谱、文书、日记、自然科学和社会科学作品等,这些作品无论附着在什么载体之上,只要该文字形式得以显示其存在,就属于文字作品,各国著作权法都把文字作品列为首要的和基本的作品形式予以保护。

我国司法界曾受理过多起因字体发生的著作权纠纷案。"字体"是否属于文字作品,是否应该受到著作权保护?笔者认为,应该根据作品受保护的条件来分析。就一般意义上来说,字体不全部具备这些条件,最多属于边缘作品,是否受保护由国家公共政策作出选择性决定。但无论如何,再多的字体均构不成文字作品,字体只能作为"美术字"归类到美术作品。[①]《九层妖塔》纠纷案中的7个单字就是被法院认定为"美术作品",而非文字作品。如果字库符合我国《著作权法》规定的美术作品的要求,则可以进行整体性保护。字体开发者设计的新字体,如果构不成美术作品,考虑开发者投入了相应的人力、物力,可以适用反不正当竞争法和民法中的侵权责任法进行保护。[②]

---

① 书法是文字作品还是美术作品?书法作品与文字作品会重合。文字本身是书法作品,但文字所表达的内容可能构成文字作品。这时应分别保护。只包括几个字的书法作品只能作为美术作品受到保护;一般认为,对其性质的认定取决于他人以怎样的方式复制:精确临摹,复制的是美术作品;以其他字体抄写内容,复制的是文字作品。

② 参见李扬:《著作权法基本原理》,知识产权出版社2019年版,第57页。

### (二)计算机软件中包含文字作品

计算机软件,是指为了得到某种结果而可以由计算机等具有信息处理能力的装置执行的代码化指令序列,或者可被自动转换成代码化指令序列的符号或者符号化语句序列。计算机软件包括计算机程序和有关文档。其中的“文档”作为文字或者图形作品给予保护。计算机程序包括源程序(源代码)和目标程序。同一程序的源程序和目标程序应当视为同一作品文档,它们是用自然语言或者形式化语言所编写的文字资料和图表,用来描述程序的内容、组成、设计、功能规格、开发情况、测试结果及使用方法,如程序设计说明书、流程图、用户手册等。

计算机软件在我国《著作权法》中被单列为一类作品类型。

## 二、口述作品

### (一)口述作品的概念与特点

口述作品,是指首次形成作品时以口头语言形式表现的作品,如即兴演说、即席所赋之诗词、授课、法庭辩论、宗教布道等。口述作品的特点如下:

第一,口述作品是语言形式作品。音乐、戏剧和曲艺作品也可以是即兴的,但它们是另类作品。

第二,即兴的口述创作与表演口述作品不可同日而语。以口述方式创作口述作品,事先作品是不存在的,口述作品应当通过口述即兴创作产生。用预先已有的文字作品加以口头表演的作品,如诗歌或散文的朗诵,均不属于口述作品。初出茅庐的律师在法庭上按照老律师事先写好的辩护词发表辩护意见,演讲者照本宣科,均只是他人作品的“表演者”,不能享有著作权。

### (二)有些国家不保护口述作品的原因

第一,在纸媒体时代,如果口述作品未固定下来,当发生著作权纠纷时,确认口述作品是否存在将非常困难,不利于司法裁决(但现在对于口述作品进行固定很容易实现,此不保护的理由恐难以成立)。

第二,没有固定下来的口述作品被他人再次使用的可能性较小,没必要保护。

第三,口述作品对出版商而言无利可图,传统版权制度从出版商立场出发。忽略了口述作品的存在价值。

### (三)《伯尔尼公约》规定对口述作品是否保护由各国决定

《伯尔尼公约》第 2 条虽然将“讲课、演讲、讲道和其他同类性质的作品”,即口述作品列为保护对象,但该公约对口述作品的规定对其成员国来说是选择性的,是否保护由各国自行决定。我国著作权法保护口述作品的著作权。

## 三、艺术作品

### (一)音乐作品

#### 1. 音乐作品的概念、特点与分类

音乐是一种比较抽象难懂的艺术,高山流水,知音千古难觅。托尔斯泰认为,音乐是世界上最高的艺术。[①] 音乐把各种形态的声波振动作为自己存在的物质材料,运用一定规则将音乐的最基本

① 音乐是没有国界的语言。拿破仑说过,《马赛曲》是法兰西共和国最伟大的“统帅”。孔子 35 岁时,周游列国到齐国,听了《韶》乐,如痴如醉,竟“三月不知肉味”。在山东淄博,后人树有“孔子闻韶处”的碑志。

形式要素，如节奏、旋律、和声进行组合，并运用各种物质工具发出。音乐包括声乐和器乐。目前，一般认为声乐作品的体裁大致可分为民歌、艺术歌曲、群众歌曲、民歌改编曲、秧歌剧、影视歌曲、歌剧、清唱剧、音乐剧等种类。器乐基本上分为标题音乐与无标题音乐、室内乐和交响音乐、单声音乐和多声音乐。

我国《著作权法实施条例》第 4 条为音乐作品所下的定义是："指歌曲、交响乐等能够演唱或者演奏的带词或者不带词的作品。"这一解释存在争议，因为它似乎将所有人类能识别的作品都囊括到音乐作品中去了。带词的音乐作品与文字作品具有交叉关系，因为歌词本身是文字作品。

《英国版权法》第 3 条规定，音乐作品，是指由音乐构成的作品，不包括意图与音乐一同演唱的文字，或者一同进行的表演。乐谱属于文字作品。《美国版权法》没有给音乐作品下定义，只在第 102 条提到音乐作品；《伯尔尼公约》中没有专门的音乐作品概念。

综上所述，音乐作品，是指包括有各种音响的组合（乐曲），配有或未配文字（歌词），用乐器和人的声音表演的艺术作品。音乐作品有以下特征：第一，音乐是时间的艺术，听觉的艺术，流动的艺术；其内容是通过演唱或者演奏来提供听觉欣赏使用的。第二，声音是构成音乐作品的物质载体。第三，音乐的表达形式是不同声音之间的协调、区分、对立、结合，声音量的不同、时间的长短和节奏是该形式的内在根据；音乐作品的独创性体现在创作者在音响、音量大小、时间节奏等方面的取舍和安排。第四，音乐是表演的艺术，需要依赖演唱、演奏等方式才能被听众所感知并产生艺术效果。音乐作品还可以和其他艺术门类相结合，产生新的艺术形式。例如，音乐和语言结合产生歌曲；和戏剧表演结合可以产生歌剧、戏曲;和舞蹈结合可以产生舞剧;和电影艺术结合可以形成电影音乐;等等。

**2. 音乐作品与录音制品的区别**

过去,音乐作品一般以乐谱形式表达,现代社会多以录音形式表达,还可以利用计算机技术直接创造出声音,音乐作品的表达方式逐渐多样化,音乐作品被推到与邻接权有关的“录音制品”的边缘。但音乐作品是著作权的客体,“录音”是录制者邻接权的客体,录音制品是录制者邻接权客体的最初载体。对之将在《著作权法理论新探索》(下册)的第三章详细论述。

(二)戏剧作品

**1.“戏剧”一词的含义**

戏剧是人物扮演故事的表演艺术,一般有四个要素:演员、观众、剧场和剧本。有观点主张,“戏剧”有广义和狭义之分。狭义的戏剧专指以古希腊悲剧为开端,在欧洲各国发展起来,继而在世界广泛流行的舞台演出形式,英文为 drama,中国则称为“话剧”;广义的戏剧还包括东方一些国家的民族传统舞台演出形式,如中国的戏曲、日本的歌舞伎、印度的古典戏剧、朝鲜的唱剧等。

我国《著作权法实施条例》第 4 条规定:“戏剧作品,是指话剧、歌剧、地方戏等供舞台演出的作品。”但是,对于究竟戏剧作品是什么,却有不同的认识。有观点认为,戏剧作品指的是剧本,而不是以舞台表演形式出现的戏剧,《伯尔尼公约》所指的戏剧作品指剧本。公认的艺术理论则一致认为,戏剧是指以舞台的演出形式而存在的综合艺术。

**2.“戏剧”在艺术作品中单门独户的理由**

戏剧理论并不否认戏剧的一部分是文学,但是就整个戏剧而言,其绝不是文学,而是一种独立的艺术。文学必须要用文字来表现,戏剧却不一定要用文字作为工具。在某种意义上,戏剧作品实际上是一种特殊的文字作品。以剧本形式表现的戏剧作品与文字作品的表现形式是一样的,将之另立门户,在于它的主要使用形式不同——戏剧要供舞台演出。

戏剧是时间与空间的综合艺术,是一种表演的艺术形式。它融合了文学、音乐、绘画、雕塑、建筑以及舞蹈灯光等多种艺术表现手段。这些手段在戏剧中分别表现为剧本、造型艺术的布景、灯光、道具、服装、化妆、音响、插曲、配乐、曲调和舞蹈动作等。戏剧艺术以演员的表演为本体,对多种艺术元素进行融合,形成了一种综合的表演艺术形式。

**3. 戏剧作品不等于剧本**

戏剧作品是被上演的作品本身,一般通过对话、旁白、配词等构成剧本加以体现。但戏剧作品与剧本不能画等号:首先,有些戏剧不需要、不可能通过剧本来体现,如哑剧主要是通过动作来体现,难以用文字记载。其次,有些戏剧演出事先没有剧本,戏剧作品是即兴表现出来的。

**4. 戏剧作品的歌词与乐曲是否构成合作作品**

日本、德国的法律规定,歌舞剧的歌词、乐曲可以分离使用,不是合作作品,而是“结合作品”。苏联、法国、中国的著作权法规定,可以分割的各部分可以共同构成“合作作品”。

### (三)曲艺作品

曲艺是我国独有的艺术形式,曲艺亦称说唱艺术,是以带有表演动作的说唱来表达思想感情的一种艺术形式。曲艺艺术的本质特征是“以口语说唱故事”,这是曲艺有别于其他艺术门类的本质属性。[1] 曲艺可以是书面的或口头的。目前曲艺种类约有400种,主要有相声、数来宝、快板、快书、评书、弹调、大鼓坠子、琴书等。我国《著作权法实施条例》第4条所规定的曲艺作品,是指相声、快书、大鼓、评书等以说唱为主要形式表演的作品。

曲艺作品不等于曲艺文学作品。曲艺文学是文学创作的一种体裁,泛指曲艺的脚本创作,是曲艺表演的基础。

有的学者认为,这种分类没有多大意义,因为这类作品可以作为文字作品、口述作品和音乐作品获得著作权法保护。

### (四)舞蹈作品

舞蹈是人体动作的艺术、表演的艺术。舞蹈作品,是指通过连续的动作、姿势、表情等表现思想情感的作品。舞蹈使用身体来完成各种优雅或高难度的动作,一般有音乐伴奏,以有节奏的动作为主要表现手段。它一般借助音乐,也借助其他的道具。舞蹈表演的物质载体是演员的身体,舞蹈表演的基本手段是由舞蹈动作所组成的舞蹈语言。有人认为,舞蹈作品是对舞蹈动作的一系列设计;也有人认为,把用文字或其他符号形式表现的舞蹈设计等同于舞蹈艺术作品,是不确切的。

众所周知,舞蹈作为一门空间性、时间性的综合艺术,往往综合了音乐、诗歌、戏剧、绘画、杂技等手段,而成为独立的艺术门类。舞蹈含有舞蹈表情、舞蹈节奏和舞蹈构图三个基本要素。舞蹈作

① 曲艺作品的特征是:第一,主要表现手段为说唱,语言生动活泼、简练精辟并易于上口。第二,曲艺演员不是装扮成固定的角色,而是以"一人多角"的方式表演。第三,简便易行,短小精悍,曲艺演员通常能自编自演。第四,曲艺是听觉艺术,它通过说、唱刺激听众的听觉来驱动听众的形象思维,在听众的思维想象中与演员共同完成艺术创造。第五,曲艺演员具备坚实的说功、唱功、做功和高超的模仿力,可以将人物形象表演得惟妙惟肖,使故事的叙述引人入胜。

品即使没有固定在有形载体上,也受著作权法保护。根据舞蹈不同的表演形式,可分为单人舞(独舞)、双人舞、三人舞、群舞、组舞、音乐舞蹈史诗、舞剧(芭蕾)等;根据塑造舞蹈形象的不同方法,可分为抒情性舞蹈、叙事性舞蹈、戏剧性舞蹈。根据舞蹈的不同风格特点来区分,可以分为:古典舞蹈、民间舞蹈、现代舞蹈、当代舞蹈和芭蕾舞。

对于舞蹈作品保护的范围,一直存在争议。第一,对舞蹈作品的保护是否以存在舞谱或其固定物为条件?第二,舞蹈作品的范围如何确定?如民间舞蹈、交际舞、霹雳舞之类的舞蹈是否受保护?[①] 笔者认为,不应以类型来分,应考虑是否与著作权客体的要件相符。舞蹈作品中具有独创性的动作设计、头饰、首饰、音乐、舞美及灯光等元素受著作权法保护。《千手观音》进行了著作权登记,但《千手观音》的名称、题材、观音形象或者不具有独创性的舞蹈动作不受保护。[②]

体育比赛中的艺术体操、花样游泳和花样滑冰是否可以作为舞蹈作品进行保护?它们更多地涉及技巧而不是思想的表达,一般不宜用著作权法保护,《德国著作权法》有此规定。竞技项目的动作设计旨在鼓励演员、运动员模仿,如果通过著作权法保护,意味着禁止他人模仿、复制和表演。

哑剧与舞蹈类似,受著作权法保护。我国《著作权法》没有明确规定哑剧是版权作品,但《伯尔尼公约》第2条明确规定对之予以保护,作为成员国,我国有义务对哑剧给予保护。

---

① 如一些国家不保护具有固定舞步的类似交际舞的常见舞。

② 参见李杨芳:《〈千手观音〉再引版权之争》,载人民网2019年2月22日,http://ip.people.com.cn/n1/2019/0222/c179663-30896203.html。

### (五)杂技艺术作品

我国《著作权法》第一次修改后增加了杂技艺术作品为保护对象。杂技艺术作品,是指杂技、魔术、马戏等通过形体动作和技巧表现的作品。世界上只有我国将杂技作为作品加以保护。

杂技是表演艺术的一种,[①]包括蹬技,手技、顶技、踩技、口技、车技、武术、爬竿、走索以及各种民间杂耍等。我国杂技艺术历史悠久,春秋战国时已有萌芽,至汉代已初步形成。我国现代杂技艺术取得较大发展,成为一个重要的艺术门类。许多国家也有杂技艺术。

杂技作品并不保护技巧本身,通常也不保护特定的单个动作,而是保护连贯动作的编排设计,其载体类似于舞蹈作品中的舞谱。杂技表演中的配乐、服装及舞台美术设计等,则可作为音乐、美术作品等分别予以保护,而不应纳入杂技作品的保护范围。关于杂技到底应不应该被列为作品,有学者反对将之单列,甚至认为它不是作品,理由如下:

第一,杂技展示的是技巧,而不是具有美感的艺术表达。

第二,某些杂技表演很美,但不少优美的动作是为使用某些杂技技巧所必不可少的,而著作权法不保护任何操作方法、技术方案或实用性功能。

杂技艺术唯一与作品有关的是具有美感的艺术活动,如背景音乐和穿插其中的舞蹈,而这些已经作为音乐作品和舞蹈作品,受到著作权法保护。因此,没有必要将杂技单列为作品进行保护。著作权法对杂技艺术作品的保护,主要是保护杂技艺术中的艺术

① 参见马艳红:《简析杂技表演的艺术性》,载中国文艺网,http://www.cflac.org.cn/ys/yszj/zjht/201902/t20190201_435209.html。

成分，而不是杂技表演中的技巧成分，如钻圈、滚球、顶碗，以及魔术表演中的掩饰动作等。杂技中的动作难度和技巧成分不受著作权法保护。

与杂技类似的还有武术套路。武术套路中既有技巧部分，又有艺术部分，后者可以成为版权作品。武术套路如果在动作的选择和编排上有独创性，可以成为汇编作品。

## 四、美术作品与建筑作品

美术作品为什么不列入艺术作品，而是与建筑作品列为一类？有人认为，理由在于二者都是空间艺术。欧洲许多国家将美术作品与建筑作品归入一类，即具有审美意义的作品。单列建筑作品是否有意义，存在不同看法。

### （一）美术作品

美术又称造型艺术或空间艺术、视觉艺术、静态艺术。从广义来讲，美术作品一般是“绘画、书法、雕塑、建筑等以线条、色彩或者其他方式构成的有审美意义的平面或者立体的造型艺术作品”。绘画是美术作品最普遍的形式。

美术作品通常指绘画、雕塑以及建筑艺术和实用美术，在东方还涉及书法和篆刻艺术等，广义的美术还包括园林、工业设计、摄影、版刻、石印、篆刻，甚至还有行为艺术。著作权法只保护美术作品的造型，不保护其创作技法。

外观设计可能同时受到专利法和著作权法保护。对于平面作品而言，如果是要用在产品包装上，可以申请外观专利，再申请版权加以保护。二者的区别是：第一，保护对象不同。版权保护的是作品，外观设计保护的是产品。外观设计产品可以用到作品，如包装上用了美术图案作品、瓷砖上用了风景照片,但作品不一定用产品来体现。摄影图片外观专利的保护对象是工业产品的设计,即产品的形状、颜色、图案及其组合,重点是以产品为载体。版权保护的则是图案。第二,权利内容不同。外观专利是由财产权构成,主要包括实施权、许可他人实施权、转让权。著作权是由人身权和财产权两部分构成,其中财产权部分主要包括使用权、许可使用权、转让权、获得报酬权等。第三,保护期限不同。外观专利的保护期限为自申请之日起15年。著作权的保护期限为作者有生之年加死后50年。第四,维持费用不同。外观专利需每年缴纳专利年费,分阶段递增,未缴纳年费视为放弃权利。著作权在取得作品登记证后不需要每年缴费。第五,获权前提不同。外观专利不属于现有设计,与现有设计或者现有设计特征的组合相比应该具有明显区别。外观设计专利要求"独一无二的首创性"(需特别说明的是,实际上我国对外观专利目前仅进行形式审查,因此通常都会予以授权)。著作权在作品完成后自动产生,只要是独创的作品,无论其是否与已发表的作品相似,均可获得著作权。两者其实可以互为补充。

我国曾发生过"中国喷泉著作权纠纷第一案"。对于音乐喷泉的作品类型,该案二审判决认为,《著作权法实施条例》第4条将"电影作品和以类似摄制电影的方法创作的作品"定义为"摄制在一定介质上,由一系列有伴音或者无伴音的画面组成,并且借助适当装置放映或者以其他方式传播的作品"。这类作品的构成要满足两个条件:一是要有"摄制"行为的创作;二是要存在于一定的介质上。音乐喷泉虽然也可以摄制成视频,但其本身却属于现场表演,并未存在"摄制"的过程;音乐喷泉很难说其作品存在于什么

"介质"上,同样不能满足第二个条件。因此,二审法院否决了一审法院对音乐喷泉作品类型的定性,认定它属于美术作品[①]。

盆景艺术、园林艺术可作为美术作品保护。美术作品与摄影作品一样有一项特别的权利——展览权。

通过对于美术作品的保护,提供对实用艺术品"艺术"方面的保护。在司法实践中,法院正是根据版权和专利权固有的区别,对作品的"艺术"与"实用"方面作出界定。例如,对于具有独创性及艺术性的玩具积木块,如果制作了与之实质相似的产品则构成侵犯著作权。

### (二)建筑作品

《伯尔尼公约》在20世纪开始对建筑作品进行著作权保护。我国直到2001年修改《著作权法》时才把建筑作品纳入著作权法保护的对象。北京市高级人民法院《侵害著作权案件审理指南》第2.7条规定:"建筑物本身或者建筑物的外部附加装饰具有美感的独创性设计,可以作为建筑作品受著作权法的保护。建筑材料、建筑方法、功能性设计等不受著作权法保护。体现建筑作品外观美感的建筑设计图,可以作为美术作品予以保护。"

#### 1.建筑作品的概念

建筑作品,是指以建筑物或者构筑物形式表现的有审美意义的作品,如奥运场馆鸟巢和水立方等建筑物。建筑作品是建筑设计师的智力成果,是在外观、装饰、设计等方面具有独创性的建筑物,受到我国著作权法的保护。但是对于建筑物的构成材料、建筑方法,我国著作权法不予保护,并且建筑物外观,装饰、设计中的通

---

① 参见袁博:《从"中国喷泉著作权纠纷第一案"看"兜底条款"》,载人民网,http://ip.people.com.cn/n1/2018/0725/c179663-30168049.html。

用元素(普遍使用的大众性建筑如板楼的外形),属于公有领域,也不受我国著作权法的保护。对建筑作品的保护还应该包括建筑设计图、效果图和建筑模型等。但是依据我国著作权法对于作品的列举方式,这些作品也被作为图形作品和模型作品予以保护。建筑具有双重性,它既是物质产品,又是艺术创作。建筑作品是一种实用的社会物质产品,也是一种具有审美功能的造型艺术,是通过各种建筑的实体与空间,及周围的自然环境、人文环境的统一组织和处理,使建筑物成为既有实用功能,又达到人们审美要求的一种综合性的艺术形式。

建筑的实际制作人与设计人往往不是同一人。

必须区分建筑表达和建筑实物。建筑物或构建物本身,不属于建筑作品的表达。只有建筑物的整体外观或者空间布局,包括线条、造型和色彩等,才属于著作权法保护的建筑表达。同时,这种建筑表达必须具有独创性。

**2. 著作权法对建筑作品的保护**

著作权法保护的是建筑的外观设计,而不是建筑技术和材料。建筑作品往往是一个极为复杂的结构系统。对建筑艺术的保护内容,我国《著作权法实施条例》仅指出建筑艺术属于保护对象,是指三维的建筑物,但未涉及保护范围。根据《伯尔尼公约》现行文本规定,建筑以及与建筑有关的设计图、草图和立体作品,是著作权法的保护对象。建筑物的形式、外观没有独创性的,不能成为著作权法的保护对象。

建筑作为受著作权法保护的作品,是因为它们具有独立于其实用功能的艺术美感,反映了建筑设计师独特的建筑美学观点与创造力。缺乏独创性或没有任何艺术美感的建筑物并不是建筑作品；如果建筑物的艺术美感与实用功能无法分离，则无论该建筑物多么漂亮，也难以获得著作权法的保护。

**3. 建筑作品的内容**

按照世界知识产权组织和联合国教科文组织 1986 年公布的文件，建筑作品应当包括两项内容：(1) 建筑物本身（仅指外观、装饰或设计上含有独创性成分的建筑物）；(2) 建筑设计图与模型。此外，一个建筑的施工图中属于建筑作品的部分，也应当受著作权保护，但这一点存在争议。

第一，建筑作品，是指通过真实的建筑体现出来的作品，建筑模型应属于模型作品，建筑图纸属于工程设计图。

第二，建筑作品的部分设计具有功能性（考虑居住、安全、环保）时，这部分功能性作品不是版权作品。

第三，建筑作品的作者的一些权利会受到特别限制，如署名不能影响建筑的整体风格。在建筑领域，建筑物的物权人与建筑作品的版权人（设计人）时常是分离的。如果建筑作品的版权人是设计方，则当建筑物物权人对其建筑进行维修、改建、扩建时，是否侵犯了版权人的修改权或保护作品完整权呢？从建筑物的实用价值看，它不同于文学、艺术作品，人们对其享有物权的建筑物进行适当的维修、改建、扩建，是对其建筑物物权的合理行使，只要这种变动没有对建筑物的设计构成根本性改变，就不应认定为侵犯著作权。当然，司法实践中，公平起见，若建筑物有某种唯一性，则应允许著作权人在建筑物物权人改造、毁损建筑物之前对建筑作品进行复制或保存。

关于建筑作品的权利行使，主要涉及复制权、发行权、展览权等。作为建筑设计作品，其最主要的复制方式也是最能实现其价值的使用方式,是从设计图纸到立体建筑物的实现过程,即一种从平面到立体的复制。

## 五、摄影作品

### (一)摄影和摄影作品的概念

摄影被称为“快门艺术”,本质上是一项技术,是记录事物影像的一种手段。它是建立在机械、化学、光学等一系列现代科学技术基础上的应用技术。摄影技术作为一种表现手段,可以创作出科学和艺术作品。在摄影作品中,可以充分利用创作人对光线的强弱、画面中人与物或人与人的距离远近及位置选择、画面构成事物的取舍、感光时间的长短、背景的利用等一系列要素的理解运用,完成作品的设计创作。

摄影作品是借助器械在感光材料或者其他介质上记录客观物体形象的艺术作品。独创性要求摄影作品必须能体现摄影师的艺术观点与创造力,应当体现摄影者的取舍、选择与安排。摄影作品的创作主要体现在拍摄者对拍摄地点、拍摄对象、拍摄角度、光线明暗等的选择上。独创性不仅要求作品是由作者独立完成的,而且要求其具备“最低程度的创造性”。越是花费了更多摄影师精力的照片,越是体现摄影师个人选择和判断的照片,越有可能获得著作权的保护。因此,证件照、一般的留影通常不能认定为摄影作品。摄影作品必须能以某种形式固定在一定的物质载体上,摄影作品可以在借助器械的前提下在感官材料或者其他介质上进行复制,并能被人感知。记录客观物体形象是摄影作品的主要特点,以此区别于其他美术作品。注意,摄影作品保护期的起算点是作品完成之日。

### (二)摄影作品的条件

一些国家要求照片只有具有艺术价值或者文献价值才给予著作权保护。在德国,普通的照片只是邻接权的客体。街头自动照相机拍摄的证件照片不是智力成果,抓拍的照片也难以成为作品。我国《著作权法》对摄影作品独创性的要求类似大陆法系而非英美法系的有关要求,但我国没有像大陆法系国家那样将无独创性的照片作为邻接权客体加以保护。因此,在我国无独创性但有一定价值的照片在理论上得不到著作权法的保护,但实践中法院却又将之作为摄影作品加以保护,如此做法带来的问题是拉低了独创性的认定标准。

## 六、视听作品

### (一)视听作品的概念

2014 年的《著作权法(修订草案送审稿)》曾将视听作品定义为由一系列有伴音或者无伴音的连续画面组成,并且能够借助技术设备被感知的作品,包括电影、电视剧以及类似制作电影的方法创作的作品,该开放式归类是可以接受的。2010 年修正的《著作权法》及 2013 年修订的《著作权法实施条例》将类电作品限定为"摄制在一定介质上",将诸如网络直播、短视频、网络游戏、动画作品等具有视听属性的同类型作品排除在外,已无法匹配新技术的发展。故而 2020 年修正的《著作权法》采用了外延更广、更具解释力的"视听作品"术语来解释涵盖电影作品、电视剧作品在内的各类型视听作品,不再要求作品必须是机械地被"稳定固定"在有形载体上,只要求其可被传播、可听可看;不再继续沿用"以类似摄制电影的方法创作"来定义作品,因为很多视听成果的创作手段已经不需要采用传统的“摄制”过程,如一些动画视频等完全可以在电脑上直接完成;不再继续采用“电影和类电作品的分类”,以免导致新型视听作品难以纳入保护的范围。但目前还没有对视听作品的明确定义,无法将一切动态视觉配合声音呈现的各种作品纳入视听作品类型中。

毋庸置疑,2020 年修正的《著作权法》在划分子类别时又回到封闭列举式状态。《著作权法》第 17 条第 1 款出现“视听作品中的电影作品、电视剧作品”的表述,第 2 款出现“前款规定以外的视听作品”的表述,造成所有无法划入电影、电视剧作品的新型视听作品只能全部划入“其他视听作品”的问题,“其他视听作品”有可能成为新口袋条款,视听作品的现有分类将失去意义。两类视听作品分类标准不明,且对其他视听作品采用约定优先的著作权归属规则,不利于此类视听作品的许可与传播。

所谓其他视听作品,其表现手法与电影作品的摄制相似,其物理载体不同于电影胶片,但其他方面基本符合视听作品的一般条件。因此,鉴于其他视听作品与电影作品的诸多共性,有些国家或地区的法律不再区分电影、电视、录像,而统称为“视听作品”。

视听作品范围的确定必定会扩大视听类作品的保护范围,但在确定那些具有争议的对象是否属于“视听作品”时,依然要坚持作品认定的四个要件,否则在视频表现领域会形成“泛作品化”现象。

### (二)电影作品和电视剧作品

#### 1. 电影作品

电影艺术是唯一一门产生于现代的艺术。它是先进的传播媒介和源远流长的文学艺术、美学思想相结合的产物。电影艺术将具有高度复杂性、差异性的视觉信息、听觉信息安排设计成有序的电影媒介。有人指出,电影与传统艺术有所不同。其并非简单以语言、文字等为信息载体,而是以电磁波为其载体媒介。电影运用现代物理学、化学、光学、电声学等科学原理与相关技术手段,借助电磁波媒介来实现精确完美的记录功能,并构成视觉、听觉、时间、空间复合的开放性动态系统。因此,电影艺术的表现力是许多传统艺术形式所不能比拟的。

《著作权法》中所称的电影作品,是指摄制完成的影片,而不是其中的阶段性成果或构成要素。例如,电影中的剧本既是电影摄制的基础蓝图,同时又是一部单独的文字作品;电影中的音乐既是电影的重要组成部分,也可作为独立的音乐作品;电影作品中摄制的单张胶片,也可是一件独立的摄影作品。上述各个要素,都可以独自成为著作权的保护对象,但是它们并不等同于电影。此外,演员的表演可以独立出来成为邻接权的保护对象。

电视台的综艺节目如中央电视台春节联欢晚会现场表演的录像内容能否构成电影作品?有的法院认为其水平没有达到电影作品的高度,所以只能属于录像制品。如北京市海淀区人民法院(2009)海民初字第9477号民事判决书认为,摄制者在对拍摄内容的选择、舞台表演的控制、相关节目的编排等方面并非处于主导地位,而节目的编导、摄像等人员按照其意志所能作出的选择和表达也非常有限。由此决定了它不足以构成电影作品,应当作为凝聚了一定智力创造的录像制品予以保护。许多学者则认为,春节联欢晚会现场表演是综合文艺表演,从节目环节安排与策划、拍摄过程到剪辑制作完成,宜视为电影作品或类电作品。《著作权法实施条例》对电影作品的定义并未要求有"运动的感觉",实际上遗漏了构成该类作品的关键因素。电影是“活动的图片”,一秒要通过24张,而幻灯片无法给人以运动的感觉,不能构成电影作品。

**2. 电视剧作品**

电视剧作品是专为在电视机荧屏上播映的演剧形式。它是一门综合性很强的艺术。电视剧是一种适应电视广播特点、融合舞台和电影艺术的表现方法而形成的艺术样式。它的制作既兼具了电影、戏曲、文学、动画、音乐、舞蹈、美术、配音等现代艺术的元素,又融入了广播剧、舞台剧、纪录片、电视节目等表演方法和拍摄特点。电视剧本一般分单元剧、单本剧、连续剧等;而在呈现方式上可分为真人剧、动画剧、木偶剧等。

**3. 电影作品和电视剧作品的异同**

电影与电视剧均以运动的声画影像有别于其他艺术形式,但两者的摄制方法是大同小异的,现在逐步合并为影视艺术。当然,两者放映、观看的条件与环境存在巨大差异。电影和电视剧最本质的区别是受众不同,其余所有的区别都是以此为基础产生的。电影针对的是确定的目标人群,电视剧针对的是不确定的消费人群。电影有时长限制,电视剧则没有(并非所有电视剧都比电影时间长)。有的学者认为,在运动形式上,电视剧以静为主,电影以动为主;在声音设计上,电视剧以人物语言为主,电影偏重音乐音响;在画面设计上,电视剧偏重生活化,电影注重戏剧化。①

(三)其他视听作品

“其他视听作品”包括电影作品、电视剧作品以外的各种视听作品,如纪录片、网络直播、网络游戏、动画作品,以及一些利用互

---

① 参见潘华:《电视剧和电影创作特征比较研究》,载《西部广播电视》2016年第20期。

联网、数字技术、无形介质形式和手段所创作的新型视听作品(网剧、音乐短片、音乐喷泉、灯光秀、烟花秀等艺术设计作品),综艺节目、体育赛事画面、短视频等在未来都有望被纳入视听作品范围。在法国,音乐喷泉可以被视为“视听作品”而受到保护。

### (四)“其他视听作品”中的“网络游戏作品”

近年来,网络游戏风靡全国,作为一种娱乐方式,其以迅猛发展的势头进入千家万户,被称为“第九文化产业”。

网络游戏,是指以互联网为传输媒介,以游戏运营商服务器和用户计算机为处理终端,以游戏客户端软件为信息交互窗口,旨在实现娱乐、休闲、交流和取得虚拟成就,具有可持续性的个体性多人在线游戏,包括美术、文字、音乐、计算机程序等组成要件,是复合作品。我国现行法律法规中没有直接对网络游戏进行定义。在部门规章中,原文化部于2017年修订的《网络游戏管理暂行办法》第2条规定:“本办法所称网络游戏是指由程序和信息数据构成,通过互联网、移动通信网等信息网络提供的游戏产品或服务。”虽然该规定已失效,但这个定义仍具有参考价值。

我国目前并没有游戏作品这一分类。其他国家在对网络游戏的保护上,也不一定将其单列为一类作品加以保护。研发一款网络游戏,程序和美术设计是其中必不可少的环节。从某种意义上说,网络游戏就是由程序加美术等元素作品所构成的。也正是基于此,有人认为保护网络游戏就是保护网络游戏中的程序和美术等元素,因为我国《著作权法》中存在对计算机软件和美术作品等的相关保护规定。对这种意欲将游戏中的要素拆开来加以保护的观点,笔者认为有待商榷。

游戏开发商研发的网络游戏之所以能够吸引玩家,是由于其娱乐效果。对于作为网络游戏终端客户的玩家而言,他们在乎的也是网络游戏的那种操作体验和娱乐享受。将网络游戏的软件程序和美术设计割裂开来,分别保护,体现不出网络游戏真正的“卖点”所在。网络游戏是由软件程序和美术设计,有时甚至还包括游戏脚本等剧情所共同构成的综合表达。

根据知识产权法定原则,由于在目前的著作权法框架下尚没有游戏作品这一类型,通过比较著作权法关于作品类型的相关规定,笔者认为,目前宜将网络游戏归入其他视听作品。

当游戏玩家进入游戏界面,网络游戏呈现在玩家眼中,其实就是一系列有伴音的画面。无论是登录界面还是操作界面,均是如此。但是有的观点认为,网络游戏在没有游戏玩家的参与时,有时呈现的是一种静止画面,并不是所谓的“活动图片”,不符合电影作品或者视听作品的构成要件。

在上海耀宇文化传播传媒有限公司诉广州斗鱼网络科技有限公司著作权及不正当竞争案中,有学者认为,我国著作权法保护的作品必须符合可复制性要件,在涉案赛事的比赛中并没有剧本之类的事先设计,比赛画面是由参赛的双方选手按照游戏规则、通过各自操作所形成的动态画面,是进行中的比赛情况的一种客观、直观的表现形式,比赛过程具有随机性和不可复制性,比赛结果具有不确定性,故比赛画面并不属于《著作权法》规定的作品。[①] 美国联邦第二巡回上诉法院于 1981 年判决的“斯坦恩”一案中,裁判者曾对这一问题作出了回答,该案被告认为,游戏玩家每一次操作显示的画面不尽一致,不符合固定这一要件。法院认为,尽管游戏者在

---

① 参见《擅自直播电子竞技游戏赛事损害赛事运营者利益》,载上海知识产权法院网 2022 年 8 月 6 日,http://www.shzcfy.gov.cn/detail.jhtml? id=10011270。

每一次游戏时，由于路径、速度和准确度的不同，显示在屏幕上的图像和声音系列有所不同，但是这些图像和声音系列的许多方面，在每一次游戏中都是一样的。这表明游戏的主要图形和声音已经被固定。①

网络游戏的"独创性"具体表现在游戏情节及连续动态画面上，即应考察人物、角色、任务线、核心场景以及呈现给玩家的画面情节是否具有独创性。网络游戏涉及诸多方面，包括商标、专利、著作权、不正当竞争等，是一个交叉领域。由于我国没有将游戏作品归类为某一类型的作品，一些法院只能拆分其中的子作品进行保护。对于与游戏有关的著作权纠纷，有以反不正当竞争法对网络游戏相关权益加以保护的；有将网络游戏视为计算机软件加以保护的；有将网络游戏中特定部分元素作为美术作品、音乐作品及其他类型作品等加以保护的；有将网络游戏连续动态画面作为类电影作品加以保护的；等等。这种保护零散杂乱的保护模式，容易造成审判中的困惑，也不利于权利人维护权利。

## 七、图形作品和模型作品

### （一）图形作品的概念

图形作品是为施工、生产绘制的工程设计图、产品设计图，以及反映地理现象、说明事物原理或结构的地图、示意图等作品。《伯尔尼公约》的不少成员国规定文字作品可以包括技术文献，并规定展示技术内容的绘图、设计图和模型属于作品，但都没有将它们命名为"技术作品设计图"。它们之所以能够成为作品，与其设计方案、技术实用性毫无关系，而是因为工程和产品设计图本身具

① 参见李明德：《美国知识产权法》（第2版），法律出版社2014年版，第917~919页。

有可构成作品的法定表达形式。[①] 我国《著作权法》将设计图作为作品加以保护仅仅是因为图形设计“看上去美”,工程设计图、产品设计图作为科学领域的智力成果,不属于文学和艺术领域的作品,不具有文学和艺术美感,但它们具有科学美感,与文学艺术领域的成果具有同质性。图形作品只要不具备直接的实用功能,而又采用了文字和图形等法定表达形式,本质上仍然视为文学和艺术作品。因此,我国《著作权法》将具有科学美感的“看上去美”的图形作品纳入著作权保护范围。

图形作品不是美术作品,而是科学领域内的作品。图形作品是典型的功能性作品,具有实用性和科学之美的双重特点。《著作权法》并不会保护设计图转变为工程或实物之后的实用功能,也就是说,其不会保护作为纯粹技术方案的“工程设计”和“产品设计”。图形作品复制权保护范围只限于平面复制,对产品设计图的立体复制(如按图纸施工或生产实物)一般不构成著作权侵权。

产品设计图与实用艺术品外形图应区别保护。设计实用艺术品的过程中,存在描述优美外形的图纸,包括正视图、侧视图、立面图等。与产品设计图的著作权保护相比,对实用艺术品外形图的保护既禁止“从平面到平面”的复制,也禁止“从平面到立体”的复制。这是因为,平面复制外形图会再现图纸的艺术美感,按照图纸制作的三维艺术品,其外形也是对图纸艺术美感的再现,两种复制行为均受复制权控制。进行立体复制不涉及平面图形美感的再

---

① 如果不同的工程师各自独立设计了新型电子产品并绘制了设计图,有的设计十分成功,电子产品轻巧灵便且省电;有的设计则有致命的缺陷,电子产品不仅庞大笨重且易漏电。但无论工程设计图和产品设计图中体现的技术方案是先进还是落后,其对应的工程和产品是优质还是拙劣,这些不同的产品设计图都属于受著作权法保护的图形作品。

现。如果一项图纸设计，其平面图形既对产品内部结构的描述表达了“科学之美”，又对具有艺术美感的外形进行了设计，该图纸就兼有产品设计图和实用艺术品外形图的特点。权利人既可基于产品设计图与实用艺术品外形图的权利范围禁止他人平面复制图纸，也可禁止他人制作相同外形的产品，但不能禁止他人制作内部结构一样而外形不同的产品。[①]

### （二）工程设计图

工程设计，是指应用科学知识和客观自然环境及条件，使自然资源和其他物质资料实现最优的组合配置，以便为人类营造最佳的生产和生活方案的一种专门的技术活动。它是为拟建工程的实施，在技术和经济上所进行的全面安排提供依据的设计方案（图纸及其说明），包括制定一整套工程项目技术文件，如各项技术经济依据、计算书、图纸、模型、预算、说明书及其他资料。工程设计因工程建设性质的不同而有所区别，通常包括特定用途的工艺设计和建筑设计。

工程设计图是一种以图形为表现形式的作品，主要功能在于指导工程建造，其体现的技术性、实用性特征更为强烈，从这个角度而言，其应当纳入专利法的保护范畴。但同时，由于工程设计图是由点、线、面等技术语言所组成的，这种图形本身又有严谨、精确的科学美感，因此在其实用价值之外，又体现了另一种图形之美的审美价值。在探讨对于工程设计图的“复制”行为时，应当剥离技术方案、实用功能等技术层面的内容，仅仅着眼于图形本身体现的科学美感。因此在考虑一种行为是否属于对著作权法所调整的工

① 参见欧阳福生：《立体复制产品设计图的行为如何定性》，载《人民法院报》2018年11月15日，第7版。

程设计图的"复制"行为,就应当考虑该种行为所再现的内容是否体现了工程设计图图形本身的科学美感,如果再现的内容未体现图形科学美感,而仅仅实现了图形所蕴含的实用功能、施工方案、操作方法等,则该种利用作品的行为并不属于著作权法所规制的复制行为。

(三)产品设计图

产品设计,是指工业产品的设计。产品设计图,是指利用各种线条绘制的,用以说明生产的产品的造型及结构的平面图以及对图样的文字说明。产品设计图与美术作品最本质的不同在于其设计的目的是用以生产。在产品投产之前,根据一定的目的要求,预先制定的图样,一般称为产品设计图。为了使用方便,产品设计图一般都附有文字说明,如服装设计图、家具设计图等。这类作品通常与科学技术有着极为密切的关系,而不能像美术作品那样任凭画家随意作画。

著作权保护产品设计图,但保护范围仅限于"图纸"而未延及工程和产品本身,实际上没有起到保护工业设计的作用。产品设计图纸的著作权及法律保护问题,在我国《著作权法》中是一个薄弱环节,由于法律没有详尽规定,所以图形作品的著作权得不到有效保护,侵犯设计图著作权的主要方式是剽窃。

产品设计图著作权人无权禁止他人立体复制,因为立体复制是对产品设计图实用功能的实现,而著作权法不保护实用功能。如果将保护范围扩大到立体复制,无疑是代替专利制度将产品设计图作为技术方案予以保护。[①]

（四）地图

地图是以图形表示地球表面某些现象、空间分布的一部或全部的图形作品，也是一种以实用为主要目的的绘画艺术作品，是科学与艺术作品的结晶。[②] 地图所提供的自然地理信息必须具备客观性和精密性，这是地图作为科学作品的表现。区别性、可读性和使用方便的要求以及对画面和谐美观的追求，又使地图成为一种美术作品。绘制地图是一项有独创性内容的创作活动。在绘制过程中，无论是不同用途的地图，还是用途完全相同的地图，都可表现绘制人对地理信息的不同选择和取舍，对其表现材料的不同综合与编排，以及对作品整体的整合。

（五）示意图

示意图，是指借助简单的点、线、几何图形和注记等符号来说明内容较为复杂的事物及科学原理，或为显示事物的具体形状或

① 2013 年 9 月，原告曼宝娜公司委托他人制作 M-3A 型立体旋转葫芦灸，并约定葫芦灸的产品设计图、模具等知识产权权益归原告所有。M-3A 型葫芦灸产品设计图为平面几何结构图。2017 年 3 月，原告从被告芭厘屋商行购买一套褐色艾灸仪，该仪器为葫芦状理疗容器。原告认为，被告销售的艾灸仪侵犯了其对 M-3A 型葫芦灸产品设计图享有的著作权，要求被告停止侵权并赔偿经济损失 10 万元。广州市越秀区人民法院经审理认为，M-3A 型葫芦灸立体旋转产品设计图是对葫芦灸产品内部结构进行描述的平面图形，由点、线、面和多种几何图形组成，理疗容器为葫芦形状图形、支架为矩形、底座为曲线状，三者结合体现了一定的简洁、精确与对称之美，属于图形作品。被告销售的艾灸仪商品外形、结构与原告主张权利的葫芦灸产品设计图描述的内容一致，是对原告产品设计图的立体复制。产品设计图著作权保护范围仅限于平面图，立体复制不受产品设计图复制权控制，被告的行为不构成著作权侵权。因此驳回了原告的诉讼请求。宣判后，双方当事人均未上诉。参见欧阳福生：《对产品设计图立体复制不构成著作权侵权》，载《中国商报法治周刊》2018 年 12 月 6 日，第 4 版。

② 按用途划分，地图可以分为普通地图和专业地图；按内容划分，可以分为地理图、气象图、航海图、军用地图；将地图绘制在球面上，便成为地球仪。人类出于需要而绘制的各类地图已有一千多种。

轮廓而绘制的略图，即《伯尔尼公约》中所说的“草图”。示意图把复杂的结构或原理简化，便于人们了解复杂事物的基本结构、工作原理，对人们的生产、生活及文化娱乐提供帮助。例如，潜水艇的工作原理、航天飞机或人造地球卫星的基本结构和原理，以及日常生活中的家用电器、汽车的说明书等略图都属于示意图，这些示意图体现了某种独创性的编排，可以成为著作权法的保护对象。

(六)模型作品

模型作品也叫立体作品，是指为展示、试验或者观测等用途，根据物体的形状和结构，按照一定比例制成的立体作品，是为生产产品或者展示地理地形而制作的三维作品。

有人认为，模型保护见于《伯尔尼公约》第2条第1款第7项，位于“工业品外观设计”之后，显然带有工业产权的性质，不宜用著作权法来保护，《著作权法》不应该将模型列为一类版权作品。另有人认为，按照图形建造完成的建筑物，也是著作权法的保护对象。

## 八、计算机软件

(一)计算机软件的概念

计算机软件简称“软件”，具有开发工作量大、开发投资高，而复制方式容易、复制费用低廉的特点。为了保护软件开发者的正当权益，防止搭便车的侵权现象，鼓励软件的正常开发、流通与应用，许多国家都通过立法加强了对计算机软件的法律保护。我国1990年颁布的《著作权法》规定，计算机软件是受法律保护的作品形式之一。1991年6月4日国务院发布《计算机软件保护条例》(已废止)，并于2001年12月发布《计算机软件保护条例》，对保护计算机软件著作权人的权益作了具体规定。

计算机软件,是指计算机程序及其有关文档。计算机程序,是指为了得到某种结果而可以由计算机等具有信息处理能力的装置执行的代码化指令序列,或者可以被自动转换成代码化指令序列的符号化指令序列或符号化语句序列。文档,是指用来描述程序的内容、组成、设计、功能规格、开发情况、测试结果及使用方法的文字资料和图表等,如程序设计说明书、流程图、用户手册等。文档本身不属于计算机程序,而是作为文字或者图形作品给予保护。

计算机软件有以下特点:第一,计算机软件作为科学作品,与其他作品的目的不同。计算机软件多用于某种非审美之目的,如同人脑一样控制一定生产过程,根据算法执行某种指令等;而如文学艺术类作品,通常是供人阅读欣赏的,是为了满足某种精神需求或审美目的。第二,计算机编程语言不是自然语言,而是一种符号化的、供计算机机器所执行的语言,其表达力比较有限。计算机编程语言是程序设计的最重要的工具,是指计算机能够接受和处理的、具有一定语法规则的语言。① 第三,计算机软件可援引多种法律保护(著作权法、专利法等),文字作品则一般只能援引著作权法。

电子游戏(包括网络游戏和单机游戏)可能关联的作品类型包括计算机软件、视听作品、美术作品。按照我国《著作权法》第3条划定的作品类型,电子游戏应属于“计算机软件”。但是,电子游戏运行中产生的动态画面可以认为属于“以类似摄制电影的方法创

① 计算机语言的发展经历了机器语言、汇编语言和高级语言几个阶段。在所有的程序设计语言中,只有机器语言编制的源程序能够被计算机直接理解和执行,用其他程序设计语言编写的程序都须利用语言处理程序“翻译”成计算机能识别的机器语言程序。机器语言是用二进制代码表示的指令集合,是计算机能直接识别和执行的语言。它占用内存少,执行速度快,但随机而异,通用性差,代码是二进制形式,不易阅读和记忆。

作的作品”(视听作品),静态游戏画面可以认为属于“美术作品”。

软件受保护的必要条件是:由开发者独立开发,具有独创性,并已固定在某种有形物体(如磁带、胶片等)上,具有可感知性。

### (二)计算机软件的保护模式

传统观点不赞成适用著作权法保护没有内在美感的计算机程序,认为它不是作品,至多运用邻接权来保护。

但部分软件产业发达的国家,如美国,倾向主张用著作权来保护计算机软件。原因在于,如果根据《伯尔尼公约》规定的自动保护原则,则他们付出巨大成本开发的软件将自动在全体成员国与其他文学艺术作品一样受到高水平的跨国保护。在美国的压力下,各国逐步将计算机程序作为作品保护。但由于计算机程序中最具有价值的算法思想和实用性功能无法受到著作权法保护,所以美国等又在寻求利用专利法来保护计算机程序。如开发软件所用的处理技术、操作方法可适用专利权保护。我国《著作权法》中虽将计算机软件单列为一类特殊的客体,但从《计算机软件保护条例》的规定来看,实际上也是比照文字作品予以保护。

## 九、符合作品特征的其他智力成果

《著作权法》第 3 条第 9 项是一个开放的兜底条款,将“法律、行政法规规定的其他作品”修改为“符合作品特征的其他智力成果”,突破作品类型法定原则,顺应技术发展的需求,赋予司法机关认定新作品类型的裁量权,为后续可能出现的其他新型作品的保护提供了法律支持,也为司法实践中对新型作品定义的理解和相关规则的适用保留了一定的空间。

### （一）民间文学艺术作品

《伯尔尼公约》规定，民间文学艺术作品受著作权法保护，我国1990年的《著作权法》第6条就规定了“民间文学艺术作品的著作权保护办法由国务院另行规定”。迄今为止，相关办法仍未公布。不过，2014年9月2日曾发布过《民间文学艺术作品著作权保护条例（征求意见稿）》。

民间文学艺术作品是某一特定民族或区域内的劳动群众，在长期生产生活中集体创作并主要以口头方式传承下来的，反映该民族或该区域群体的历史事件、生活习俗、生产方式、宗教心理，具有鲜明民族特征、地方特色的民间文化表现形式的总称。如民间的歌谣、音乐、戏剧、故事、谜语、舞蹈、建筑、立体艺术、民间工艺品、装饰艺术等文学艺术形式。如我国维吾尔族民间故事《阿凡提的故事》，外国吉卜赛人的舞蹈都是极为优秀的民间艺术作品。民间文学艺术作品具有民族性、区域性和延续性的特点。

由于技术的发展和文化的传播，民间文学艺术形式不断地被滥用。发展中国家首先开始对民间文学艺术作品实行法律保护，其主要保护手段就是著作权法。1967年，突尼斯第一个将民间文学艺术品列为著作权法的保护对象。1976年，世界知识产权组织为发展中国家制定《突尼斯示范著作权法》。1982年，非洲知识产权组织和世界知识产权组织召集的政府专家委员会通过了《关于保护民间文学表现形式以抵制非法利用和其他不法行为国内法律示范条款》。《伯尔尼公约》1971年文本中也规定了类似的条款。目前，已有数十个国家，包括少数发达国家的法律对民间文学艺术作品提供了著作权法保护。不过，也有观点主张，对于民间文学艺术，首先需要考量的是如何对其保存、传承，它不适合采用著作权等私权模式予以保护。

我国文化历史悠久,民间文学艺术源远流长,全国56个民族创造了多种多样的民间文学艺术作品。但是,现代传播技术的发展在促进民族间文化交流的同时,也在破坏和毁灭很多少数民族的文化遗产,因此通过立法对民间文学艺术作品提供著作权法保护,对继承和保留各民族文学艺术遗产,弘扬中华民族的优秀文化传统,意义重大,形势紧迫。

我国对民间文学艺术作品的保护起步较晚,前期基本上是保护文物古迹,停留在"抢救、保存、修复、整理"阶段。云南省、贵州省、广西壮族自治区和湖北省长阳土家族自治县均制定了《民族民间传统文化保护条例》,安徽省淮南市制定了《保护和发展花鼓灯艺术条例》。

有的专家认为,现行《著作权法》规定对民间文学艺术作品的保护,侧重点在于"民间文学艺术"而不是"作品"。如果是作品,无论是否利用了"民间文学艺术"的要素,其本身可以获得著作权法的保护,不必另行制定保护办法。对"民间文学艺术作品"的保护,重点不是赋予著作权的保护,而是建立一种利益分享机制。

### (二)动漫作品

动漫产业是以动漫作品的著作权保护为核心的智力密集型产业,动漫产业作为如今的朝阳产业,已被国际社会公认为21世纪知识经济的核心产业。动漫作品被称为"连动的系列漫画"。在我国,动漫作品被随意复制、仿制的情况在有的地方曾普遍存在,网络、科技手段的发展带来了侵权行为的多样性,动漫作品权利人饱受侵权的困扰。[①]

---

① 如日本圆谷制作株式会社起诉北京长安商场"奥特曼"著作权纠纷;朱某起诉耐克公司"火柴棍小人"侵权案;上海美术电影制片厂起诉宜昌奇奇音像店负责人刘某、孝感市金润超市有限责任公司、中国儿童电影制片厂音像出版社三被告侵犯《葫芦兄弟》著作权纠纷案;美国PAWI Incorporated公司起诉希望出版社的《加菲猫》纠纷案;深圳市腾讯计算机系统有限公司诉广州市宜拓服饰有限公司等著作权侵权纠纷案。

“动漫”一词最早在正式场合被使用，是1998年11月动漫资讯类月刊《动漫时代》的创刊。动漫，即动画、漫画的合称，指动画与漫画的集合。[①] 所有的动画、漫画作品都可以称为动漫作品，动画和漫画是两种不同的艺术形式的作品，而无“动漫”这种艺术形式的作品，它只是一个由中国本土所创的合成词。

根据动漫作品的不同表现方式，可将动漫作品归为“以类似摄制电影的方法创作的作品”（视听作品）、“美术作品”、“计算机软件”三种法定作品类型。传统动画作品先以人工绘制，再以摄影机进行拍摄；现代动画作品则使用计算机制作，固定于数码设备之上，以连续动态画面的形式呈现。从其制作过程和表现形式的特点来看，动画作品应属于视听作品。漫画作品可以由人工绘制，也可由计算机进行制作，最终固定在纸质或数码设备上，表现形式为单幅或多幅静态画面（可配有少量文字）。从其表现形式的特点来看，漫画作品应属于“美术作品”。[②] 将来动漫作品能否成为版权作品的类型之一，有待观察。

动漫作品通常由角色形象、故事情节、场景、道具、配音、背景音乐、主题曲等要素构成。上述构成要素，如具有独创性，可单独作为作品获得著作权保护：角色形象以美术作品受著作权保护；背景音乐、主题曲作为音乐作品受著作权保护。动漫作品的作品名称、角色名称、场景、道具名称等，由于字数很少，属于所谓“边缘作

① 动画是一种综合艺术，动画技术是采用逐帧拍摄对象并连续播放而形成运动的影像技术。无论拍摄对象是什么，只要它是采用逐格拍摄的方式，观看时连续播放形成了活动影像，它就是动画。1892年10月28日，埃米尔·雷诺首次在巴黎著名的葛莱凡蜡像馆向观众放映光学影戏，标志着动画的正式诞生。漫画是一种艺术形式，是用简单而夸张的手法来描绘生活或时事的图画。一般运用变形、比拟、象征、暗示、影射的方法。

② 参见刘贺、郝树亮、郭聪聪：《动漫作品知识产权保护那些事》，载搜狐网2019年6月17日，https://www.sohu.com/a/321070616_120170377。

品”,一般认为不能受著作权保护,不构成版权作品。但是,如果动漫作品有了较高的知名度,则该动漫作品的作品名称、角色名称、场景、道具名称等就蕴含了巨大的商业价值,可以作为商业标识使用,因而可通过《商标法》《反不正当竞争法》获得保护。

(三)其他作品

作品表达方式有视觉方式、听觉方式、触觉方式和味觉方式。对于前两种方式的表达,已经达成共识。触觉方式的表达如盲文,一般应受保护。至于味觉方式的表达,2006年荷兰最高法院曾判决香水的香气可以受著作权法保护。

美容美体设计能否成为著作权客体?2005年北京有个判例,认定“以手工技巧之劳动对人体发型所作剪裁形成的线条与造型,本身并不属于著作权法意义上的作品。但对发型设计所作的绘图、描述或摄影之图片可依著作权法获得保护”。[①] 著作权法对美容美体设计虽没有明确否定性的规定,但从理论上来说用以固定作品的载体应指那些可以无限复制的非生物类物质体。美容美体设计者的劳动成果可利用反不正当竞争法保护。

## 第三节　有争议的客体和不受著作权法保护的对象

### 一、有争议的著作权客体

(一)对边缘作品的不同认知与保护

边缘作品,是指缺乏作品条件,无法充分表达和反映作者思想

① 参见北京市海淀区人民法院民事判决书,(2005)海民初字第8065号。

与情感的作品片段。北京奥运会主题歌曲名《我和你》、图书书名《关于上班这件事》,都曾引发法学界和实务界关于作品标题可版权性的探讨。主题①、题目、标题②、书名、电影名、商标、口号等一般不是独创出来的;有的即使是独创的,也缺乏必要的创作高度,无法充分表达和反映作者的思想感情或研究成果。过短的文字容易导致"思想与表达的混合",它们虽然可能具有商业价值,但是否受著作权法保护,各国规定大相径庭。篇幅较小的表达,要么信息量不足,要么为生活所常见,有悖于一般人对作品的想象。因此在判定作品标题等表达量较小的创作成果的可版权性时,应持审慎态度,并提高判定的标准。

世界各国家和地区对作品标题等边缘作品给予版权保护采取谨慎的态度。美国版权局规定:"单词、短语如名称、标题和口号不能进行版权登记。"在司法实践中,美国法院也对该规则持肯定态度。德国法院在理论上准许对标题进行保护,然而在具体案件中认定标题的独创性时却一一予以否定。这是由于标题自身的长度难以满足体现作者个人独创性智慧的条件。

在我国,边缘作品在法律上不能做出类型化的统一规定,应根据作品的构成条件进行具体分析。云南省昆明市中级人民法院就审理"五朵金花"著作权纠纷案曾向国家著作权行政主管部门咨询,2001 年 12 月 25 日,国家版权局版权管理司作出了《关于文学作品名称不宜受著作权法保护的答复》(权司〔2001〕65 号)。依据

① 李淑贤诉贾英华《末代皇帝的后半生》抄袭《溥仪的后半生》案,北京市西城区人民法院判决不构成侵权。尽管主题相同,内容基本相同,但创作风格、文学处理等表达方式不同。

② 如果使用的他人标题具有独特含义,并与作品内容密不可分,或擅自修改他人作品标题,就可能构成侵权行为。如将《红楼梦》改为《一个男人和一群女人的故事》,或者写一部武打小说冠以《红楼梦》的名称,都会被视为侵权行为。

该答复,云南省昆明市中级人民法院(2001)昆民初字第82号民事判决书认为:仅“五朵金花”一词句,其表现的内涵并不属于某个特定人的思想的独特表现,也无法认为其反映了作者的全部思想或者思想的实质部分。因此,单就“五朵金花”一词而言,得不到著作权保护。在梦工厂动画影片公司就第7124657号“功夫熊猫KUNGFUPANDA”提出的商标异议复审行政纠纷案[①]中,原商标评审委员会认为,“功夫熊猫KUNGFUPANDA”作为美术作品的名称,不属于《著作权法》美术作品的保护范畴。这些词语取自公有领域的惯用表达,或仅仅是通用名称的简单组合,不能体现独创性,因而无法受到版权法的保护。[②]

各国对边缘作品的态度有所不同:

第一,少数国家和地区采用著作权法保护模式。《法国著作权法》第5条规定,标题具有创造性的,同作品本身一样受到保护。意大利[③]、西班牙、日本、澳大利亚以及我国香港特别行政区和澳门特别行政区也有类似规定。关于私人书信,英国、美国、法国、印度等国将书信作为文学作品加以保护。阿根廷、哥伦比亚、哥斯达黎

① 参见北京市第一中级人民法院行政判决书,(2014)一中行(知)初字第4269号。

② 参见卢纯昕:《作品标题的可版权性探究》,载《编辑之友》2015年第3期。

③ 《意大利著作权法》第101条规定,作品的名称是该作品独有的,未经作者许可不得复制于其他作品上。因作品的种类或者性质有很大差异而不可能产生混淆的,不适用前款规定。期刊重复采用的得以识别其惯用特征内容的栏目标题,未经作者许可不得复制于其他作品上。报纸、期刊或者其他刊物停刊未满2年的,其名称不得复制于其他同类或者质相同的作品上。第101条规定,在注明出处和不违背新闻业公正惯例的前提下,可以复制新闻报道。但是,下述行为视为非法:(1)在新闻公报发布后16小时内,或者在通讯社授权发布的报刊发行之前,未经授权而转载或者播放通讯社发布的新闻公报。通讯社应当在其新闻公报上注明准确的发布日期和时间,方有权对非法使用新闻公报的人提起诉讼。(2)报刊社或者广播组织为营利目的系统地转载或者播放已刊载或者播放的新闻报道。第102条规定,复制或者仿制他人的同类作品,或者作品的标题、标志、装饰、印刷符号或者字体的编排,或者作品外部的其他特殊形式或者色彩,致使其与原作或者原作者发生混淆的,该复制或者仿制应当被视为不公平竞争行为而予以禁止。

加等国的著作权法中有保护书信的专门条款。奥地利、德国规定，书信要有创造性，而不是简短交流情况的一般书信，才能受保护。个别国家还对表格进行著作权保护，如1986年《瑞典版权法》第49条规定，表格的保护期为10年。

第二，《意大利著作权法》规定标题可以受到保护，但只是受邻接权保护。

第三，大多数国家不采用著作权法保护模式，甚至边缘作品不受任何法律保护。如美国电影《星球大战》的版权人诉美国里根政府的“星球大战”计划侵犯了其作品标题的版权，被驳回。

第四，由反不正当竞争法保护。如前所述，在我国，有人诉“五朵金花”的商标侵犯了电影《五朵金花》电影片名的著作权，也被驳回。“中华老字号”只有两个通用名词的简单组合，不具备作品的构成要件，因此它不是著作权客体。这类对象一般不宜由著作权法保护，应由反不正当竞争法保护。

第五，对于电话号码本的保护问题有不同主张。英美法系国家根据“额头流汗原则”给予著作权保护。大陆法系国家和地区则认为其智力含量太低而不给予著作权保护。

### （二）不同类别标准文本的可版权性分析

标准文本是否受著作权保护，不能一概而论。国家版权局版权管理司《关于标准著作权纠纷给最高人民法院的答复》（权司〔1999〕50号文）指出，强制性标准是具有法规性质的技术性规范，推荐性标准不属于法规性质的技术性规范，属于著作权法保护的范围。该文件认为，强制性标准不是版权作品，推荐性标准是版权作品。有的学者认为这种观点不妥。凡是国家机关发布的标准，即不是版权作品；非国家机关颁布的标准，如行业标准和企业标准,可以作为版权作品受著作权保护。

## 二、受保护作品中作者不可主张权利的要素

某个作者对自己创作作品所能主张权利的要素,就是该作品中其独创性的个人知识。这是著作权法保护作者作品的具体对象。但要一一列举作品中的可保护因素几乎是不可能的,只能采取排除法,即排除不能主张权利的因素,剩下的就是可主张权利的要素。具体如下。

### (一)被描述的客观对象

“事实无版权”。任何作品所指向的被描述的客观对象显然不属于创作者的独创部分,是版权保护之外的因素。任何人均可就同一对象发挥创造力进行描述。

### (二)作品中的功能表达不受著作权法保护

作品中的功能表达属于创作者主观创作与客观规律的结合,是创作者利用客观规律所做的主观设计。因此,作品的功能一般不是著作权法而是专利法或其他法律所保护的对象。

“功能性作品”不受著作权法保护。产品设计图中的功能性成分不受著作权保护。对诸如瑜伽、武术、体操动作进行独创性汇编,能否构成受著作权法保护的作品?由于这些动作主要是为了实现健身、防身等功能,具有实用性,因而不构成作品,不能获得著作权法的保护,但这些“功能性作品”的衍生品若具有独创性,仍可获得著作权法保护。

### (三)公共知识和他人独创性知识

大多数主张版权保护的作品中都有并非该作品的作者独创的

要素,包括早已进入了公有领域的公共知识和他人的独创性个人知识。公共知识无版权。主张权利的作者的作品中包含的他人独创性知识受版权保护,但他人独创性知识不应归属于该主张者。

## 三、不受著作权法保护的作品

美国、俄罗斯、日本、德国、意大利等把某些对象排除在著作权法之外。加拿大、澳大利亚等未作规定。英国版权法中有“合格人”的规定,判例认为,色情作品、不道德作品的作者已不属于合格人,他们的作品不受著作权法保护。

我国《著作权法》第5条规定:“本法不适用于:(一)法律、法规,国家机关的决议、决定、命令和其他具有立法、行政、司法性质的文件,及其官方正式译文;(二)单纯事实消息;(三)历法、通用数表、通用表格和公式。”

### (一)官方文件

#### 1. 官方文件的范围

中共和民主党派发布的文件;国家机关发布的各类信息性或指导性文件;由全国人民代表大会及其常务委员会制定的法律,国家行政机关为执行宪法和法律而颁布的具有普遍约束力的行政法规,各级权力机关、行政机关、人民法院、人民检察院和监察机关所做出的决议、决定、命令、判决等法律文件以及由国家机关确认的上述文件的正式译文。

#### 2. 官方文件不受著作权法保护的理由

第一,公共利益的需要。这些文件涉及社会公众和国家整体利益,属于国家和相关社会成员的公有信息资源,不应为任何人专有而限制它们的传播和被人们利用,应迅速、平等和及时地传播。

这些对象如果成为具有版权的作品,则会增加公众获得的成本,损害公众的知情权。这一规定和《伯尔尼公约》第2条之一第4款的规定是一致的,因而也符合国际公约的精神。第二,激励成本的考量。著作权激励理论主张赋予作者著作权,从而激励和补偿作者的创作劳动。但官方文件是官方工作人员的部分劳动成果,这些劳动属于官方工作人员的工作职责,其已经通过工资等形式得到了补偿,公众已经承担了成本,不应该也没必要通过市场手段使其再次获得经济补偿。

(二)单纯事实消息

单纯事实消息,是指通过报纸、期刊、电台、电视台等传播媒介报道的,非作者"创作"出来的客观事实(科学事实、历史事实和新闻事实),没有独创性。

单纯的事实消息,或者"事实"与"表达"混合时,不受著作权法保护。但其中若加入了以文艺手法创作的新闻评论,则其中具有独创性的表达成分可成为版权作品,受著作权法保护。

时事新闻中的单纯事实消息不受保护的理由如下:第一,它们不是智力成果。这种新闻是用简单的文字或机械记录手段将客观现象或事实记录下来,其价值仅仅是一种崭新的信息。第二,事实消息具有公共性,应不受控制地迅速传播。这类信息直接涉及国家、社会公众、国际社会,乃至全人类的经济、政治、文化和社会生活,因而要求广泛而迅速地传播,不应被垄断。故法律不给予其著作权保护。

无独创性的事实汇编不受著作权法保护的原因有如下两点:第一,在《著作权法》颁布以后,著作权是法定权利,不再是"自然法上的权利",著作权法的终极目的不是奖励人们的劳动,而是促进文艺创作的发展。对著作权的法定限制要远远多于对所有权的限制。第二,虽然事实或无独创性事实汇编不受著作权法保护,但反不正当竞争法、合同法和数据库保护立法都在一定程度上对在发现、收集、整理、编排事实方面所付出的劳动进行了认可或保护。

### (三)表现形式单一而不宜被垄断使用的作品

历法、通用数表、通用表格和公式的表达形式单一,根据“混同原则”不宜作为版权作品受著作权法保护。这些对象具备作品形式条件,但欠缺作品实质要件,且因其形式往往具有唯一表达的特点,不具备独创性而不予以著作权法保护。

设计有独创性的表格、数表可受保护。表格、数表不同于通用表格、通用数表,如果在设计上具有独创性,可以成为受著作权法保护的作品。

### (四)应由专利法或其他法律保护的智力成果

有的智力成果应由专利法或其他法保护,有的可以用多种法律保护。1990 年《著作权法》实际上不保护实用艺术作品。但《专利法》对实用艺术品提供外观设计专利保护,并不影响《著作权法》对实用艺术品中可以在物理或观念上独立存在的美感部分作为美术作品加以保护。如法院曾有判例,玩具积木、香水瓶、浴盆等的艺术造型可受著作权法保护。

《伯尔尼公约》第 2 条将实用艺术作品列为“文学艺术作品”,包括小摆设、首饰、金银首饰、家具、壁纸、装饰品、服装等。“实用艺术品”是“实用艺术作品”的一种不严谨的说法。“工艺美术品”或“工艺美术作品”不是著作权法中的概念,一般认为是手工制作的美术品。

(五)竞技体育活动

竞技体育活动不受著作权法保护的理由如下:第一,竞技体育技巧或比赛策略的设计只是一种方法或思想。第二,竞技体育活动不是以展示文学艺术或科学美感为目标,它所展现的是运动力量和技巧,本质上属于一种健身方法、步骤或程序。第三,某些竞技体育活动虽有美感,但与竞技技巧无法分离。

广播体操是否有著作权,曾在学术界引起广泛争论。获得国家体育总局独家授权并复制发行第九套广播体操的中国体育报业总社,曾对其他发行广播操的出版社、传播公司及图书大厦提起诉讼。该案件中,广播操有没有著作权是争议焦点。据查,第九套广播体操的诞生经过了大量的编创工作。国家体育总局专门拨款40万元给北京体育大学,由专业人士进行创编,国家体育总局与北京体育大学的协议约定,音像制品、挂图等系列作品权利归国家体育总局所有,科研及学术权利双方共享。有学者认为,第九套广播体操的著作权人就是国家体育总局;广播体操中分解出的动作、编排、背景音乐和口令播音都受著作权保护;而根据《视听表演北京条约》的规定,音乐与动作结合的作品可作为视听录制品而受著作权保护。被告方则主张广播操不享有著作权。被告方律师称:"体育总局给广播体操的定义是健身方法,健身方法不受著作权法保护。"最终,北京市西城区人民法院一审判决认为,体操动作不属作品,不受著作权法保护,但法院同时判决第九套广播体操动作的文字说明、图解作为文字作品和美术、摄影作品,均受《著作权法》保护。

(六)公有领域的作品

公有领域的作品,是指作品的著作权保护期已过的作品和未曾进入私有领域的作品(如官方作品),是任何人都可以不经作者许可、不向其支付报酬而使用的作品。作品在两种情况下进入公有领域:一是保护期届满;二是在一个根本没有版权法的国家。

前面提到的“通用数表”“通用表格”之所以不受著作权法保护,除了形式单一外,还因为它们是已经流传、使用很久的智力成果,已成为行业标准并进入了公有领域。

## 四、侵权、行政违法和违禁的作品的可版权性探析

### (一)侵权作品、行政违法作品和违禁作品的界说

#### 1. 侵权作品

侵权作品,是指侵犯他人著作权而产生的作品。例如,未经作者许可擅自将原作者的论文收进自己汇编的论文集中,这种侵犯原作者汇编权而产生的论文集就是侵权作品。

#### 2. 行政违法作品

行政违法作品是未获得行政审批手续的作品,是在内容上并不涉及违反法律禁止性规定,仅涉及资质、审批或备案等行政审批手续不全的作品。我国影视作品实行审批制度,影视作品必须经有关部门审查,取得批准文件后,方可按照批准的用途和方式在我国进行出版、发行、放映或网络传播等活动。

#### 3. 违禁作品

实践中,“违禁作品”往往被与“违法作品”混淆。“违禁作品”是违法程度最严重的一种“违法作品”,指的是作品内容含有违反宪法、法律禁止性规定,危害社会公共利益的作品,如涉及色情、暴力、封建迷信等内容的作品。一般来说,常见的违禁作品主要是指《出版管理条例》第 25 条及第 26 条规定的违法作品。

在1998年,国家版权局版权管理司就在《关于(侵华日军投降内幕)一书著作权纠纷给最高人民法院的答复》中指出:"《著作权法》第4条所称依法禁止出版、传播的作品,仅指内容非法(反动、淫秽、宣扬迷信等)的作品……如果内容不违法,仅仅是出版、传播方式非法或不符合有关出版规定,则不是《著作权法》第4条所称的依法禁止出版、传播的作品。"

### (二)违法作品具有可版权性的理由

#### 1. 作品一经产生就自动产生著作权

著作权基于创作这一法律事实而产生,作品创作完成后就有著作权。作品不发表,作品内容是否有问题无从得知。

如果这些作品没有著作权,那就意味着谁都可以使用。如果他人将这些作品中的淫秽内容删去,将其余的内容发表,相关认定和处理就会出现问题。

#### 2. 任何作品只要具备版权作品的构成条件就受保护

"独创性"之判断属于事实判断。"违法性"往往从自由、公平等价值角度予以评判,属于价值判断。作品只要具备版权作品的4个构成条件,就应当认定为著作权法意义上的作品。作品的内容是否违禁并不影响其独创性,亦不影响其受著作权法保护。

#### 3. 绝大多数国家的著作权法没有明确拒绝保护违法作品

各国著作权法一般只从正面规定著作权法保护的作品种类,没有采用明示态度规定是否保护违法作品。著作权法没有将违法作品排除保护范围,在实务中,只要违法作品达到作品独创性和形式方面的要求,就可加以保护。当然,对违法作品的传播,依据违法作品可能给社会带来的危害,应采取不同的限制和禁止传播措施。如美国1909年《美国版权法》规定,保护所有作者的作品。据此,内容淫秽的作品实际上也有著作权,只是某些权利不能行使。1957年美国联邦最高法院曾经裁定,宣扬淫秽内容的作品不属于宪法保护的言论范围。德国、法国等许多国家的公法对危害青少年的色情作品严格禁止传播,违者有牢狱之灾。

### (三)依法保护与禁止传播并行不悖

**1. 我国立法上的演变**

2010年之前,我国《著作权法》明确将违禁作品排除在保护对象之外,2010年修正后的《著作权法》删除了原第4条第1款的规定,自此,违禁作品在我国也可以享有著作权,但这并不必然意味着作者可以传播违禁作品。任何权利都不是绝对的,出版自由不等于可以为所欲为。具有可版权性的作品只是具有发表或出版的可能性,但将这种可能性变为现实性还必须具备其他条件。我国现行《著作权法》第4条规定,"著作权人和与著作权有关的权利人行使权利,不得违反宪法和法律,不得损害公共利益。国家对作品的出版、传播依法进行监督管理"。

**2. 违法作品著作权的行使受到出版法的约束**

一国的法律是一个体系,不能顾此失彼。在作品发表方面除了必须遵守著作权法这种私法的要求外,还不得违背出版法这种公法的禁止性规定。我国的行政法规《出版管理条例》第23条规定:"公民可以依照本条例规定,在出版物上自由表达自己对国家事务、经济和文化事业、社会事务的见解和意愿,自由发表自己从事科学研究、文学艺术创作和其他文化活动的成果。合法出版物受法律保护,任何组织和个人不得非法干扰、阻止、破坏出版物的出版。"第25条则规定:"任何出版物不得含有下列内容:(一)反对宪法确定的基本原则的;(二)危害国家统一、主权和领土完整的;

(三)泄露国家秘密、危害国家安全或者损害国家荣誉和利益的;(四)煽动民族仇恨、民族歧视,破坏民族团结,或者侵害民族风俗、习惯的;(五)宣扬邪教、迷信的;(六)扰乱社会秩序,破坏社会稳定的;(七)宣扬淫秽、赌博、暴力或者教唆犯罪的;(八)侮辱或者诽谤他人,侵害他人合法权益的;(九)危害社会公德或者民族优秀文化传统的;(十)有法律、行政法规和国家规定禁止的其他内容的。"第26条规定:"以未成年人为对象的出版物不得含有诱发未成年人模仿违反社会公德的行为和违法犯罪的行为的内容,不得含有恐怖、残酷等妨害未成年人身心健康的内容。"

**3. 限制、禁止违法作品传播是一国的主权行为**

对侵权作品和行政违法作品的传播进行限制,对那些社会危害性程度很高的作品依法禁止出版、传播,以制止其对社会秩序和善良风俗的损害,是主权国家的内部事务,这种权力也受到国际法的承认与尊重。《伯尔尼公约》第17条规定,如果本同盟任何成员国的主管当局认为有必要对任何作品或者复制品的发行、演出、展出通过法律或者治安条例行使许可监督或禁止权力,本公约的条款绝不应妨碍本同盟各成员国政府的这种权力。

综上所述,违法作品只要具有作品的法定条件就可以成为版权作品。但违法作品有著作权只意味着著作权人可以依照《著作权法》的规定,禁止他人复制、传播其作品。违禁作品的著作权人在发现别人侵犯了自己的著作权后,只能主张侵权人停止侵害、销毁侵权复制品等,但无法主张损害赔偿。任何权利都不是绝对的,由于对社会具有潜在的危害性,违法作品著作权的实际行使受到出版法等法律不同程度的限制。

# 主要参考书目


[1]马克思:《资本论》(第1卷),中共中央马克思恩格斯列宁斯大林著作编译局译,人民出版社2004年版

[2]《十二国著作权法》,《十二国著作权法》编译组译,清华大学出版社2011年版

[3]杜学亮主编、王胜详等编辑:《著作权研究文献目录汇编》,中国政法大学出版社1995年版

[4]黑格尔:《小逻辑》,贺麟译,上海人民出版社2009年版

[5][美]保罗·蒂德曼、[美]霍华德·卡哈尼:《逻辑与哲学:现代逻辑导论》,张建军、张燕京等译,中国人民大学出版社2017年版

[6]郑成思主编:《知识产权文丛》(第1卷),中国政法大学出版社1999年版

[7]吴汉东主编:《知识产权年刊》(系列出版物,2005年创刊),北京大学出版社出版

[8]刘春田:《中国知识产权评论》(系列出版物,2006年第一卷),商务印书馆出版

[9]Stephen M. Stewart, *International Copyright and Neighbouring Rights*, Butterworths, 1989

[10][美]罗伯特·考特、[美]托罗斯·尤伦:《法和经济学》,张军等译,上海人民出版社、上海三联书店 1994 年版

[11]吴汉东等:《西方诸国著作权制度研究》,中国政法大学出版社 1998 年版

[12]薛虹:《网络时代的知识产权法》,法律出版社 2000 年版

[13]王先林:《知识产权与反垄断法——知识产权滥用的反垄断问题研究》,法律出版社 2001 年版

[14]吴汉东、胡开忠等:《走向知识经济时代的知识产权法》,法律出版社 2002 年版

[15]韦之:《知识产权论》,知识产权出版社 2002 年版

[16]李明德:《美国知识产权法》,法律出版社 2003 年版

[17]冯晓青:《知识产权法哲学》,中国人民公安大学出版社 2003 年版

[18]沈仁干、钟颖科:《著作权法概论》(修订本),商务印书馆 2003 年版

[19]金海军:《知识产权私权论》,中国人民大学出版社 2004 年版

[20]朱谢群:《创新性智力成果与知识产权》,法律出版社 2004 年版

[21][美]威廉·M. 兰德斯、理查德·A. 波斯纳:《知识产权法的经济结构》,金海军译,北京大学出版社 2005 年版

[22][德]卡尔·拉伦茨:《法学方法论》,陈爱娥译,商务印书馆 2003 年版

[23]吴汉东等:《知识产权基本问题研究》,中国人民大学出版社 2005 年版

[24][德]M. 雷炳德:《著作权法》,张恩民译,法律出版社2005年版

[25] Paul Goldstein, *International Copyright: Principles, Law, and Practice*, Oxford University Press, 2006

[26]冯晓青:《知识产权法利益平衡理论》,中国政法大学出版社2006年版

[27]郭禾主编:《知识产权法案例分析》(第2版),中国人民大学出版社2006年版

[28]李琛:《知识产权法关键词》,法律出版社2006年版

[29]管育鹰:《知识产权视野中的民间文艺保护》,法律出版社2006年版

[30]李明山、常青等:《中国当代版权史》,知识产权出版社2007年版

[31]陈洪澜:《知识分类与知识资源认识论》,人民出版社2008年版

[32]刘国涛等编著:《法学论文写作指南》,中国法制出版社2009年版

[33]韩赤风、赵军、赵英军:《中外著作权法经典案例》,知识产权出版社2010年版

[34]赵培兴:《创新劳动价值论》,人民出版社2010年版

[35]卢海君:《版权客体论》,知识产权出版社2011年版

[36]郑国辉主编:《著作权法学》,中国法制出版社2012年版

[37]李明德、管育鹰、唐文良:《〈著作权法〉专家建议稿说明》,法律出版社2012年版

[38]刘春田主编:《中国著作权法律百年论坛文集》,法律出版

社 2013 年版

[39]李明杰:《中国古代图书著作权研究》,社会科学文献出版社 2013 年版

[40]吴伟光:《著作权法研究》,清华大学出版社 2013 年版

[41]梅术文:《著作权法:原理、规范和实例》,知识产权出版社 2014 年版

[42]杨利华、冯晓青编著:《中国著作权法研究与立法实践——附百年著作权法律规范》,中国政法大学出版社 2014 年版

[43][美]莱曼·雷·帕特森、斯坦利·W.林德伯格:《版权的本质:保护使用者权利的法律》,郑重译,法律出版社 2015 年版

[44]陈明涛:《著作权主体身份确认与权利归属研究》,北京交通大学出版社 2015 年版

[45]梁志文:《变革中的版权制度研究》,法律出版社 2018 年版

[46]冯晓青、杨利华、付继存:《国家知识产权文献及信息资料库建设与运行研究》,中国政法大学出版社 2019 年版

[47][德]图比亚斯·莱特:《德国著作权法》(第 2 版),张怀岭、吴逸越译,中国人民大学出版社 2019 年版

[48]付继存:《著作权法的价值构造研究》,知识产权出版社 2019 年版

[49]李扬:《著作权法基本原理》,知识产权出版社 2019 年版

[50]崔国斌:《著作权法:原理与案例》,北京大学出版社 2014 年版

[51]李林启主编:《著作权法司法适用实证研究》,中国政法大学出版社 2020 年版

[52]吴汉东:《我为知识产权事业鼓与呼》(修订版),中国人民大学出版社 2020 年版

[53]吴汉东:《知识产权法》,法律出版社 2021 年版

[54]冯晓青主编:《知识产权法热点问题研究》(第 6 卷),中国政法大学出版社 2021 年版

[55]杨柏勇主编、北京市高级人民法院知识产权庭编著:《著作权法原理解读与审判实务》,法律出版社 2021 年版

[56]罗施福、孟媛媛:《人工智能与著作权制度创新研究》,武汉大学出版社 2022 年版

# Contents

# 后 记

在本书即将付梓之际，谨向对笔者之研究进行了指导和帮助的各位专家、同人表示衷心的感谢。感谢笔者的导师冯晓青教授、郭禾教授、张富强教授对笔者专业上的指导。感谢黄俊辉教授和马栩生教授对笔者学术上的提携和帮助。家父已毕业的研究生刘维捷初译了英文目录，李晓年、龙开顺、张锋学、曹琴、李敏周、胡富生、周经等人对本书部分章节的校对工作提供了帮助。江门市人民检察院研究室杨威主任、白云区某街道办邓新明副主任、省纪委李志伟处长和省消防总队法制处卢士成处长对完善书稿内容也提出了宝贵的建议。法律出版社及其编辑为本书的出版做了大量的工作。在此一并深表谢忱。

2020 年修正的《著作权法》颁行以来，到目前为止与之配套的新的《著作权法实施条例》尚未出台。我国著作权行政主管部门正在抓紧制定《著作权法》的行政解释和其他相关配套文件。本书中引用的《著作权法实施条例》的内容，均源于 2013 年 1 月 30 日修订的《著作权法实施条例》。

本册书由第二作者提出写作提纲并分工撰写第三章，其余章节由第一作者即本人撰写。第二作者对初稿做过修改,最后由本人对全书进行修改并定稿。

杨源哲

2022 年 5 月初完成初稿

2022 年 10 月末定稿于广州